현장실습 유아다례교육 프로그램

현장실습

유아다례교육 프로그램

이도경 저

그동안 일부 다인들이 유아들의 특성을 고려하지 않은 채 성인용 다도교육방법을 그대로 접목해 오던 다도교육의 틀을, 이 책을 참고로 하여 유아들에게 맞춤형 프로그램으로 좋은 인성과 창의력을 폭넓게 확장하는 계기가 되었으면 하는 바람이다.

동 문 사

머리말

햇살 맑은 초겨울 날 아이들을 데리고 숲으로 나갔다. 숲길에 떨어져 있는 도토리를 발견하고는

"와~~ 도토리다. 그림책에서 본 거 맞지요? 도토리? 다람쥐 밥이지요?"

하며 도토리를 주워들고 마냥 신기하고 즐거운 듯 깡충깡충 뛴다. 정신없이 즐겁게 뛰다가 작은 손에 쥐고 있던 도토리가 알맹이만 쏘옥 빠져 바닥에 뒹굴고 손바닥에는 도토리 집만 남았다. 손바닥에 남겨진 껍데기를 보며 아쉬운 듯한 표정도 잠시,

"야~호! 도토리 밥그릇이네. 여기다가 다람쥐한테 녹차 담아 줘야겠다."

며 옆에 흐르고 있는 작은 개울에 뛰어가서 물을 담는다.

행여 물을 쏟을까 걸어오는 조심스러운 발걸음. 그런데 옹그린 작은 양손에 두 개가 담겨 있다. 맑은 개울 바닥에서 주운 움푹 팬 작은 돌멩이 속에도 물을 담고 또 다른 손에 쥔 도토리 밥그릇에도 물이…

유아다례 수업에서 받은 영감일까? 아이들이 이렇게 자연에서 다구를 연결하는 무궁무진한 창의력에 순간 형언할 수 없는 희열을 느꼈다.

공교롭게도 때마침 우리 앞에 나타나 준 귀한 손님 숲속친구 다람쥐에 반색하며 살금살금 다가가니 다람쥐는 잽싸게 나무를 타고 날아다닌다. 그날은 운 좋게도 다람쥐도 만나고 참 특별한 날이었다.

그 후 아이들은 다람쥐한테 녹차 만들어 줘야 된다고 하면서 수시로 다람쥐 만나러 산에 가자고 조른다. 아이들의 성화에 신이 나서 산에 가려고 녹차도 챙기고 다구도 챙기자고 하며 산에 갈 준비를 하려는데

"산에 가면 찻그릇 있어요. 도토리 밥그릇요. 그리고 또 있어요. 돌멩이요."

한다.

"그러면 녹차만 가지고 가면 되겠다."

하니,

"녹차도 산에 가서 잎사귀 따서 만들어요."

한다.

이렇게 신나고 경이로운 숲에서의 차 수업을 아이들과 함께 계획하며 들뜬 마음으로 함께 산으로 향한다.

지난해 유아다례교육 관련 책을 출간하고, 현장에서 유아다례교육 실습지도를 하였다. 이 책은 그때 실습지도를 하면서 적용했던 프로그램 실제들을, 교사들이 쉽게 접목하고 지도할 수 있도록 정리하여 묶은 것이다. 같은 길을 걷고 있는 많은 교사들이 유아다례교육을 현장에서 쉽게 적용하고 응용할 수 있을 것이라는 기대를 해본다.

오랜 시간을 통해 유아다례교육 프로그램을 개발하고 교육과 보급을 하면서 많은 어려움도 있었지만 보람 또한 컸다. 특히, 울산의 박경자 원장님과 진주 이미연 원장님, 그리고 김인숙 원장님은 유아다례교육이라는 이 새로운 학문에 대한 프로그램 교육과 연구개발 열정이 무척 남달랐다. 추후 유아다례교육을 공부할 다인들과 유아교사들에게 귀감이 되리라 생각된다.

또한, 경북 지역 다인들이 유아다례교육을 배우면서 늦은 시간까지도 향학열을 불태울 수 있도록 편안하게 이끌어 주신 박선우 원장님, 그리고 저자가 유아들의 특성에 맞춰 오랜 시간을 통해 체계화한 이 유아다례교육 프로그램을 전국의 다인들에게 보급할 수 있는 계기를 만드신 최순애 원장님과 조덕화 원장님께도 깊은 감사의 인사를 드린다.

그동안 일부 다인들이 유아들의 특성을 고려하지 않은 채 성인용 다도교육방법을 그대로 접목해 오던 다도교육의 틀을, 이 책을 참고로 하여 유아들에게 맞춤형 프로그램으로 좋은 인성과 창의력을 폭넓게 확장할 수 있도록 하는 참고도서가 되었으면 하는 바람이다.

여러 가지 어려움 속에서도 유아다례교육 프로그램 개발과 연구를 늘 곁에서 함께해주신 윤다람 교수님과 이 책이 출판되기까지 애써주신 동문사 임직원 여러분께 감사의 마음을 전하면서…

저자 이도경

차 례

제1장 유아다례교육 현장실습지 / 9

제2장 그 외 실습자료 / 289

제3장 유아다례교육 응용과 다양한 차 자리 / 325

제 1 장

유아다례교육 현장실습지

01 실습사례 ①

유아교육기관 현장참여 실습일지

<table>
<tr><th>날짜</th><th>요일</th><th>날씨</th><th>등원</th><th>하원</th><th>실습생</th><th>지도교사</th><th>원장</th></tr>
<tr><td>10월 05일
11월 07일</td><td>금
수</td><td>맑음
맑음</td><td>10시</td><td>12시</td><td>○○○</td><td>○○○</td><td>○○○</td></tr>
<tr><th>생활주제</th><td colspan="7">추석, 명절 한복, 차 마시기, 녹차의 맛 알기</td></tr>
<tr><th>주제</th><td colspan="7">한복 바르게 입고 공수 알기, 절하기</td></tr>
<tr><th>목표</th><td colspan="7">우리나라 전통의상의 중요성을 알고, 차례상에 절하기</td></tr>
<tr><th>시간</th><th>교육활동명</th><th colspan="5">세부교육활동</th><th>자료</th></tr>
<tr><td rowspan="4">10:00
~
11:30</td><td>우리의 옷 한복 입고 큰절, 평절 하기</td><td colspan="5">- 우리 옷에 대해 알고 전통 문화를 설명한다.
- 한복을 바르게 입고 남아와 여아의 큰절, 평절을 해보았다.</td><td rowspan="2">개인 한복,
개인 방석</td></tr>
<tr><td>방석 바르게 알기</td><td colspan="5">한복을 입고 방석에 바르게 앉는 법과 올바른 방석 다루기를 배워 물건의 소중함과 깨끗하게 사용하는 것을 안다.</td></tr>
<tr><td>차 마시기</td><td colspan="5">오방색 다포를 이용하여 사랑, 감사, 배려, 부모님께 존경하는 마음을 알게 한다. 시기, 욕심 없는 고운 마음으로 유아들과의 사이를 돈독하게 한다.</td><td rowspan="2">오방 다포,
다기,
소다구, 차나무,
찻잔(개인),
다식(땅콩)</td></tr>
<tr><td>녹차 맛 알기</td><td colspan="5">녹차를 마시고 차의 미각을 느끼고 각자 발표한다.</td></tr>
<tr><th>시간</th><th>유아다례
다도활동내용</th><th colspan="5">유아다례 세부교육활동</th><th>자료</th></tr>
<tr><td rowspan="4">10:00
~
11:40</td><td>공수하기</td><td colspan="5">남녀 유아의 공수법을 익히고, 손에 칭찬 스티커를 붙여 자연스럽게 공수 위치를 알게 한다.</td><td rowspan="2">반짝이 칭찬
스티커</td></tr>
<tr><td>절하기</td><td colspan="5">남아 4명, 여아 4명씩 나와서 큰절과 평절을 해보게 하고, 칭찬 스티커를 붙여 준다.</td></tr>
<tr><td>차 마시기</td><td colspan="5">녹차의 색, 맛을 느끼며, 녹차나무와 씨를 보여 주고, 각자 느낌을 말한다.</td><td rowspan="2">녹차나무,
녹차 씨,
소다구</td></tr>
<tr><td>찻잔 잡기</td><td colspan="5">찻잔의 소중함을 알게 하여 조심스럽게 잡을 수 있도록 한다.</td></tr>
<tr><th>교사의
조언</th><td colspan="7">요즘 유아들에게는 낯선 우리나라 전통 의복, 예절, 그밖에 생활 속에서 지켜야 할 내용을 실제로 경험하며 배울 수 있는 좋은 시간이었다.</td></tr>
<tr><th>실습 후
느낀 점</th><td colspan="7">한복 입고 화장실 가기를 실습하니, 유아들이 옷자락 잡기가 미흡하여 불편해 하였고, 이것을 지켜보는 선생님들 모두 공감했다. 녹차 마시기를 할 때 차 맛을 느끼고 각자 다양한 미각을 표현하는 것을 보고 감동했다. 유아들에게 차 마시기 실습은 신선한 충격과 감동을 심어 주었다고 생각한다.</td></tr>
</table>

일화 기록지

날짜	관찰유아 (성별, 나이)	관찰시간 및 장면	행동관찰	분석
10월 5일	지혜반 여, 7세	한복 입고 절하고 방석에 앉기	- 색동 한복을 곱게 입고, 머리를 핀으로 단정하고 예쁘게 고정했다. - 평소 조용하고 다도 수업에 관심을 갖고 있는 유아라 절하는 모습이 예사롭지 않았다. 지도하는 대로 잘 따라 주었으며 다소곳이 잘했다. 어떻게 예쁘게 절을 잘하냐고 물었더니 조부모님이 계셔서 만나면 꼭 문안 인사를 절로 했다고 답했다. - 현대는 핵가족 시대라 전통적인 것보다는 편리함을 추구하고 전통은 배우지 않는 추세이다. 조부모 세대의 교육과 유아들의 가정교육이 필요하다는 것을 절실히 느끼게 해 주었다.	웃어른을 만났을 때 문안 인사 드리기

유아다례교육활동 관련자료

수업 자기평가서

일시	2012년 10월 05일(금요일)	장소	○○병설유치원
영역	대 · 소집단 단체 활동	지도교사	○○○
주제	우리의 옷 한복 입고 절하기, 녹차 맛 알고 찻잔 알기		

자기평가					
수업준비를 충실히 하였다.	1	2	3	4	⑤
수업목표가 무엇인지 명확히 인식하고 있었다.	1	2	3	4	⑤
계획한 내용대로 수업을 진행하였다.	1	2	3	4	⑤
모든 유아들이 수업에 참여할 수 있도록 유도하였다.	1	2	3	4	⑤
유아들에게 적절하게 칭찬과 격려를 하였다.	1	2	3	4	⑤
수업에 적절한 질문을 하고 유아의 요구에 성실히 반응하였다.	1	2	3	4	⑤
평가를 하고 수업 뒷정리를 하였다.	1	2	3	4	⑤

잘된 점	유아들이 잘 적응하고 노력하는 모습이 좋았다. 오방색의 아름다움과 소다구 세팅, 차, 그리고 나무에 관심을 많이 가지는 것을 볼 수 있었다.
부족한 점	짧은 시간 안에 많은 질문에 답할 수 없어 다음 기회로 미루는 것이 아쉬웠다.
특이사항	찻잔을 돌려가며 만지작거리는 모습이 순수하고 귀여웠다. 팽이 돌리기 하는 유아도 있었다.

유아교육기관 현장참여 실습일지

<table>
<tr><th>날짜</th><th>요일</th><th>날씨</th><th>등원</th><th>하원</th><th>실습생</th><th>지도교사</th><th>부장</th></tr>
<tr><td>10월 08일
11월 20일</td><td>월
화</td><td>맑음
맑음</td><td>11시</td><td>12시</td><td>○○○</td><td>○○○</td><td>○○○</td></tr>
<tr><th>생활주제</th><td colspan="7">예절 체험</td></tr>
<tr><th>주제</th><td colspan="7">인성 교육</td></tr>
<tr><th>목표</th><td colspan="7">한복 입고 절하기, 어른들께 인사하고 물러나기, 녹차 맛 알기</td></tr>
<tr><th>시간</th><th>교육활동명</th><th colspan="5">세부교육활동</th><th>자료</th></tr>
<tr><td rowspan="2">11:00
~
12:00</td><td>웃어른께 나아가기, 말씀 듣고 물러나기, 공경하기</td><td colspan="5">어른이 부르면 조용히 두 손을 모으고 인사드리며, 말씀이 끝나면 다시 한 번 고개 숙이고 뒷걸음으로 조용히 물러나기, 후다닥 돌아서지 않고 문을 살짝 닫고 물러나기, 출입 예절</td><td rowspan="2">개인 한복</td></tr>
<tr><td>절 해보기</td><td colspan="5">- 한복 입고 명절에 차례상에 절 해보기
- 웃어른 만났을 때 문안 인사드리기
- 큰절과 평절 해보기</td></tr>
<tr><th>시간</th><th>유아다례
다도활동내용</th><th colspan="5">유아다례 세부교육활동</th><th>자료</th></tr>
<tr><td>11:00
~
12:00</td><td>녹차 마시기, 차 맛 알기</td><td colspan="5">- 다도 시작 전 참는 마음 노래를 들려주며 조용히 기다리는 자세로 참는 마음을 길러 준다.
- 잔을 들고 차를 마시기 전에 녹차 송을 들려주며 차의 맛을 느끼게 한다.
- 3번 나누어 마시며 각자 맛의 느낌을 말하게 한다.
- 신맛, 매운맛, 떫은 맛, 고소한 맛, 보리 맛, 옥수수 맛, 과자 맛, 숭늉 맛, 풀잎 맛, 단맛, 호박 고구마 맛 등 다양하다.</td><td>소다구,
찻잔,
현미 녹차,
CD 음악</td></tr>
<tr><th>교사의 조언</th><td colspan="7">평상시 잘 접해볼 기회가 없는데 수업을 통해 예절에 대해 다시 한 번 배워볼 수 있는 좋은 경험이 되었다. 앞으로도 많은 유아들에게 이런 좋은 기회를 자주 제공해 주셨으면 좋겠다.</td></tr>
<tr><th>실습 후 느낀 점</th><td colspan="7">미각을 느끼고 발표를 하게 했더니 상상을 초월한 맛에 대한 느낌들을 표현하여 신선했고, 유아들의 얼굴에서 재미있는 표정들이 나타나 귀여웠다.</td></tr>
</table>

일화 기록지

날짜	관찰유아 (성별, 나이)	관찰시간 및 장면	행동관찰	분석
11월 12일	달님반 (7세반)	다도 수업	- 찻잔을 아주 소중하게 감싸는 모습과 고사리 같은 두 손으로 잔을 잡아 녹차의 향을 맡고, 두 눈을 지그시 감으며 표정이 변할 때 아이들의 영롱한 눈빛에서 녹차의 맑은 향과 맛이 유아들의 마음과 같은 걸 느꼈다. - 한 잔을 마신 유아들이 더 달라고 조르는 모습을 보며 한 번 더 녹차의 감미로운 맛을 아이들이 빨리 느끼고 싶어 하는 것 같다. - 녹차를 마시면 눈이 맑아지고 이가 튼튼해지며 마음이 편안해지고 기분이 좋아진다는 이야기 해주니 모두 그렇다고 했다.	선생님과 유아들이 모두 좋아하고 만족해 했다.

유아다례교육활동 관련자료

수업 자기평가서

일시	2012년 11월 12일(월요일)	장소	○○병설유치원
영역	대그룹 활동	지도교사	○○○
주제	인성 교육		

자기평가					
수업준비를 충실히 하였다.	1	2	3	4	⑤
수업목표가 무엇인지 명확히 인식하고 있었다.	1	2	3	4	⑤
계획한 내용대로 수업을 진행하였다.	1	2	3	4	⑤
모든 유아들이 수업에 참여할 수 있도록 유도하였다.	1	2	3	4	⑤
유아들에게 적절하게 칭찬과 격려를 하였다.	1	2	3	4	⑤
수업에 적절한 질문을 하고 유아의 요구에 성실히 반응하였다.	1	2	3	4	⑤
평가를 하고 수업 뒷정리를 하였다.	1	2	3	4	⑤

잘된 점	관계자들과 유아들이 모두 만족해하며, 다시 한 번 더 할 수 있으면 좋겠다고 했다.
부족한 점	소그룹 활동으로 다양하게 다례 수업을 할 수 있으면 좋을 것 같다.
특이사항	녹차 향, 맛을 표현하는 유아들의 표정이 인상적이었다.

유아교육기관 현장참여 실습일지

<table>
<tr><th>날짜</th><th>요일</th><th>날씨</th><th>등원</th><th>하원</th><th>실습생</th><th>지도교사</th><th>부장</th></tr>
<tr><td>10월 09일
11월 15일</td><td>화
목</td><td>맑음
맑음</td><td>10시</td><td>11시</td><td>○○○</td><td>○○○</td><td>○○○</td></tr>
<tr><th>생활주제</th><td colspan="7">우리나라 문화 알기</td></tr>
<tr><th>주제</th><td colspan="7">어른께 물건 드리기, 인사 바르게 하기, 한복 입고 절하기, 차 마시기</td></tr>
<tr><th>목표</th><td colspan="7">인사의 각도, 인사말(높임말 하기), 어른 공경하기</td></tr>
<tr><th>시간</th><th>교육활동명</th><th colspan="5">세부교육활동</th><th>자료</th></tr>
<tr><td rowspan="4">10:00
~
11:00</td><td>대・소그룹 활동</td><td colspan="5">– 윗사람에게 바르게 인사하고 존댓말로 인사말 하는 것을 알려주며, 실습한다.
– 어른들께 물건을 두 손으로 공손하게 드리고 받기를 서로 번갈아 실습한다.</td><td></td></tr>
<tr><td>방석 다루기, 앉는 법</td><td colspan="5">방석을 소중하게 다루기, 살며시 갖다 놓기, 방석에 겸손하고 조용히 앉아 있기, 어른들 말씀을 듣고 조용히 인사하고 물러나기</td><td>개인 방석</td></tr>
<tr><td>한복 입고 절하기</td><td colspan="5">한복 입고 우리의 절 해보기, 남녀 한복의 다른 점 알려주기</td><td>개인 한복</td></tr>
<tr><td>녹차 마시기, 찻잔 잡는 법</td><td colspan="5">녹차의 색, 향미 느껴 보기, 잔의 따뜻한 도자기의 느낌 말하기</td><td>녹차, 찻잔(개인)</td></tr>
<tr><th>시간</th><th>유아다례
다도활동내용</th><th colspan="5">유아다례 세부교육활동</th><th>자료</th></tr>
<tr><td>10:00
~
11:00</td><td>녹차 및 미각 경험 말하기</td><td colspan="5">– 녹차의 색과 녹차의 맛을 느끼고 각자 말하기를 해보았다.
– 초콜릿 맛, 단맛, 싱그러운 맛, 보리 맛, 옥수수 맛, 싱그러운 맛, 좋은 맛, 녹차 맛, 나뭇잎 맛 등 다양한 미각을 표현하며 흥미를 느끼게 하였다.</td><td>현미 녹차, 찻잔, 다식(땅콩, 호두)</td></tr>
<tr><th>교사의 조언</th><td colspan="7">'우리나라' 생활주제 기간에 한복 입기, 절하기 등을 배울 수 있어 수업과 연계가 잘 되었던 것 같다. 유아 수가 많았지만 예절 수업 시는 차분한 자세로 잘 참여하였다. 차후로도 유아교육과 연계하여 유아 중심의 예절 수업이 많이 이루어졌으면 좋겠다.</td></tr>
<tr><th>실습 후 느낀 점</th><td colspan="7">다음에는 유아들에게 순한 부드러운 맛과 색을 볼 수 있는 차를 준비하여 느끼게 하고 싶었다.</td></tr>
</table>

일화 기록지

날짜	관찰유아 (성별, 나이)	관찰시간 및 장면	행동관찰	분석
10월 10일	여아 두 명, 6세	10:00~	- 두 여아의 고운 한복 입은 모습이 다소곳하였다. 앞으로 나와서 큰절, 평절을 하는데 아주 다소곳이 잘했다. - 남자 유아들에게 칭찬 박수를 하라고 했더니, 그들도 잘할 수 있다고 자랑하기에 몇 명을 불러내어 하게 했다. 듬직하게 잘하는 모습을 보였다. 어떻게 그렇게 잘할 수 있냐 했더니, 제사나 명절에 어른을 만날 때마다 절을 많이 한다고 자랑했다. - 평소에 절을 자주 하면 몸에 익어 자연스런 자세가 나온다는 것을 아이들에게 알려주었다.	유아들은 선생님의 관심과 사랑을 받고 싶은 욕구가 많음을 보여 주었다.

유아다례교육활동 관련자료

수업 자기평가서

일시	2012년 11월 11일(목요일)	장소	○○초등학교 병설유치원
영역	대그룹 활동	지도교사	○○○
주제	우리 문화 알기		

자기평가					
수업준비를 충실히 하였다.	1	2	3	4	⑤
수업목표가 무엇인지 명확히 인식하고 있었다.	1	2	3	4	⑤
계획한 내용대로 수업을 진행하였다.	1	2	3	4	⑤
모든 유아들이 수업에 참여할 수 있도록 유도하였다.	1	2	3	4	⑤
유아들에게 적절하게 칭찬과 격려를 하였다.	1	2	3	4	⑤
수업에 적절한 질문을 하고 유아의 요구에 성실히 반응하였다.	1	2	3	4	⑤
평가를 하고 수업 뒷정리를 하였다.	1	2	3	4	⑤

잘된 점	열심히 하려는 모습을 보임으로써 유아들의 성취욕과 관심도를 높일 수 있었다.
부족한 점	많은 인원이 참여하는 대그룹 차 마시기 활동에서 대근육 발달 운동을 할 수 없어 아쉬웠다. 대신 참는 마음 노래를 들려주며 명상을 했다.
특이사항	유아들의 관심이 매우 높았다.

유아교육기관 현장참여 실습일지

<table>
<tr><th>날짜</th><th>요일</th><th>날씨</th><th>등원</th><th>하원</th><th>실습생</th><th>지도교사</th><th>부장</th></tr>
<tr><td>10월 23일
11월 22일</td><td>화
목</td><td>맑음
맑음</td><td>10시</td><td>11시</td><td>○○○</td><td>○○○</td><td>○○○</td></tr>
<tr><th>생활주제</th><td colspan="7">우리나라의 문화</td></tr>
<tr><th>주제</th><td colspan="7">예절 체험 교실</td></tr>
<tr><th>목표</th><td colspan="7">우리나라 한복의 소중함을 배우고 다례를 통해 인성을 바르게 한다.</td></tr>
<tr><th>시간</th><th>교육활동명</th><th colspan="4">세부교육활동</th><th colspan="2">자료</th></tr>
<tr><td rowspan="2">10:00
~
11:00</td><td>우리 문화 알기</td><td colspan="4">- 한복을 바르게 입고 다소곳이 걷기, 옷자락 잡고 계단 내려가기
- 앉았을 때 옷매무새를 단정하고 가지런히 하기, 남아들은 앉았을 때 다리 벌리지 않고 단정히 모아 공수 자세로 예의바르게 앉아 있기, 예쁘게 절하기</td><td colspan="2">개인 한복</td></tr>
<tr><td>녹차 마시기</td><td colspan="4">- 녹차 색 말하기, 잔 들고 마시고 미각을 각자 발표하고 표현하기, 찻잔을 조심스럽게 다루고 소중함을 알게 한다.
- 녹차 송과 참는 마음, 부모님의 은혜 노래를 들려주며 명상의 시간을 갖는다.</td><td colspan="2">현미 녹차,
오방 다포,
소다구, 단풍잎,
녹차나무,
녹차 씨</td></tr>
<tr><th>시간</th><th>유아다례
다도활동내용</th><th colspan="4">유아다례 세부교육활동</th><th colspan="2">자료</th></tr>
<tr><td>10:00
~
11:00</td><td>명상 시간</td><td colspan="4">- 부모님의 은혜 감사하기를 듣고, 각자 잘못한 점을 말해보고 잘한 것 찾아내기
- 형제자매들과 잘 지내기
- 선생님과 부모님께 존경과 감사의 마음을 가지도록 알려주기</td><td colspan="2">CD 자료
들려주기</td></tr>
<tr><th>교사의
조언</th><td colspan="7">유치원 현장에서 경험하기 어려운 예절 체험(한복 입기, 차 마시기)을 전문 선생님께서 직접 오셔서 지도해 주시니 유아들이 더욱 흥미롭고 적극적으로 참여할 수 있었다. 유치원에서 쉽게 연계하며 할 수 있는 프로그램이 있었으면 한다.</td></tr>
<tr><th>실습 후
느낀 점</th><td colspan="7">인내력이 부족한 유아들이 한복 입고 절하기, 차를 3번 나누어 마시고 맛에 대해 발표하기 등 신선한 내용들을 많이 체험하였다. 유아들이 수업에 잘 적응하고 진지하게 잘하려고 노력하는 모습들이 참 보기 좋았다.</td></tr>
</table>

일화 기록지

날짜	관찰유아 (성별, 나이)	관찰시간 및 장면	행동관찰	분석
11월 20일	6, 7세	10시 20분	달님반 차 마시기를 시작하는데, 유아들이 이구동성으로 “선생님, 우리도 녹차 주시나요? 맛볼 수 있나요? 맛있겠다.”라고 하였다. 땅콩과 콩을 보며 “선생님, 맨날 다도수업 했으면 좋겠어요.” “차 마시고 땅콩도 먹으니 기분이 너무 좋아요, 선생님 우리는 언제 다도 아니, 차 우리기 해 볼 수 있나요?” 등 종일 재잘거리며 질문하였다. 질문에 답하기 바쁜 감이 있었지만 호기심 많은 유아들의 행동과 관찰력에 감동했고, 다례교육의 중요함을 느끼게 했다.	다례 교육을 자주하여 유아들의 호기심과 참여도를 높이고 싶었다.

유아다례교육활동 관련자료

수업 자기평가서

일시	2012년 10월 23일(화요일)	장소	○○초등학교 병설유치원
영역	대그룹 활동	지도교사	○○○
주제	녹차 알고 마시기		

자기평가					
수업준비를 충실히 하였다.	1	2	3	4	⑤
수업목표가 무엇인지 명확히 인식하고 있었다.	1	2	3	4	⑤
계획한 내용대로 수업을 진행하였다.	1	2	3	④	5
모든 유아들이 수업에 참여할 수 있도록 유도하였다.	1	2	3	4	⑤
유아들에게 적절하게 칭찬과 격려를 하였다.	1	2	3	4	⑤
수업에 적절한 질문을 하고 유아의 요구에 성실히 반응하였다.	1	2	3	4	⑤
평가를 하고 수업 뒷정리를 하였다.	1	2	3	4	⑤

잘된 점	유아들이 질 따라주어 순조롭게 수업을 할 수 있었다.
부족한 점	기회가 주어지면 유아들이 직접 차를 우리는 실습을 해 보고 싶다.
특이사항	유아들이 많은 관심을 가지고 얌전하게 잘 따라 주었다.

02 실습사례 ②

유아교육기관 현장참여 실습일지

<table>
<tr><th>날짜</th><th>요일</th><th>날씨</th><th>등원</th><th>하원</th><th>실습생</th><th>지도교사</th><th>부장</th></tr>
<tr><td>9월 3일</td><td>월</td><td>맑음</td><td>7시 30분</td><td>17시 30분</td><td>○○○</td><td>○○○</td><td>○○○</td></tr>
<tr><th>생활주제</th><td colspan="7">세계 속의 우리나라</td></tr>
<tr><th>주제</th><td colspan="7">우리나라의 생활</td></tr>
<tr><th>목표</th><td colspan="7">우리나라의 전통문화에 대해 알아보고, 전통문화의 소중함을 안다.</td></tr>
<tr><th>시간</th><th>교육활동명</th><th colspan="5">세부교육활동</th><th>자료</th></tr>
<tr><td>10:50
~
11:20</td><td>대・소집단 활동

우리나라 전통의상 한복을 바르게 입어보기</td><td colspan="5">- 스스로 한복 바르게 입기
우리나라의 전통의상인 한복을 입는 방법에 대해 친구들과 이야기한 후 순서에 맞게 입어 보았다. 한복의 속치마 입기를 힘들어 하는 친구들을 도와주기도 하고 저고리 고름을 바르게 묶을 수 있도록 도와주며 한복을 입어 보았다.
- 한복 입고 방석에 바르게 앉기
한복을 입고 바르게 인사하는 법에 대해 이야기한 후 인사를 해보았다. 또한 방석에 바르게 앉는 방법에 대해서도 이야기를 나누었다. 교사가 먼저 방석에 앉는 모습을 보여준 후, 바르게 앉는 방법에 대해 친구들이 서로 자유롭게 이야기를 나누고 방석에 앉았다. 한복을 단정히 한 후 다시 방석에 앉아보며 바른 자세로 방석에 앉을 수 있도록 한 번 더 활동해 보았다.</td><td>유아 개별 한복, 방석</td></tr>
<tr><td>15:00
~
17:00</td><td>자유선택활동
(역할 영역)</td><td colspan="5">- 친구들의 한복을 비치해 두고 한복을 입고 자유롭게 역할놀이를 해 볼 수 있도록 이야기를 나누고 활동을 하였다.
- 한복을 입고 세배를 하거나 차례를 지내기도 하며 다양하게 활동을 하였다.</td><td>다양한 역할놀이 소품</td></tr>
<tr><th>교사의 조언</th><td colspan="7">친구들이 한복을 입고 활동하는 것을 매우 즐거워하면서도 한복 입기가 불편해 어려워하는 점도 많이 있었다. 친구들과 좀 더 친해지면 친구들의 기분과 도움이 필요한 상황이 빨리 보일 것이다. 오늘 고생하셨어요.</td></tr>
<tr><th>실습 후 느낀 점</th><td colspan="7">유아들이 한복 입기가 익숙하지 않아 한복 입기를 힘들어 해 도와주었고, 부끄러워하거나 낯설어 이야기하지 못하는 점을 빨리 알지 못해 도움을 줄 수 있는 상황에 조금 미흡하게 대처했던 것 같다. 유아들의 기분을 빨리 알고 도와줄 수 있도록 상황에 적절히 대처하기 위해 좀 더 친해질 수 있게 하여야겠다.</td></tr>
</table>

유아다례교육활동 관련자료

한복 바르게 입어보기

한복 입고 방석에 바르게 앉아보기

유아교육기관 현장참여 실습일지

날짜	요일	날씨	등원	하원	실습생	지도교사	부장
9월 5일	수	맑음	7시 30분	17시 30분	○○○	○○○	○○○

생활주제	세계 속의 우리나라		
주제	우리나라의 생활		
목표	우리나라의 전통문화에 대해 알아보고, 전통문화의 소중함을 안다.		
시간	**교육활동명**	**세부교육활동**	**자료**
10:50 ~ 11:20	대·소집단 활동 다구 명칭 노래	- 다구 명칭 노래로 부르기 다구 노래를 부르기 전, 유아들이 알고 있는 산토끼 노래를 함께 불러 보았다. - 산토끼 노래의 음에 맞춰 다구 명칭 노래로 개사해 부르기 노래의 음에 익숙해진 친구들과 다구 명칭을 넣은 가사를 보여주며 음을 붙여 한 소절씩 불러 보았다. 가사를 반복해 부르며 노래에 익숙해지자 유아들이 노래 가사를 한 소절씩 번갈아 부르며 활동을 하였다. 〈다구 명칭 노래〉 물 끓일 때 탕관 / 차 우릴 때 다관 물 식힐 때 숙우 / 차 마실 땐 찻잔 물 닦을 때 다건 / 차 담을 때 다호 다구 차리는 찻상 / 찻상 덮는 다포	다구 명칭 노래 가사
15:00 ~ 17:00	자유선택활동 (음률 영역)	- 음률 영역에 다구 명칭 가사를 비치해 두고 유아들이 자유롭게 활동해 볼 수 있도록 하였다. - 노래 가사에 익숙한 유아들은 익숙하지 않은 유아들에게 가사를 알려주며 한 소절씩 불러보았다. 다양한 악기를 자유롭게 치며 노래를 부르며 활동을 하였다.	다양한 역할놀이 소품
교사의 조언	우리 반 유아들이 쉽게 이해하기엔 너무 어려운 단어들인 것 같아 친숙하게 즐겨 부르는 동요를 개사해 활동해 보니 활동 효과가 아주 좋았다. 유아들과 함께 지내면 많은 동요를 알 수 있다.		
실습 후 느낀 점	다구 세트의 명칭이 익숙하지 않아 어려워할 수 있는 단어들이라 쉽게 이해 할 수 있도록 유아들이 잘 알고 있는 노래에 가사를 붙여 불러 보면서 어려워하지 않고 쉽게 이름을 익혔고, 음률 영역에서 활동을 하면서 적극적인 모습을 보였다. 유아들에게 다양한 방법의 활동을 유도해 참여도를 높임으로써 높은 효과를 볼 수 있다는 점을 알 수 있었다.		

유아다례교육활동 관련자료

다기 명칭 노래 부르기

유아교육기관 현장참여 실습일지

<table>
<tr><th>날짜</th><th>요일</th><th>날씨</th><th>등원</th><th>하원</th><th>실습생</th><th>지도교사</th><th>부장</th></tr>
<tr><td>9월 7일</td><td>금</td><td>맑음</td><td>7시 30분</td><td>17시 30분</td><td>○○○</td><td>○○○</td><td>○○○</td></tr>
<tr><th>생활주제</th><td colspan="7">세계 속의 우리나라</td></tr>
<tr><th>주제</th><td colspan="7">우리나라의 생활</td></tr>
<tr><th>목표</th><td colspan="7">우리나라의 전통문화에 대해 알아보고, 전통문화의 소중함을 안다.</td></tr>
<tr><th>시간</th><th>교육활동명</th><th colspan="5">세부교육활동</th><th>자료</th></tr>
<tr><td>11:00
~
11:40</td><td>대·소집단
활동

다구 명칭
알기</td><td colspan="5">- 다구 세트를 보며 명칭 알기
준비된 다구 세트를 보며 이름을 알고 있는 유아들이 있는지 질문하고 정확한 명칭을 이야기해 주었다. 유아들과 한 번씩 이름을 불러 보며 어떤 용도로 쓰이는지 유아들이 먼저 자유롭게 이야기를 나누게 하였다.
- 다구 세트의 명칭과 쓰임에 대해 알기
유아들의 이야기를 들어보고 용도에 대해 알려주었다. 다구 이름과 쓰임에 대해 유아들끼리 자유롭게 이야기를 나눠보는 시간을 가지며 활동해 보았다.
*다관 : 차 우릴 때 사용
*탕관 : 물 끓일 때 사용
*숙우 : 물 식힐 때 사용
*찻잔 : 차 마실 때 사용
*다건 : 물 닦을 때 사용
*차호 : 차 담을 때 사용
*다포 : 찻상 덮을 때 사용</td><td>다구 세트</td></tr>
<tr><td>15:00
~
17:00</td><td>자유선택활동
(언어 영역)</td><td colspan="5">그림 자료를 보며 다구의 명칭에 대해 유아들과 자유롭게 이야기를 나누고 이름과 쓰임에 대해 글이나 그림으로 표현하며 다양하게 활동해 보았다.</td><td>다양한 쓰기
도구</td></tr>
<tr><th>교사의
조언</th><td colspan="7">다구의 명칭이 모두 어려운 편이라서 유아들에게 설명하기 어려웠다. 유아들이 쉽게 이해할 수 있도록 적절한 단어를 사용해 설명하려고 노력하는 모습이 너무 좋았다. 오늘 하루도 고생하셨어요.</td></tr>
<tr><th>실습 후
느낀 점</th><td colspan="7">다구의 명칭과 쓰임을 좀 더 쉽게 설명해 줄 수 있는 단어 선택을 하기가 조금 어려웠고, 그로 인해 활동의 흐름이 매끄럽게 연결이 되지 못한 것 같아 아쉬움이 남았다. 정해진 주제의 활동 자료 준비도 중요하지만, 유아들의 관점에서 이해와 흥미를 갖고 활동할 수 있도록 준비하는 것도 매우 중요하다는 것을 알 수 있었다.</td></tr>
</table>

유아다례교육활동 관련자료

유아교육기관 현장참여 실습일지

날짜	요일	날씨	등원	하원	실습생	지도교사	부장
9월 10일	월	맑음	7시 30분	17시 30분	○○○	○○○	○○○
생활주제	세계 속의 우리나라						
주제	우리나라의 문화유산						
목표	우리나라의 전통문화에 대해 알아보고, 전통문화의 소중함을 안다.						

시간	교육활동명	세부교육활동	자료
10:50 ~ 11:50	대·소집단 활동 차 마시기	- 녹차의 맛과 향 느끼기 다구 노래를 유아들과 불러 보고 준비된 다구 세트에 교사가 먼저 녹차를 우려내 유아들과 함께 녹차의 색을 보고, 향을 느껴보고, 맛을 보았다. 직접 맛본 녹차의 맛과 향에 대해 유아들과 자유롭게 이야기를 나누었다. - 유아들이 직접 녹차를 우려내고 맛보기 유아들이 직접 녹차를 우려내는 기회를 가져보고, 숙우의 물을 다관에 안전하게 붓도록 이야기를 나눈 후 활동하였다. 우려낸 녹차를 다른 유아들이 마셔 볼 수 있는 시간을 가졌다. 녹차 잎의 양에 따라 색과 맛이 달라지는 것을 유아들이 직접 녹차를 우려내보면서 알 수 있었다.	다구 명칭 노래 가사, 다구 세트, 방석
15:00 ~ 17:00	자유선택활동 (역할 영역)	다구 세트를 역할 영역에 비치해 두고 자유롭게 활용할 수 있도록 하였다. 유아들은 맛본 녹차의 맛을 기억하며 서로 역할놀이를 하며 활동하였다.	다양한 역할놀이 소품

교사의 조언	달콤한 맛을 좋아하는 유아들이, 쓴 녹차를 마시는 걸 즐거워하는 것은 아무래도 새로운 경험에 대한 관심과 흥미도가 높아서 그럴 것이라는 생각이 들었다. 우리 유아들에게 다양한 경험은 작은 것이라도 매우 중요한 것 같다.
실습 후 느낀 점	녹차를 마시기 전 녹차의 색을 보고 향을 맡고 실제로 맛을 보면서 유아들이 좀 더 다양하게 녹차의 맛을 표현하는 모습을 볼 수 있었고, 평소에 경험하지 못한 녹차의 맛을 경험하며 유아들이 다양한 미각을 경험할 수 있는 시간을 가질 수 있었다.

유아다례교육활동 관련자료

유아교육기관 현장참여 실습일지

<table>
<tr><th>날짜</th><th>요일</th><th>날씨</th><th>등원</th><th>하원</th><th>실습생</th><th>지도교사</th><th>부장</th></tr>
<tr><td>9월 13일</td><td>목</td><td>맑음</td><td>7시 30분</td><td>17시 30분</td><td>○○○</td><td>○○○</td><td>○○○</td></tr>
<tr><th>생활주제</th><td colspan="7">세계 속의 우리나라</td></tr>
<tr><th>주제</th><td colspan="7">우리나라의 문화유산</td></tr>
<tr><th>목표</th><td colspan="7">우리나라의 전통문화에 대해 알아보고, 전통문화의 소중함을 안다.</td></tr>
<tr><th>시간</th><th>교육활동명</th><th colspan="5">세부교육활동</th><th>자료</th></tr>
<tr><td>09:00
~
10:30</td><td>자유선택활동
(수조작 영역)</td><td colspan="5">- 나뭇잎 퍼즐 맞춰보기
녹차를 마셔 본 경험에 대해 이야기를 나눠보고 유아들과 녹차 잎 모양에 대해 자유롭게 이야기를 하였다. 나뭇잎 모양의 퍼즐을 준비해 퍼즐 활동을 해볼 수 있도록 하였고, 유아들이 함께 퍼즐을 맞춰보며 활동을 하였다.</td><td rowspan="2">나뭇잎 모양 퍼즐</td></tr>
<tr><td>15:00
~
17:00</td><td>자유선택활동
(수조작 영역)</td><td colspan="5">오전 활동을 연계할 수 있도록 이야기를 나눠본 후 활동을 하였고, 유아들이 퍼즐 활동에 익숙해지자 가위바위보를 하여 이긴 유아가 퍼즐을 맞추어 먼저 완성하는 유아가 이기는 게임으로 확장 활동을 하였다.</td></tr>
<tr><th>교사의 조언</th><td colspan="7"></td></tr>
<tr><th>실습 후 느낀 점</th><td colspan="7">녹차 마시기 활동을 여러 가지 다양한 활동으로 연계할 수 있었고, 연계 활동을 통해 확장 활동이 이루어지는 모습을 볼 수 있었다.</td></tr>
</table>

유아다례교육활동 관련자료

나뭇잎 퍼즐 맞추기

유아교육기관 현장참여 실습일지

<table>
<tr><th>날짜</th><th>요일</th><th>날씨</th><th>등원</th><th>하원</th><th>실습생</th><th>지도교사</th><th>부장</th></tr>
<tr><td>9월 14일</td><td>금</td><td>맑음</td><td>7시 30분</td><td>17시 30분</td><td>○○○</td><td>○○○</td><td>○○○</td></tr>
<tr><th>생활주제</th><td colspan="7">세계 속의 우리나라</td></tr>
<tr><th>주제</th><td colspan="7">우리나라의 문화유산</td></tr>
<tr><th>목표</th><td colspan="7">우리나라의 전통문화에 대해 알아보고, 전통문화의 소중함을 안다.</td></tr>
<tr><th>시간</th><th>교육활동명</th><th colspan="5">세부교육활동</th><th>자료</th></tr>
<tr><td>09:00
~
10:30</td><td>자유선택활동
(미술 영역)</td><td colspan="5">- 다구 세트 그림으로 그리기
미술 영역에 다구 세트를 비치해 유아들이 자유롭게 관찰할 수 있도록 하고 다구 세트의 명칭을 이야기해 보도록 한다. 쓰임에 대해 자유롭게 이야기하고, 그림으로 표현해 보며 활동하였다.</td><td rowspan="2">다구 세트,
다양한
그리기 도구</td></tr>
<tr><td>15:30
~
17:00</td><td>자유선택활동
(미술 영역)</td><td colspan="5">오전 활동에 이어서 그림 그리기 활동을 하였고, 친구들의 그림과 자신의 그림에 대해 이야기를 나누었다. 자신이 그린 그림을 가위로 오려서 찻상에 차려보기도 하고, 그림 그리기를 어려워하는 친구를 위해 서로가 도와주며 활동하였다.</td></tr>
<tr><th>교사의
조언</th><td colspan="7">그림 그리기는 자신감이 매우 중요한 것 같다. 유아들이 자신감을 가질 수 있도록 이야기하는 점이 너무 좋았다.</td></tr>
<tr><th>실습 후
느낀 점</th><td colspan="7">유아들이 어려워할 수 있는 활동이기도 하지만, 다양한 영역에서 다양한 방법으로 활동할 수 있도록 준비해 주어 좀 더 친숙하게 활동을 받아들이는 것 같았다. 그림 그리기를 어려워하는 친구들이 있기도 했지만, 자유로운 분위기로 활동을 진행해 점차 자신감을 가지는 모습을 볼 수 있었다. 작은 활동이라도 유아들이 자신감을 갖고 활동할 수 있도록 하는 것이 매우 중요함을 알 수 있었다.</td></tr>
</table>

유아다례교육활동 관련자료

다구세트 그림으로 표현하기

유아교육기관 현장참여 실습일지

<table>
<tr><th>날짜</th><th>요일</th><th>날씨</th><th>등원</th><th>하원</th><th>실습생</th><th>지도교사</th><th>부장</th></tr>
<tr><td>9월 18일</td><td>화</td><td>맑음</td><td>7시 30분</td><td>17시 30분</td><td>○○○</td><td>○○○</td><td>○○○</td></tr>
<tr><th>생활주제</th><td colspan="7">세계 속의 우리나라</td></tr>
<tr><th>주제</th><td colspan="7">세계 여러 나라와 사람들</td></tr>
<tr><th>목표</th><td colspan="7">우리나라와 다른 나라의 문화에 대해 알아보고, 문화 차이에 대해 배운다.</td></tr>
<tr><th>시간</th><th>교육활동명</th><th colspan="5">세부교육활동</th><th>자료</th></tr>
<tr><td>10:50
~
11:40</td><td>대·소집단
활동</td><td colspan="5">- 다양한 차 맛 느끼기
녹차를 마신 느낌을 유아들과 자유롭게 이야기하고, 준비된 다양한 종류의 차 중에 유아들이 마셔보고 싶은 차를 고르면 차려주며 활동하였다. 유아들이 짝을 이뤄 마시고 싶은 차를 고른 다음, 순서에 따라 차를 우려내 찻잔에 따라주고, 차의 색을 보고 향을 맡아본 후 차를 마셨다. 서로 번갈아 차를 대접해 보며 활동하였다.</td><td>다구 세트,
다양한
차 종류
(국화,
녹차,
보이차,
옥수수차)</td></tr>
<tr><td>15:00
~
17:00</td><td>자유선택활동
(언어 영역)</td><td colspan="5">- 차를 마신 후 차 맛과 향에 대해 유아들과 이야기를 나누거나 글로 표현하고, 맛을 보고 느낀 기분을 그림으로 그리기도 하였다. 글쓰기를 어려워하는 유아들을 도와주며 차를 마신 후 느낀 감정을 표현하며 활동하였다.
- 그림 자료를 보며 다구의 명칭에 대해 유아들과 자유롭게 이야기를 나누고, 이름과 쓰임에 대해 글을 쓰거나 그림을 그리며 다양하게 활동하였다.</td><td>다양한
쓰기 도구</td></tr>
<tr><th>교사의
조언</th><td colspan="7">다례실습 덕분에 이제는 녹차 맛을 즐길 줄 아는 친구들이 되었다. 한 가지 만 고집하기보다 다양하게 경험하고 느낄 수 있도록 해주는 것이 교사의 역할이라고 생각한다. 오늘도 고생하셨습니다.</td></tr>
<tr><th>실습 후
느낀 점</th><td colspan="7">유아들이 녹차의 맛을 좋아하지 않을 것이라는 선입견이 있었는데, 녹차 마시기 활동을 하며 매우 새로운 경험으로 받아들이고 다양한 차 맛을 보고 싶어 하는 모습을 볼 수 있었다. 유아들이 자유롭게 먹고 싶은 차를 직접 고르고, 진지하게 차를 우려내는 모습을 보며 적극적인 활동 모습을 볼 수 있었고, 흥미도가 매우 높다는 점도 알 수 있었다.</td></tr>
</table>

유아다례교육활동 관련자료

다양한 차 맛과 향 느껴보기

유아교육기관 현장참여 실습일지

날짜	요일	날씨	등원	하원	실습생	지도교사	부장
9월 20일	목	맑음	7시 30분	17시 30분	○○○	○○○	○○○

생활주제	세계 속의 우리나라		
주제	세계 여러 나라와 사람들		
목표	우리나라와 다른 나라 문화에 대해 알아보고 문화 차이에 대해 알 수 있다.		
시간	교육활동명	세부교육활동	자료
09:00 ~ 10:30	자유선택활동 (미술 영역)	- 밀가루 점토를 이용하여 다양한 모양의 다식 만들기 차를 마시면서 함께 먹을 수 있는 다식에 대해 이야기하고 다양한 모양 틀을 보여준다. 유아들이 직접 다식을 만들 수 있도록 하고 만들고 싶은 모양의 다식 틀을 정해 자유롭게 다식 만들기 활동을 하였다. 밀가루 반죽을 넉넉히 준비해 유아들이 다양하게 활동할 수 있도록 하였다. 한 가지 모양을 반복해 활동하는 유아들에게 다양한 모양 틀을 이용할 수 있도록 이야기하며 활동하였다.	밀가루 반죽, 다양한 다식 모양 틀
15:30 ~ 17:00	자유선택활동 (미술 영역)	오전 활동을 연계해 활동하였고, 밀가루에 물감을 섞어 다양한 색을 만들어 보려고 했다. 반죽된 밀가루의 색이 잘 변하지 않자 오전에 만든 다식을 다양한 물감으로 색칠해 여러 가지 모양의 다식을 만들기도 하며 활동하였다. 직접 만든 다식을 역할놀이와 연계해 활동하거나 다양한 방법으로 활동하였다.	다양한 쓰기 도구
교사의 조언	밀가루 점토 활동은 우리 친구들이 매우 흥미 있고 즐겨하는 활동 중 하나라고 생각한다. 오늘 유아들과 함께 활동하는 모습이 너무 보기 좋았다. 우리 친구들과 저보다 더 친한 것 같다.		
실습 후 느낀 점	밀가루를 이용한 활동이라 유아들의 참여도와 흥미도가 매우 높았다. 밀가루 반죽의 느낌을 친구들끼리 자유롭게 이야기 나누고 다양한 모양의 다식을 만드는 모습을 보며, 유아들에게 다양한 경험이 매우 중요하다는 것을 다시 한 번 느낄 수 있었다.		

유아다례교육활동 관련자료

밀가루 점토를 이용해 다시 만들어 보기

유아교육기관 현장참여 실습일지

<table>
<tr><th>날짜</th><th>요일</th><th>날씨</th><th>등원</th><th>하원</th><th>실습생</th><th>지도교사</th><th>부장</th></tr>
<tr><td>9월 25일</td><td>화</td><td>맑음</td><td>7시 30분</td><td>17시 30분</td><td>○○○</td><td>○○○</td><td>○○○</td></tr>
<tr><th>생활주제</th><td colspan="7">세계 속의 우리나라</td></tr>
<tr><th>주제</th><td colspan="7">세계 여러 나라의 생활</td></tr>
<tr><th>목표</th><td colspan="7">여러 나라의 다양한 생활 방식에 대해 관심을 가지고 알 수 있다.</td></tr>
<tr><th>시간</th><th>교육활동명</th><th colspan="5">세부교육활동</th><th>자료</th></tr>
<tr><td>09:00
~
10:30</td><td>자유선택활동
(역할 영역)</td><td colspan="5">- 밀가루 점토를 비치해 다양한 모양의 음식을 만들어 활동하기
다양한 나라의 음식에 대해 이야기를 나눠 보고, 밀가루 점토를 역할 영역에 비치해 다양한 음식을 만들며 활동할 수 있도록 하였다.
함께 준비된 다식 틀과 다식 만들기 활동에 대해 이야기하고, 다식을 만들어 찻상에 차려 다식 먹기 놀이를 하였다. 다식을 만들어 역할놀이를 반복해 활동하기도 하였다.</td><td>밀가루 반죽, 다양한 다식 모양 틀, 다양한 역할놀이 소품</td></tr>
<tr><td>15:30
~
17:00</td><td>자유선택활동
(역할 영역)</td><td colspan="5">- 오전 활동과 연계해 밀가루 점토로 음식 만들기 활동을 하였다. 다식판을 이용해 다식 만들기를 하던 오전 활동과 달리 소꿉놀이 도구로 밀가루 반죽에 다양한 모양을 직접 그려 다식 만들기 활동을 하였다.
- 하트 모양이나 별 모양을 이용해 쿠키 만들기 활동도 하며, 오전과는 좀 더 다른 모습의 활동을 하였다.</td><td>다양한 역할놀이 소품</td></tr>
<tr><th>교사의 조언</th><td colspan="7">역할 영역에서 함께 놀이하는 모습이 정말 너무 재미있어 보였다. 놀이 도중에 다른 친구들의 참여를 유도하면서 유아 모두를 배려하는 모습을 볼 수 있어 좋았다.</td></tr>
<tr><th>실습 후 느낀 점</th><td colspan="7">유아들과의 활동은 반복 활동을 통해 정해진 활동만 하는 것이 아니라 여러 가지 다양한 활동이 이루어진다는 것을 알 수 있었고, 나아가 활동에 익숙해지면 좀 더 창의적 활동이 이루어지기도 하였다.
밀가루 점토를 이용해 찍기 활동을 주로 하던 유아들이 역할 영역에서 직접 다양한 모양의 다식을 만들기도 하며 다양한 활동을 할 수 있었다.</td></tr>
</table>

유아다례교육활동 관련자료

밀가루 점토 다식을 이용해 역할 놀이 하기

유아교육기관 현장참여 실습일지

날짜	요일	날씨	등원	하원	실습생	지도교사	부장
9월 27일	목	맑음	7시 30분	17시 30분	○○○	○○○	○○○
생활주제	세계 속의 우리나라						
주제	세계 여러 나라의 생활						
목표	여러 나라의 다양한 생활 방식에 대해 관심을 가지고 알아본다.						

시간	교육활동명	세부교육활동	자료
10:40 ~ 11:40	대·소집단 활동	- 추석 음식에 대해 이야기를 나누고 직접 송편 빚기 추석에 먹는 음식인 송편에 대해 이야기를 나눠보고 송편을 만드는 데 필요한 재료에 대해 알아본다. 만드는 방법을 설명하며, 교사가 먼저 시범을 보인다. 유아들이 만든 송편을 쪄서 간식 시간에 먹어 볼 수 있도록 이야기하고, 자유롭게 송편을 만들어 보았다.	쌀가루 반죽, 팥, 솔잎, 추석에 먹는 음식 사진 자료
15:00 ~ 17:00	자유선택활동 (역할 영역)	- 다양한 전통놀이를 준비해 경험하기 추석에 대해 이야기를 나누어보고, 우리나라의 전통놀이와 추석의 의미에 대해 알아본다. 추석에 할 수 있는 전통놀이에 대해 알아보고, 준비된 전통놀이방법을 설명한다. 순서를 정해 다양한 전통놀이 활동을 하였다(투호 던지기, 제기차기, 사방치기, 팽이치기, 딱지치기, 강강술래).	다양한 전통놀이 소품

교사의 조언	우리 친구들이 너무 즐거워했다. 전통놀이를 통해 옛 풍습도 자연스럽게 알아갈 수 있어 꼭! 필요한 활동이라고 생각한다. 한 달 동안 우리 친구들과 함께하며 고생하셨어요.
실습 후 느낀 점	자주 경험하지 못하는 옛날 전통놀이를 통해 색다른 경험을 하는 시간을 가졌다. 컴퓨터 게임이나 스마트폰에 익숙한 친구들에게 새로운 경험을 할 수 있는 시간이었다.

유아다례교육활동 관련자료

추석음식 송편 빚기와 다양한 전통놀이 경험해 보기

일화 기록지

날짜	관찰유아 (성별, 나이)	관찰시간 및 장면	행동관찰	분석
9월 3일	여, 6세	10:50 ~ 11:20 대·소집단 활동	유아들이 한복을 입을 때 어려워하는 옷고름 묶기에서 교사 대신 친구들에게 물어보며 스스로 하려고 하는 모습을 보였다. 또 옷고름 매기를 어려워하는 것을 부끄러워해 교사가 도와준다고 이름을 부르자 옷고름을 묶지 못한다고 울음을 터트리는 모습도 보였다. 교사가 옷고름 매기는 어렵다는 것을 여러 번 반복해 이야기해 주고, 혼자서 하기 어렵다는 것도 이야기하자, 교사가 도와주는 것을 부끄러워하지 않는 모습을 보였다. 활동 중 옷고름이 풀리자 교사에게 도와달라고 쉽게 이야기를 하는 모습을 볼 수 있었다.	유아들이 스스로 할 수 없는 것에 대해 부끄러운 감정을 많이 느낄 수 있어, 자신감을 갖고 모든 활동을 할 수 있도록 다양한 방법으로 이야기하는 것이 매우 중요한 것을 알 수 있었다.
9월 14일	남, 6세	09:00 ~ 10:30 자유선택 활동 (미술 영역)	다구 세트를 보고 그림 그리기 활동을 할 때, 똑같이 그릴 수 없다고 이야기를 하자 친구들의 그림 그리는 모습을 관찰하기만 하는 모습을 보였다. 교사가 시범을 보이며 함께 그려보자고 이야기를 나누어도 쉽게 그림활동에 참여하려 하지 않았다. 오후 자유선택활동 시간에 조금씩 활동에 흥미를 보이며 그림을 그렸지만, 아주 작게 그리며 자신 없는 모습을 보였다.	그림 그리기에 자신이 없는 유아들에게 그릴 수 있도록 유도할 다양한 방법이 필요하다는 것을 알 수 있었다. 그림 그리기 활동 전 자신감을 갖고 활동할 수 있도록 작은 활동이라도 칭찬을 해 주는 것이 필요하다.
9월 20일	여, 7세		밀가루 반죽을 이용해 다양한 다식 만들기 활동을 하였고 유아들 모두 적극적으로 참여하였다. 거의 모든 시간을 다식 만들기 활동을 하였다. 여러 번 반복해 활동을 해보면서 밀가루 반죽의 색깔을 바꿔 다식 만들기를 해 보고자 밀가루 반죽에 물감을 섞어 반죽하였다. 유아들의 생각처럼 미리 반죽된 밀가루에 색이 잘 섞이지 않자 자신이 만든 다식에 물감을 색칠하며 여러 가지 색의 다식을 만들어 개나리 다식, 핑크 다식, 블루베리 다식이라고 이름을 붙여 친구들에게 이야기해 주는 모습을 볼 수 있었다.	한 가지 주제나 소재를 가지고 여러 번 반복활동을 하면서 활동에 흥미를 잃기보다 좀 더 다양한 방법과 활동으로 전개해 나가는 모습을 보며, 유아들에게 반복활동이 다양한 확장활동으로 이루어질 수 있음을 알 수 있었다.

수업 자기평가서

일시	2012년 09월 07일(금요일)	장소	○○어린이집
영역	대 · 소집단활동	지도교사	○○○
주제	다구 세트의 명칭과 쓰임에 대해 알 수 있다.		

자기평가					
수업준비를 충실히 하였다.	1	2	3	4	⑤
수업목표가 무엇인지 명확히 인식하고 있었다.	1	2	3	4	⑤
계획한 내용대로 수업을 진행하였다.	1	2	3	④	5
모든 유아들이 수업에 참여할 수 있도록 유도하였다.	1	2	3	④	5
유아들에게 적절하게 칭찬과 격려를 하였다.	1	2	3	④	5
수업에 적절한 질문을 하고 유아의 요구에 성실히 반응하였다.	1	2	3	4	⑤
평가를 하고 수업 뒷정리를 하였다.	1	2	3	4	⑤

잘된 점	다구 세트의 명칭과 쓰임에 대한 사진 자료를 준비해 유아들이 좀 더 쉽게 이해할 수 있도록 설명하였다. 다도실에 다구 세트가 다양하게 준비되어 있어 유아들이 직접 만져 보며 활동을 할 수 있어 유아들의 적극적인 활동이 이루어질 수 있었다.
부족한 점	유아들에게 다구의 명칭이 친숙하지 않아 명칭을 설명하자 어려워했고, 쓰임에 대한 설명을 쉽게 이해시키기 위한 단어를 선택하는 데 조금 어려운 부분도 있었다.
특이사항	유아들의 관심도가 대체로 높은 편이었다. 자유선택활동 시간에 미술 영역이나 역할 영역에서 다구 세트를 그림으로 그리거나 차 마시기 활동을 하며 다양한 확장 활동이 이루어지는 모습을 볼 수 있었다.

03 실습사례 ③

유아교육기관 현장참여 실습일지

<table>
<tr><th>날짜</th><th>요일</th><th>날씨</th><th>등원</th><th>하원</th><th>실습생</th><th>지도교사</th><th>원장</th></tr>
<tr><td>11월
5일</td><td>월</td><td>흐림</td><td>10시 30분</td><td>12시 30분</td><td>○○○</td><td>○○○</td><td>○○○</td></tr>
<tr><th>생활주제</th><td colspan="7">전인적 자아, 존중 교육, 탐구능력</td></tr>
<tr><th>주제</th><td colspan="7">공수법, 녹차 색 감상하기, 명상하기</td></tr>
<tr><th>목표</th><td colspan="7">녹차 색을 감상하고 명상을 통해 올바른 생활태도를 기를 수 있다.</td></tr>
<tr><th>시간</th><th>교육활동명</th><th colspan="5">세부교육활동</th><th>자료</th></tr>
<tr><td></td><td>다도 예절</td><td colspan="5">- 선생님이나 친구와 인사하기
- 녹차 색 감상하기와 명상하기
녹차 색을 감상하고 명상을 통해 올바른 생활태도를 기른다.</td><td rowspan="7">학습지,
다구</td></tr>
<tr><td></td><td>인성 교육</td><td colspan="5">- 전인적 자아
- 존중 교육
- 탐구력 향상하기</td></tr>
<tr><td>준비활동</td><td>동기 유발</td><td colspan="5">- 집에서 녹차를 마셔 본 경험이 있는가?
부모님과 함께 녹차를 마셔 본 경험 발표하기, 녹차를 마셨을 때의 맛과 느낌 발표하기</td></tr>
<tr><td rowspan="2">중심활동</td><td>녹차 색
감상하기</td><td colspan="5">- 녹차 색 감상하기
개인 잔에 녹차를 따라 색 감상하기, 녹차 색을 학습지에 자유롭게 색칠하여 나타내기</td></tr>
<tr><td>명상하기</td><td colspan="5">- 명상의 시간 갖기
눈을 감고 명상을 따라한다.
*나는 부모님, 선생님의 바른 가르침에 잘 따르겠습니다.
*나는 친구, 동생과 사이좋게 놀겠습니다.
*나는 거짓말을 하지 않겠습니다.
*나는 남이 주지 않는 물건은 갖지 않겠습니다.</td></tr>
<tr><td rowspan="2">정리활동</td><td>학습내용 정리</td><td colspan="5">- 학습내용 정리하기
녹차 색을 표현한 학습지를 친구들 앞에서 발표하기, 명상의 시간에 다짐한 내용 확인하고 지킬 것 다짐하기</td></tr>
<tr><td>차시 예고</td><td colspan="5">다구 이름, 용도 알기</td></tr>
<tr><th>교사의
조언</th><td colspan="7">녹차 색을 자유롭게 표현할 수 있게 유도하고, 명상의 시간에 약속한 내용을 내면화하게 하는 것이 중요하다.</td></tr>
<tr><th>실습 후
느낀 점</th><td colspan="7">원장님, 선생님들이 유아다례에 많은 관심을 갖고 계셨고, 수업에 적극 협조하는 모습이 인상적이었다. 차 색을 표현, 발표함으로써 관찰 영역을 키울 수 있어서 좋았다.</td></tr>
</table>

유아교육기관 현장참여 실습일지

날짜	요일	날씨	등원	하원	실습생	지도교사	원장
11월 06일	화	흐림, 비	10시 30분	12시 30분	○○○	○○○	○○○

생활주제	창조적 탐구능력 교육
주제	다구 이름, 용도 알기, 실용 다법
목표	다구의 종류와 쓰임에 대해 알 수 있다.

시간	교육활동명	세부교육활동	자료
	다도 예절	- 다구 이름, 용도 알기 다구의 명칭을 익히고 다례 활동을 체험한다. - 실용 다법 봉차자, 손님으로 나누어 다례하기	학습지, 다구
	인성 교육	창조적 탐구능력 교육	
준비활동	동기 유발	- 자기가 본 가장 아름다운 다구는? 특별한 모양의 다구 발표하기, 아름다운 다구 발표하기	
중심활동	기본 다구 알기	- 기본 다구 알아보기 차 주전자(다관), 물 주전자(탕관), 차호(차통)	
	보조 다구 알기	- 보조 다구 알기 물 식힘 사발(숙우), 물 모음 사발(회수기), 찻잔 받침, 다관 뚜껑 받침(기대자), 찻상, 찻상보, 다건(차건), 다식기	
정리활동	학습내용 정리	- 학습내용 정리하기 - 기본 다구 사용에 대하여 요약하여 발표하기 - 다구를 사용할 때 유의할 점 발표하기 - 물주전자(탕관)를 사용할 때 유의할 점 발표하기	
	차시 예고	다식 만들기, 차의 성분과 효능 알기	

교사의 조언	기본 다구와 보조 다구를 쉽게 익힐 수 있도록 설명하는 것이 중요하다.
실습 후 느낀 점	도자기와 나무 등으로 만들어진 다구를 손으로 직접 만지면서 특징을 자세히 설명하는 방법이 좋았다.

유아교육기관 현장참여 실습일지

<table>
<tr><th>날짜</th><th>요일</th><th>날씨</th><th>등원</th><th>하원</th><th>실습생</th><th>지도교사</th><th>원장</th></tr>
<tr><td>11월
08일</td><td>목</td><td>맑음</td><td>10시 30분</td><td>12시 30분</td><td>○○○</td><td>○○○</td><td>○○○</td></tr>
<tr><th>생활주제</th><td colspan="7">창조적 탐구능력 교육</td></tr>
<tr><th>주제</th><td colspan="7">차의 성분과 효능 알기, 실용 다법</td></tr>
<tr><th>목표</th><td colspan="7">차에 대한 호기심을 가지고 우리 몸에 좋은 점을 알아본다.</td></tr>
<tr><th>시간</th><th>교육활동명</th><th colspan="5">세부교육활동</th><th>자료</th></tr>
<tr><td></td><td>다도 예절</td><td colspan="5">– 차의 성분과 효능 알기
다양한 차에 대한 호기심과 차가 우리 몸에 미치는 좋은 점을 알아본다.
– 실용 다법
봉차자, 손님으로 나누어 다례하기</td><td rowspan="6">학습지,
다구</td></tr>
<tr><td></td><td>인성 교육</td><td colspan="5">창조적 탐구능력 교육</td></tr>
<tr><td>준비활동</td><td>동기 유발</td><td colspan="5">– 차는 약일까?
• 차를 마시고 건강이 좋아진 경험 이야기하기
• 차를 좋아하는 이유 발표하기</td></tr>
<tr><td>중심활동</td><td>차의 효능 알기</td><td colspan="5">– 차의 효능 알아보기
• 카페인 : 기억력 향상, 머리가 맑아짐, 소화 촉진
• 탄닌 : 식중독 예방, 설사 예방
• 비타민 : 피로 회복
• 무기질 : 충치 예방, 뼈 만들기, 피 만들기</td></tr>
<tr><td rowspan="2">정리활동</td><td>학습내용 정리</td><td colspan="5">차가 우리 몸에 미치는 좋은 점에 대하여 요약하여 발표하기</td></tr>
<tr><td>차시 예고</td><td colspan="5">예절 있는 절하기</td></tr>
<tr><th>교사의
조언</th><td colspan="7">유아가 차에 대한 호기심을 가지고, 긍정적 생각을 가질 수 있게 하는 것이 중요하다.</td></tr>
<tr><th>실습 후
느낀 점</th><td colspan="7">자칫 지루할 수 있는 주제를 그림을 활용함으로써 유아들의 호기심을 자극해 수업에 집중시키는 모습에서 다양한 자료의 필요성을 더 느꼈다.</td></tr>
</table>

유아교육기관 현장참여 실습일지

<table>
<tr><th>날짜</th><th>요일</th><th>날씨</th><th>등원</th><th>하원</th><th>실습생</th><th>지도교사</th><th>원장</th></tr>
<tr><td>11월
09일</td><td>금</td><td>흐림</td><td>10시 30분</td><td>12시 30분</td><td>○○○</td><td>○○○</td><td>○○○</td></tr>
<tr><th>생활주제</th><td colspan="7">전인적 자아, 존중 교육, 탐구능력 향상</td></tr>
<tr><th>주제</th><td colspan="7">절하기, 실용 다법 익히기</td></tr>
<tr><th>목표</th><td colspan="7">바른 예절로 절하는 방법을 알 수 있다.</td></tr>
<tr><th>시간</th><th>교육활동명</th><th colspan="5">세부교육활동</th><th>자료</th></tr>
<tr><td></td><td>다도 예절</td><td colspan="5">– 절하는 방법 익히기
두 손을 공손히 모아서 바른 절을 하도록 반복 교육을 한다.
– 실용 다법
봉차자, 손님으로 나누어 다례 익히기</td><td rowspan="6">학습지</td></tr>
<tr><td></td><td>인성 교육</td><td colspan="5">전인적 자아 존중 교육, 탐구능력 함양</td></tr>
<tr><td>준비활동</td><td>동기 유발</td><td colspan="5">남자와 여자가 절하는 예절은 어떻게 다를까?</td></tr>
<tr><td>중심활동</td><td>바른 예절
배우기</td><td colspan="5">– 공수는 어떻게 할까?
• 서 있을 때
• 앉아 있을 때
– 큰절과 평절은 어떻게 할까?
손과 발의 모양에 주의한다.
*남자는 공수한 손을 풀면 안돼요.
*여자는 두 무릎을 벌리고 앉으면 안돼요.</td></tr>
<tr><td rowspan="2">정리활동</td><td>학습내용 정리</td><td colspan="5">절을 반복적으로 하여 스스로 익혀 발표하기</td></tr>
<tr><td>차시 예고</td><td colspan="5">다식 만들기</td></tr>
<tr><th>교사의
조언</th><td colspan="7">모든 유아들이 절하는 방법을 바르게 익힐 수 있도록 개인 지도가 필요하다.</td></tr>
<tr><th>실습 후
느낀 점</th><td colspan="7">절하는 순서를 잘 이해할 수 있도록 쉽게 설명해 주고, 반복 학습이 지루하지 않도록 리듬에 맞춰 절하는 모습이 인상적이었다.</td></tr>
</table>

유아교육기관 현장참여 실습일지

<table>
<tr><th>날짜</th><th>요일</th><th>날씨</th><th>등원</th><th>하원</th><th>실습생</th><th>지도교사</th><th>원장</th></tr>
<tr><td>12월
03일</td><td>월</td><td>맑음</td><td>10시 30분</td><td>12시 30분</td><td>○○○</td><td>○○○</td><td>○○○</td></tr>
<tr><th>생활주제</th><td colspan="7">창조적 탐구능력 교육</td></tr>
<tr><th>주제</th><td colspan="7">다식 만들기</td></tr>
<tr><th>목표</th><td colspan="7">다식 모양과 색깔에 관심을 갖고 창의력을 발휘하여 만들 수 있다.</td></tr>
<tr><th>시간</th><th>교육활동명</th><th colspan="5">세부교육활동</th><th>자료</th></tr>
<tr><td></td><td>다식 만들기</td><td colspan="5">전통 다식을 만들어 보면서 다양한 탐구의 동기를 유발한다.</td><td rowspan="6">다식 재료와 기구</td></tr>
<tr><td></td><td>인성 교육</td><td colspan="5">창조적 탐구능력 교육</td></tr>
<tr><td>준비활동</td><td>동기 유발</td><td colspan="5">– 전통 다식 알아보기
다식용 가루와 천연색소 가루를 섞으면 어떤 색깔이 만들어질까?
– 다식용 가루 이름 알아보기
– 천연색소 가루 이름 알아보기</td></tr>
<tr><td>중심활동</td><td>다식 만들기</td><td colspan="5">– 다식 만들기
• 마가루+녹차가루+꿀을 조금 넣는다.
• 다식판에 랩을 깔고 작은 새알 크기의 마반죽을 넣고 꼭꼭 눌러서 박는다.
– 내가 만든 다식과 친구가 만든 다식 비교하기
– 여러 가지 색깔을 혼합하는 창의적인 다식 만들기</td></tr>
<tr><td rowspan="2">정리활동</td><td>학습내용 정리</td><td colspan="5">– 다식이 우리 몸에 좋은 점 발표하기
– 다식 재료 알아맞히기</td></tr>
<tr><td>차시 예고</td><td colspan="5">한복 바르게 입기</td></tr>
<tr><th>교사의 조언</th><td colspan="7">다식의 모양과 색깔에 유아가 관심을 갖고 창의력을 발휘할 수 있게 지도하는 것이 중요하다.</td></tr>
<tr><th>실습 후 느낀 점</th><td colspan="7">색, 향, 미를 느낄 수 있는 다양한 다식용 가루를 접하게 했으면 좋겠고, 혼자서도 다식을 만들 수 있도록 잘 지도해야겠다. 다식과 차가 있는 자리를 유아들이 더 좋아하는 것 같았다(직접 만들어서 더 즐거워하였다).</td></tr>
</table>

유아교육기관 현장참여 실습일지

날짜	요일	날씨	등원	하원	실습생	지도교사	원장
12월 04일	화	맑음	10시 30분	12시 30분	○○○	○○○	○○○

<table>
<tr><th>생활주제</th><td colspan="3">실천적 창조적 탐구능력 교육</td></tr>
<tr><th>주제</th><td colspan="3">한복 바르게 입기</td></tr>
<tr><th>목표</th><td colspan="3">우리나라 전통 한복에 대하여 제대로 알 수 있다.</td></tr>
<tr><th>시간</th><th>교육활동명</th><th>세부교육활동</th><th>자료</th></tr>
<tr><td></td><td>한복 바르게 입기</td><td>- 한복 바르게 입기
• 우리 옷, 한복 명칭 익히기
• 한복 입어 보기
• 한복 입고 절하기</td><td rowspan="6">옷고름 실습도구, 한복 그림, 색연필, 가위, 딱풀</td></tr>
<tr><td></td><td>인성 교육</td><td>실천적, 창조적 탐구능력 교육</td></tr>
<tr><td>준비활동</td><td>동기 유발</td><td>- 남사와 여사의 한복은 어떻게 다를까?
• 남자 한복의 명칭 알아보기
• 여자 한복의 명칭 알아보기</td></tr>
<tr><td>중심활동</td><td>한복 만들기</td><td>- 한복 입는 순서 익히기
- 한복을 종이에 만들어 직접 입혀 보기
• 예쁜 색깔로 한복 모양에 색칠하기
• 정성껏 가위로 모양 오려내기
• 정해진 곳에 풀칠하여 한복 입혀 보기
• 만든 한복을 친구들에게 서로 보여주며 칭찬하기
• 유아들의 작품 전시하기</td></tr>
<tr><td rowspan="2">정리활동</td><td>학습내용 정리</td><td>- 한복 입는 순서 발표하기
- 옷고름 매는 법 익히기</td></tr>
<tr><td>차시 예고</td><td>절하기</td></tr>
<tr><th>교사의 조언</th><td colspan="3">우리나라 전통 한복에 대해서 거부감이 없도록 잘 알려주고, 한복 입는 순서에 맞게 입도록 지도한다.</td></tr>
<tr><th>실습 후 느낀 점</th><td colspan="3">옷고름을 유아 혼자서도 잘 맬 수 있도록 재미있게 알려주는 것이 좋았다.</td></tr>
</table>

유아교육기관 현장참여 실습일지

<table>
<tr><th>날짜</th><th>요일</th><th>날씨</th><th>등원</th><th>하원</th><th>실습생</th><th>지도교사</th><th>원장</th></tr>
<tr><td>12월
06일</td><td>목</td><td>눈</td><td>10시 30분</td><td>12시 30분</td><td>○○○</td><td>○○○</td><td>○○○</td></tr>
<tr><th>생활주제</th><td colspan="7">공감적 배려 행동 교육과 탐구능력</td></tr>
<tr><th>주제</th><td colspan="7">예절, 질서, 효도 교육과 실용 다법</td></tr>
<tr><th>목표</th><td colspan="7">우리나라 예절에 대해 알 수 있다.</td></tr>
<tr><th>시간</th><th colspan="2">교육활동명</th><th colspan="4">세부교육활동</th><th>자료</th></tr>
<tr><td></td><td colspan="2">예절, 질서,
효도 교육</td><td colspan="4">- 예절 교육, 질서 교육, 효도 교육
예절, 질서를 잘 지키고 효도를 일상생활 속에서 실천한다.</td><td rowspan="6">예절 관련
그림</td></tr>
<tr><td></td><td colspan="2">인성 교육</td><td colspan="4">공감적 배려 행동 교육과 탐구능력</td></tr>
<tr><td>준비활동</td><td colspan="2">동기 유발</td><td colspan="4">- 예절을 왜 지켜야 하나?
• 효자, 효녀는 어떤 사람들을 말하나?
• 인사는 어떻게 하지요?
• 나라를 사랑하는 마음은 무엇일까요?
• 질서를 지키면 좋은 점은 무엇일까요?</td></tr>
<tr><td>중심활동</td><td colspan="2">바른 예절
배우기</td><td colspan="4">- 우리는 대한민국 사람이에요
- 우리는 대한민국의 새싹입니다.
- 우리 집의 가족(식구) 알기</td></tr>
<tr><td rowspan="2">정리활동</td><td colspan="2">학습내용 정리</td><td colspan="4">- 나쁜 버릇을 고치고 좋은 습관을 기른다.
- 부모님께 예의를 다하는 효자, 효녀가 되겠습니다.</td></tr>
<tr><td colspan="2">차시 예고</td><td colspan="4">다례 발표회</td></tr>
<tr><th>교사의
조언</th><td colspan="7">좋은 버릇이 어떤 것인지 알고, 유아들이 자기 것으로 할 수 있도록 지도한다.</td></tr>
<tr><th>실습 후
느낀 점</th><td colspan="7">예절이라는 추상적인 내용의 교육을 유아들이 흥미롭게, 자연스럽게 받아들일 수 있도록 하기 위해 전통 예절 교육이 필요함을 더 느꼈다.</td></tr>
</table>

유아교육기관 현장참여 실습일지

날짜	요일	날씨	등원	하원	실습생	지도교사	원장
12월 07일	금	눈	10시 30분	12시 30분	○○○	○○○	○○○

생활주제	효
주제	다례 발표회
목표	가정에서의 일관성 있는 인성 교육을 위해 가정과 연관된 교육 활동을 목표로 한다.

시간	교육활동명	세부교육활동	자료
	다례 발표	- 다례 발표회 부모님 은혜에 감사하는 마음을 느끼며, 차와 다식을 대접한다.	
	인성 교육	효(부모님께 감사하기)	
준비활동	동기 유발	- 국악을 틀어 놓는다. - 차와 다식을 차려 놓는다.	
중심활동	다례 발표	- 인사하기 - 모두 자리에 앉기 - 부모님께 차와 다식 대접하기	
정리활동	학습내용 정리	부모님 은혜에 감사하는 마음을 느끼며, 차와 다식을 대접한다.	
	차시 예고		

교사의 조언	유아들에게 전통 차 예절을 교육하여 우리 고유의 미풍양속인 예절을 일깨워 줌으로써 효(孝), 예(禮), 지(智), 인(仁)을 겸비한 인물로 성장할 수 있도록 해야겠다.
실습 후 느낀 점	유아기는 행동, 습관, 가치관 및 성격의 기초가 형성되는 중요한 시기이다. 이 시기에 유아들이 차 자리에서 인사하고 절하는 법, 찻물을 끓이고 식히는 과정을 체험하며 기다림과 참을성을 배울 수 있다. 또 차의 색, 향, 미를 감상하고, 다구를 손으로 만지다 보면 오감이 발달하여 교육 시기상 중요한 때이다.

일화 기록지

날짜	관찰유아 (성별, 나이)	관찰시간 및 장면	행동관찰	분석
11월 5일	여, 5세	명상시간	첫 수업 참관인데, 다른 아이들과 달리 눈 뜨고 장난치다가 선생님의 주의를 들었다.	
	남, 6세		또래보다 의젓하며 한복을 입고 앉은 자세가 반듯했다.	
11월 6일	여, 5세	발표하기	다구를 손으로 만져보고 느낀 점이나 특징을 자기가 느낀 대로 발표하는데, 표현력이나 발표할 때 열심히 하는 모습이 어제와 비교되었다.	
11월 9일	여, 5세	큰절할 때	큰절을 가르치는데 의외로 잘 따라했다. 큰절 순서를 가락을 넣어 말로 하면서 잘 따라했다.	
12월 3일	여, 5세	다식 만들 때	한 달 만에 봐서 그런지 처음엔 서먹해 하더니, 이내 붙임성 있게 열심히 옆에서 도와주고 다식도 잘 만들었다. 그런데 혼자서 다 하려고 해서 친구들과 다툼이 있었다.	
12월 4일	남, 6세	한복 입기	모형 저고리에 고름만 붙여 목에 매고, 한복 고름 매는 법을 배우는데, 또래보다 빨리 배웠다. 그 나이 아이가 옷고름을 매는 모습에 배움과 가르침의 중요성을 느꼈다.	
12월 6일	여, 5세	효도, 가족 알아보기	가족 발표 시간에 밝고 적극적이던 아이가 발표를 하지 않고 의기소침해 앉아 있었다. 어머니가 안 계시고, 할머니가 보살펴 주는데 그동안 아이가 너무 밝고 적극적이다 못해 친구들을 괴롭게 하던 행동이 이해가 되었다.	
12월 7일	여, 5세	다례 발표	유아들이 봉차자가 돼서 차를 우리고 부모들이 손님으로 앉는데, 유아의 앞에 내가 손님으로 앉았다. 다소곳하게 차를 우리는 모습에서 그동안의 그 유아가 맞나 싶었다. 고사리 손으로 찻잔을 잡는 모습이 앙증맞았다.	
	남, 6세		역시 의젓한 모습으로 배운 대로 차를 우리는 모습이 기특했다.	

유아다례교육활동 관련자료

수업 자기평가서

일시	20 년 월 일(요일)	장소	○○어린이집
영역		지도교사	○○○
주제			

자기평가					
수업준비를 충실히 하였다.	1	2	3	4	⑤
수업목표가 무엇인지 명확히 인식하고 있었다.	1	2	3	④	5
계획한 내용대로 수업을 진행하였다.	1	2	3	④	5
모든 유아들이 수업에 참여할 수 있도록 유도하였다.	1	2	3	④	5
유아들에게 적절하게 칭찬과 격려를 하였다.	1	2	3	4	⑤
수업에 적절한 질문을 하고 유아의 요구에 성실히 반응하였다.	1	2	3	④	5
평가를 하고 수업 뒷정리를 하였다.	1	2	3	4	⑤

잘된 점	그동안 다례 수업을 받아서 유아들이 잘 따라하고, 좋아하는 모습이 인상적이고, 선생님들의 협조도 좋았다. 유아들이 지루하지 않게 수업에 그림이나 도구를 활용한 점이 좋았고, 특히 한복 입기도 유아들이 쉽게 고름을 맬 수 있게 도구를 만들어 사용한 점이 좋았다. 우리가 배운 놀이를 유아들에게 시도해 봤을 때 반응이 좋았다.
부족한 점	어린이집 원장이나 선생님들이 유아다례에 관심이 많고 협조적이며, 또 다구도 개인이 쓸 수 있게 준비가 되어 있었다. 그러나 다구가 유아들이 쓰기에 좀 큰 듯하고, 나 자신이 더 배우고 가르칠 준비가 제대로 되었더라면 하는 아쉬움이 컸다.
특이사항	3세반 유아들이 다례 시간에 의외로 잘 따라하고 재미있어 하는 모습에서, 유아다례를 가르치는 선생님의 입장에서 유아다례의 중요성과 책임감을 느꼈다. 더 많이 연구하고 공부해야겠다.

04 실습사례 ④

유아교육기관 현장참여 실습일지

<table>
<tr><th>날짜</th><th>요일</th><th>날씨</th><th>등원</th><th>하원</th><th>실습생</th><th>지도교사</th><th>원장</th></tr>
<tr><td>01월
02일</td><td>수</td><td>맑음</td><td>08시 30분</td><td>13시 30분</td><td>○○○</td><td>○○○</td><td>박호범</td></tr>
<tr><th>생활주제</th><td colspan="7">명상 다례</td></tr>
<tr><th>주제</th><td colspan="7">우리나라 녹차를 마시며 오방 다포를 알아본다.</td></tr>
<tr><th>목표</th><td colspan="7">예의 바른 사람이 되자. 우리나라 녹차를 알고 사랑하자.</td></tr>
</table>

<table>
<tr><th>시간</th><th>교육활동명</th><th>세부교육활동</th><th>자료</th></tr>
<tr><td rowspan="3">09:00
~
10:00

등원 및
자유선택
활동</td><td>〈역할 영역〉
오방 다포</td><td>– 오방 다포의 쓰임을 알아보자.
• 차 그릇을 덮어 먼지를 막아줘요.
• 차 그릇을 보호해줘요.</td><td rowspan="3">오방 다포</td></tr>
<tr><td>〈언어 영역〉
이야기 나누기</td><td>– 오방 다포를 돌려가며 착한 일 한 것을 말해보자.
• 엄마를 도와서 집 청소를 했어요.
• 미용실에 따라가서 조용히 했어요.
• 큰아버지 집에서 송아지가 태어났어요.
• 부모님과 여행 갔어요. 차에 기름이 없어 같이 걱정했어요.
• 엄마가 만들어 주신 감자 반찬을 맛있게 먹었어요.</td></tr>
<tr><td>마무리</td><td>그래, 참 잘했어요. 앞으로도 우리 친구들 하루에 한 번씩 착한 일 하기로 합시다.</td></tr>
<tr><td rowspan="2">10:20
~
11:00</td><td>〈관찰 영역〉</td><td>– 녹차 잎을 관찰해 보자.
– 우리기 전 녹차는,
찻잎이 작고 단단해요. 색이 약간 검은 색이에요.
– 우리고 난 후 녹차는,
잎이 커지고 부드러워요. 녹차 색깔이 선명하게 살아났어요.</td><td rowspan="3"></td></tr>
<tr><td>마무리</td><td>색이 변하고 모양도 달라지고 향이 좋아요.</td></tr>
<tr><td>10:40
~
11:30</td><td>〈활동준비〉
차 자리 준비</td><td>– 반원을 그리며 2인 1조로 앉게 했다. 차 자리 가운데는 중간 다포를 깔아 놓고, 백설 공주와 일곱 난쟁이 모형을 세워 놓았다.
– 다화는 차 나뭇잎과 아기배가 달린 것을 놓고, 옹기 그릇에 물 배추를 담아 띄웠다.</td></tr>
</table>

11:40 ~ 12:30	〈관찰 영역〉	- 차 수저와 물통에는 다양한 동물 스티커를 붙이고, 유아들이 한 사람씩 돌아가면서 관찰하도록 했다.	
	〈활동내용〉	- 만져 보면서 아주 흥미롭게 빠져들었다. - 자유롭게 관찰하면서 놀다가 명상음악을 틀어주었다. - 자기 자리에 앉아 두 눈을 감고 1분 동안 감상하게 했다. 이어 두 손을 위로 올려 팔이 귀에 붙도록 해서 1~10까지 천천히 세면서 내리고 한 번 더했다. - 조용해지면서 유아들이 집중했다.	
	〈차 마시기〉 마무리	- 녹차가 우리 몸에 얼마나 좋은지 말해 준다. - 앞 시간에 배운 대로 차를 천천히 마신다. - 다식을 먹을 때는 예쁘게 먹는 모습을 보여주고 따라하게 한다.	
교사의 조언	눈이 많이 오고 추운 날씨인데도 약속을 지킨 선생님께 먼저 감사한다. 다식도 많이 준비하고 수업내용도 너무 좋았는데, 유아들이 많이 오지 않아 아쉬웠다.		
실습 후 느낀 점	유아다례를 공부하기 전에는 유치원 교육을 할 때 어른들이 하는 다례를 배우고 차 마시기를 했다. 지금 생각해보면, 유아들에게는 접근 방법부터 다르게 해야 한다는 것을 몰랐던 것이다. 다구나 소품도 유아들의 눈높이에 맞게 작고 귀여운 것, 예쁜 것으로 준비하는 등 모든 것을 유아들에게 맞추어야 한다는 것을 다시 한 번 느끼게 되었다.		

일화 기록지

<table>
<tr><th>날짜</th><th>관찰유아
(성별, 나이)</th><th>관찰시간
및 장면</th><th>행동관찰</th><th>분석</th></tr>
<tr><td rowspan="3">1월
3일</td><td rowspan="3">여, 6세</td><td>역할 영역
시간</td><td>유난히 백설 공주와 일곱 난쟁이 조형물에 관심이 많아 계속 만지며 이리저리 자리 배치를 하곤 했다.</td><td rowspan="3">물건에 집착하는 경향이 있다.

활동 시에는 자발적이지 못하고 교사나 친구의 도움이 필요하다.</td></tr>
<tr><td>점심시간</td><td>다문화 가정의 막내로, 아빠와 엄마의 나이 차이가 많았다. 점심시간 때는 갑자기 식판을 앞에 두고 배가 아파 밥을 못 먹겠다고 하면서 주저앉았다. 담임 선생님이 놀라며 언제부터 배가 아팠냐고 물어보니 아침부터 그랬다고 했다. 천천히 식사를 조금만 먹자고 했는데, 다행히 괜찮았다.</td></tr>
<tr><td>휴식시간</td><td>휴식시간에도 다른 친구들과 어울리지 못하고 말이 없다.</td></tr>
</table>

유아다례교육활동 관련자료

수업 자기평가서

일시	2013년 01월 02일(수요일)	장소	○○병설유치원
영역	언어 영역, 조작 영역	지도교사	○○○
주제	차를 마시며 오방 다포를 알아본다.		

자기평가					
수업준비를 충실히 하였다.	1	2	3	4	⑤
수업목표가 무엇인지 명확히 인식하고 있었다.	1	2	3	4	⑤
계획한 내용대로 수업을 진행하였다.	1	2	3	4	⑤
모든 유아들이 수업에 참여할 수 있도록 유도하였다.	1	2	3	4	⑤
유아들에게 적절하게 칭찬과 격려를 하였다.	1	2	3	4	⑤
수업에 적절한 질문을 하고 유아의 요구에 성실히 반응하였다.	1	2	3	4	⑤
평가를 하고 수업 뒷정리를 하였다.	1	2	3	④	5

잘된 점	차 자리에 유아들에게 맞는 삭은 나구와 다포를 준비하고, 유아들이 좋아하는 백설 공주와 작은 일곱 난쟁이 모형을 펼쳐 놓았더니 호응이 참 좋았다.
부족한 점	유아들의 눈높이에 맞추어 말을 재미있고 부드럽게 해야 하는데, 그러지 못하고 나도 모르게 사투리를 쓰며 수업을 진행했다.
특이사항	차에는 해독하는 성분이 있다는 것을 알려주기 위해 백설 공주와 일곱 난쟁이 모형을 다례교육에 접목했다. 잠들어 있는 공주에게 난쟁이들이 찻잎을 먹인 뒤 독이 사라지고 깊은 잠에서 깨어난다는 이야기이다.

유아교육기관 현장참여 실습일지

날짜	요일	날씨	등원	하원	실습생	지도교사	원장
01월 03일	목	맑음	08시 30분	13시 30분	○○○	○○○	○○○
생활주제	생활다례						
주제	차를 마시며 오방 다포를 알아본다.						
목표	예의 바른 사람이 되자. 생활예절을 배운 대로 실천하자.						

시간	교육활동명	세부교육활동	자료
09:00 ~ 09:40 등원 및 자유선택 활동	〈미술 영역〉	- 오방 다포는 몇 가지 색이 있는지 알아보자. 검정색, 빨간색, 파란색, 노란색, 흰색의 다섯 가지 색깔이에요.	오방 다포, 백설 공주와 일곱 난쟁이 모형
	〈언어 영역〉 우리들의 하루	- 오방 다포로 우리들의 하루를 말해보자. • 검정색 : 밤, 잠을 자요, 꿈을 꿔요. • 파란색 : 아침, 해가 떠요, 유치원에 가요. • 빨간색 : 점심, 친구들과 놀아요, 간식을 먹어요. • 흰색 : 저녁, 해가 넘어가요, 집으로 가요.	
09:50 ~ 10:30	〈관찰 영역〉 모형관찰	- 백설 공주와 일곱 난쟁이 모형을 관찰해 보자. • 백설 공주와 난쟁이들은 키 차이가 많이 나요. • 백설 공주는 여자이고 난쟁이는 남자예요. • 난쟁이 하나가 중심을 잡지 못하고 자꾸 넘어져요. • 백설 공주를 다 쳐다보고 있는 것 같아요.	색종이, 왕관 다포
	〈조작 영역〉 딱지 만들기 마무리	- 색종이로 딱지를 만들어 보자. • 색종이를 두 개 겹쳐 두껍게 만들었어요. • 다 만들고 나면 게임하고 싶어요. • 만들어서 집에 가지고 가고 싶어요.	
11:10 ~ 11:50	〈생활예절〉 바르게 인사하기	- 선생님께 바르게 인사하는 법을 알아보자. • 인사를 할 때는 정중하게 합니다. • 선생님이 앞에 계실 때는 먼저 인사(행동)하고, 눈을 마주치며 "안녕하십니까?"라는 말을 합니다. • 선생님이 지나가실 때는 먼저 말로 "안녕하십니까?"를 명확하게 해 선생님이 돌아보면 그때 인사를 합니다. • 인사를 말과 같이 하지 말고 따로 하면 훨씬 예의롭고 정중해서 보기 좋습니다.	
12:00 ~ 12:30	〈활동내용〉 차 마시기	- 차 마시는 방법을 알아보자. • 차를 마실 때는 감사한 마음으로 단정히 합니다. • 오른손으로 찻잔을 잡고 왼손으로 받쳐서 마십니다. • 먼저 색을 보고, 향을 맡고, 맛을 봅니다. • 차를 한 번에 다 마시지 말고, 음미하면서 천천히 세 번 나누어 마십니다. • 두 번째 차는 숙우에서 각자 잔에 따라 마십니다.	
교사의 조언	시골이라 환경이 열악하다. 다문화 가정과 조손 가정에서 자라는 유아들이 몇 명 있는데 이들이 차를 마시고 예쁜 쿠키를 먹을 수 있어서 감사했다. 또 생활예절을 잘 가르쳐서 좋았다.		
실습 후 느낀 점	유아들과 말을 할 때는 표준어를 써야 함을 느꼈다. 백설 공주 모형을 유아들 앞에 놓고 돌아가면서 자세히 보고 제자리에 놓도록 했는데, 한 유아가 계속 만지며 자리를 바꾸어 놓아 다른 수업을 못해 이제 '고만'이라고 했더니, 유아들이 재미있다고 웃었다. '그만'이라고 해야 하는데 평상시 쓰던 말을 그대로 썼다가 웃음바다가 되었다.		

일화 기록지

날짜	관찰유아 (성별, 나이)	관찰시간 및 장면	행동관찰	분석
1월 2일	여, 7세 여, 6세	다도시간 휴식시간	둘은 자매로, 유치원을 함께 다니고 있다. 둘 다 똑같이 퍼머를 해서 그런지 많이 닮아 보였다. 엄마가 안 계시고 할머니와 아빠가 보살펴 주고 있다. 언니는 얌전한 성격에 곧 초등학교에 입학하고, 동생은 야무진 성격에 언니의 도움 없이도 스스로 잘하고 호기심이 많았다. 질문도 잘하고 차 따르기를 좋아해 혼자서 계속 따라 마셨다. 잘한다고 칭찬했더니 조금도 흘리지 않았고 다식도 조심스럽게 잘 먹었다. 사랑해주고 더 관심 있게 응해 주었더니 즐거워하고 맨날 맨날 선생님과 공부하고 싶다고 했다. 순수한 유아들의 눈을 보니 참으로 귀엽고 사랑스럽다.	칭찬은 유아들에게 참 좋은 약이다.

유아다례교육활동 관련자료

착한 수련.

의젓한 수유.

12.9.27 예절교육

수업 자기평가서

일시	2013년 01월 03일(목요일)	장소	○○병설유치원
영역	언어 영역, 조작 영역	지도교사	○○○
주제	차를 마시며 오방 다포, 왕관 다포에 대해 알아본다.		

자기평가					
수업준비를 충실히 하였다.	1	2	3	4	⑤
수업목표가 무엇인지 명확히 인식하고 있었다.	1	2	3	4	⑤
계획한 내용대로 수업을 진행하였다.	1	2	3	4	⑤
모든 유아들이 수업에 참여할 수 있도록 유도하였다.	1	2	3	4	⑤
유아들에게 적절하게 칭찬과 격려를 하였다.	1	2	3	4	⑤
수업에 적절한 질문을 하고 유아의 요구에 성실히 반응하였다.	1	2	3	④	5
평가를 하고 수업 뒷정리를 하였다.	1	2	3	4	⑤

잘된 점	왕관 다포를 한 사람씩 돌아가면서 써보게 했다. 왕이 된 것처럼 포즈를 취하며 유아들이 좋아했다. 새로운 것에 흥미를 느끼는 유아들의 정서를 볼 수 있었고, 관찰력이 대단해 생각지 못한 것을 말할 때가 있었다.
부족한 점	보여주는 것도 공부인데 다구나 소품을 더 많이 준비 못해 온 것이 아쉽다. 유아들 눈높이에 맞는 재미있는 소품들을 구해서 어떻게 하면 유아들이 차를 좋아할까 생각하였다.
특이사항	

유아교육기관 현장참여 실습일지

날짜	요일	날씨	등원	하원	실습생	지도교사	원장
11월 22일	목	맑음	08시 30분	13시 30분	○○○	○○○	○○○

<table>
<tr><th>생활주제</th><td colspan="3">긍정적인 생각</td></tr>
<tr><th>주제</th><td colspan="3">바른 인사법을 알고 차 마시는 법을 배운다.</td></tr>
<tr><th>목표</th><td colspan="3">예의 바른 사람이 되자. 생활예절을 배운 대로 실천하자.</td></tr>
<tr><th>시간</th><th>교육활동명</th><th>세부교육활동</th><th>자료</th></tr>
<tr><td rowspan="2">09:00
~
09:40

등원 및
자유선택
활동</td><td>〈생활주제〉
감사한 마음
갖기</td><td>– 감사한 마음으로 생활한다.
• 부모님과 가족에게 감사해요.
• 가르침을 주시는 선생님께 감사해요.
• 좋은 친구들이 있어 감사해요.</td><td rowspan="2"></td></tr>
<tr><td>〈관찰 영역〉
오방 다포</td><td>– 오방 다포의 쓰임을 알아보자.
• 차 그릇을 덮어 먼지를 막아줘요.
• 차 그릇을 보호해줘요.</td></tr>
<tr><td rowspan="2">10:00
~
10:30</td><td>〈과학 영역〉
색의 변화</td><td>– 오방 다포를 보고 돌려가며 꽃 이름을 알아보자.
• 빨간색 : 장미, 진달래, 봉숭아, 코스모스 등
• 파란색 : 나팔꽃, 제비꽃, 붓꽃 등
• 노란색 : 개나리, 해바라기, 민들레, 국화 등
• 흰색 : 벚꽃, 배꽃, 흰 코스모스, 눈꽃 등
• 검정색 : 없다. 시들어 죽은 꽃</td><td rowspan="2"></td></tr>
<tr><td>마무리</td><td>빛의 산란으로 모두 반사하면 흰색으로, 모두 흡수하면 검은색으로 보이는데, 빛을 모두 흡수하는 꽃이 없어 검정색 꽃은 없다.</td></tr>
<tr><td rowspan="2">10:50
~
11:40</td><td>〈활동준비〉
차 자리 꾸미기</td><td>학교 도서관 한 쪽 방이 아늑하고 깨끗해서 차 자리 하기에 적합한 공간이었다. 명상 음악을 잔잔하게 틀어놓고 맞이한다. 중앙에 사각 다포를 깔고 다병과 작은 다기 세트, 오방 다포, 왕관 다포를 놓고 둥글게 2인 1조로 자리를 잡았다.</td><td rowspan="3"></td></tr>
<tr><td>〈생활예절〉
바르게
인사하기</td><td>– 선생님께 바르게 인사하는 법을 알아보자.
• 인사할 때는 정중하고 예의 있게 합니다.
• 인사와 말을 같이 하지 않습니다. 따로 합니다.</td></tr>
<tr><td>11:50
~
12:30</td><td>〈활동내용〉
차 마시기</td><td>– 차 마시는 방법을 알아보자.
• 차를 마실 때는 감사한 마음으로 단정히 마신다.
• 오른손으로 찻잔을 잡고 왼손으로 살짝 받쳐, 먼저 색을 보고, 향을 맡으며, 맛을 본다.
• 차를 음미하면서 천천히 세 번 나누어 마신다.
• 두 번째 차는 숙우에서 각자 잔에 따라 마신다.</td></tr>
<tr><th>교사의
조언</th><td colspan="3">바르게 인사하고 제대로 방석에 앉는 생활예절을 배울 수 있어서 감사했다. 배운 만큼 실천할 수 있도록 해야겠다. 칭찬을 많이 해주시는 선생님을 보고 느낀 것이 많았다. 새 학기 때 체험 현장학습으로 꼭 ○○원에 가야겠다.</td></tr>
<tr><th>실습 후
느낀 점</th><td colspan="3">유아들 앞에서는 옷을 단정하게 입어야 함을 느꼈다. 속바지가 치마 밑으로 보였는지 한 유아가 “선생님 속옷이 보여요.” 하며 가만히 와서 말해 주었다. “아, 그래. 고마워, 너 아니었으면 하루 종일 이렇게 다닐 뻔했네.” 하고 안아주며 고마움을 표현했다.</td></tr>
</table>

일화 기록지

날짜	관찰유아 (성별, 나이)	관찰시간 및 장면	행동관찰	분석
11월 22일	여, 9세	언어 영역	약간 혀 짧은 소리를 하며 귀엽게 말을 하였다. 사람에게 잘 안기고 엉뚱한 소리를 잘해서 선생님들을 웃게 하였다.	순진무구하고 관찰력이 좋다. 성격도 밝고 붙임성이 좋다.
		점심시간	점심 때는 매번 밥 먹기 싫다며 투정 부리다가 선생님이나 친구들이 옆에서 맛있다고 하면, 더 빨리 잘 먹었다. 오방 다포색을 보면서 흰색을 눈꽃이라고 해서 아이의 뛰어난 관찰력을 엿볼 수 있었다.	
		휴식시간	이름을 불러주니 어떻게 알았냐고 하면서 좋아하였다.	

유아다례교육활동 관련자료

2인1조 차와 다식~!

예절하기

다식 준비해서 놓고

오방색 설명..

먼저 차 색을 보고 향을 맡고 맛을 보아.

어떤 다식이 나올까...

5학년 여자 친구들.

수업 자기평가서

일시	2012년 11월 22일(목요일)	장소	○○초등학교
영역	관찰 영역, 과학 영역	지도교사	○○○
주제	바른 인사법을 알고 차 마시는 법을 배운다.		

자기평가					
수업준비를 충실히 하였다.	1	2	3	4	⑤
수업목표가 무엇인지 명확히 인식하고 있었다.	1	2	3	4	⑤
계획한 내용대로 수업을 진행하였다.	1	2	3	4	⑤
모든 유아들이 수업에 참여할 수 있도록 유도하였다.	1	2	3	④	5
유아들에게 적절하게 칭찬과 격려를 하였다.	1	2	3	4	⑤
수업에 적절한 질문을 하고 유아의 요구에 성실히 반응하였다.	1	2	3	4	⑤
평가를 하고 수업 뒷정리를 하였다.	1	2	3	4	⑤

잘된 점	우리 차와 전통예절을 조금이나마 접하게 해줄 수 있어 좋고, 유아들의 순수함 속에서 나를 돌아볼 수 있어서 좋고 감사했다.
부족한 점	수업 준비물로 다양한 동물 스티커를 준비했는데, 서로 좋아하는 동물 스티커만 갖고 싶어 해서 조금 난감했다. 다음에는 같은 스티커를 준비해야 함을 알았다.
특이사항	

유아교육기관 현장참여 실습일지

날짜	요일	날씨	등원	하원	실습생	지도교사	원장
11월 19일	월	맑음	08시 30분	13시 30분	○○○	○○○	○○○

생활주제	나라사랑
주제	우리나라를 자랑해 보고 일기를 쓰며 꿈을 키운다.
목표	예의 바른 사람이 되자. 미래의 주인공이 되자.

시간	교육활동명	세부교육활동	자료
09:00 ~ 09:40 등원 및 자유선택 활동	〈생활주제〉 나라사랑	- 우리나라를 상징하는 것들을 알아보자. 태극기, 애국가, 한글, 태권도 등 - 스포츠 선수로서 우리나라를 자랑스럽게 알리는 사람 박지성, 김연아, 박태환, 손연재 등	
	〈쓰기 영역〉 일기쓰기	- 일기를 쓰며 꿈을 키운다. • 말로 표현 못한 것은 글로 표현해요. • 일기를 쓰며 자기반성을 해요.	
	〈관찰 영역〉 왕관 다포	- 왕관 다포의 쓰임을 알아보자. 차 그릇을 덮어 먼지를 막고 그릇을 보호해요.	왕관 다포
10:00 ~ 10:30	〈수조작 영역〉	- 왕관 다포는 몇 가지 색인지 알아보자. 검정색, 빨간색, 노란색 세 가지에요. - 왕관 다포에 네모가 몇 개 있는지 알아보자. 8개요, 아니 12개요(끈에 달린 빨간 네모가 4개 더 있어요).	
	마무리	- 왕관 다포를 머리에 쓰고 왕이 되어 보자. 왕이 된 것처럼 멋지게 포즈를 취해 사진을 찍어요.	
10:50 ~ 11:40	〈활동준비〉 차 자리 꾸미기	학교 도서관 창가 쪽 방이 아늑하고 깨끗해서 차 자리 교육하기에 적합한 공간이었다. 명상 음악을 잔잔하게 틀어 놓고 맞이할 준비를 했다. 가운데 사각 다포를 깔고 다병과 작은 다구 세트, 오방 다포를 덮어 놓고 둥글게 2인 1조로 자리를 잡았다.	
	〈생활예절〉 바르게 인사하기	- 선생님께 바르게 인사하는 법을 알아보자. • 인사할 때는 정중하고 예의 바르게 한다. • 인사와 말을 같이 하지 않고 따로 한다.	
11:50 ~ 12:30	〈활동내용〉 차 마시기	- 차 마시는 방법을 알아보자. • 차를 마실 때는 감사한 마음으로 단정히 마신다. • 오른손으로 찻잔을 잡고 왼손으로 살짝 받치며, 먼저 색을 보고, 향을 맡고, 맛을 본다. • 차를 천천히 음미하면서 세 번 나누어 마신다. • 두 번째 차는 숙우에서 각자 잔에 따라 마신다.	

교사의 조언	수업 때마다 다식을 정성스럽게 준비하시고 다양한 차를 주셔서 매번 새로웠다. 예쁜 다구와 다포가 보기 좋았고 유아들에게 좋은 경험이 되었다.
실습 후 느낀 점	유아들과 빨리 친숙해지려면 이름을 외워서 불러야겠다는 생각이 들었다. 자기 이름을 불러주면 달려와서 안기고 좋아한다. 유아들과 며칠 지내다 보니 아기자기한 사랑이 가득하다.

일화 기록지

날짜	관찰유아 (성별, 나이)	관찰시간 및 장면	행동관찰	분석
11월 19일	남, 12세	조작 영역	키가 크고 몸집이 좋은 씩씩한 남자 아이다. 모든 질문에 똑똑하게 답도 잘했다. 차를 좋아해 계속 따라 마시며 친구도 따라주곤 했다. 왕관 다포를 쓰고 사진 찍을 때는 의젓하게 포즈를 잡고, 동생들도 잘 챙겨주는 모습이 듬직해 보였다.	차에 관심을 갖고 호기심이 많은 친구다. 리더십이 있고 활동성이 있어 보인다.
		휴식시간	휴식시간에는 살며시 다가와서 차에 대해 물어보고 다기도 관심 있게 관찰했다. 정리하는 것도 도와주려 하고 리더십이 있는 아이였다.	

유아다례교육활동 관련자료

6학년 체험반

오늘의 다화~!

팽주선생님 차 따르기.

오늘의 다화

수업 자기평가서

일시	2012년 11월 19일(월요일)	장소	○○초등학교 도서관
영역	관찰 영역, 수조작 영역	지도교사	○○○
주제	우리나라를 자랑해보고 일기를 쓰며 꿈을 키운다.		

자기평가					
수업준비를 충실히 하였다.	1	2	3	4	⑤
수업목표가 무엇인지 명확히 인식하고 있었다.	1	2	3	4	⑤
계획한 내용대로 수업을 진행하였다.	1	2	3	④	5
모든 유아들이 수업에 참여할 수 있도록 유도하였다.	1	2	3	4	⑤
유아들에게 적절하게 칭찬과 격려를 하였다.	1	2	3	4	⑤
수업에 적절한 질문을 하고 유아의 요구에 성실히 반응하였다.	1	2	3	4	⑤
평가를 하고 수업 뒷정리를 하였다.	1	2	3	4	⑤

잘된 점	오방 다포를 돌려가며 동서남북을 가리키는 색을 알려주었다. 창의적으로 꽃 이름을 말하기도 했는데, 한 유아는 흰 꽃을 말할 때 눈꽃이라 말했다. 또 다른 유아는 검정색 꽃은 죽은 꽃이라 해서 유아들의 무한한 상상력에 놀랐다.
부족한 점	보여주는 데 그치는 단순한 교육이 아니고 마음을 나누는 참사랑의 교육을 할 수 있도록 연구해서 더 쉽고 자연스럽게 가르칠 수 있도록 해야겠다고 생각한다.
특이사항	

05 실습사례 ⑤

유아교육기관 현장참여 실습일지

날짜	요일	날씨	등원	하원	실습생	지도교사	원장
11월 07일	수	맑음	09시 40분	12시 20분	○○○	○○○	
생활주제	우리나라의 전통예절			차 생활예절			
주제	예절이란 무엇일까?			차의 기원과 역사			
목표	- 예절의 개념을 이해하고 실천할 수 있게 한다. - 모든 행동의 시작은 공손한 자세임을 알게 한다. - 차의 기원과 역사에 대하여 앎으로서 차 문화에 친근감을 느낄 수 있게 한다.						

시간	교육활동명	세부교육활동	자료
10:00 ~ 10:30	한복 입기	- 교사의 도움 하에 원에서 준비된 한복을 입는다.	
	인사 나누기	- 바른 자세로 앉아 교사와 공손히 인사를 나눈다.	
	바르게 앉는 방법	- 어른 앞에서 바르게 앉는 예절을 배운다. • 어른 앞에서 자리에 앉을 때는 우선 두 무릎을 꿇고 앉는다. • 어른이 편히 앉으라고 말씀하시면 편히 앉는다. *남자 : 아버지 다리-두 손은 주먹을 쥐어 무릎에 놓는다. *여자 : 어머니 다리-다리를 모아 옆으로 놓고 손은 맞잡아 무릎 위에 얹는다.	그림 교구
	공수하는 법	- 공수란 무엇인지 알아본다. 바르게 손을 맞잡는 방법이 있다는 것을 안다. *남자 : 왼손이 위로 가도록 맞잡는다. *여자 : 오른손이 위로 가도록 맞잡는다.	
	공수자세	- 서 있을 때의 바른 자세를 알게 한다. • 두 발은 모으고 두 손은 배꼽 주위에 바르게 얹는다. • 입은 살포시 다물고 얼굴은 단정하게 한다.	사진 교구
	노래와 율동 (수용공)	- 공수방법을 노래와 율동으로 바르게 배워본다. 손손손 손손손 손을 공손하게 잡아요. 손을 공손하게 잡아요, 손은 깍지 끼지 마세요. 손톱 물어 뜯지 마세요, 가지런히 모아 보세요. 손손손손 수용공	노래판
	예절이란 무엇일까?	- 예절이란 무엇일까를 쉽게 이해할 수 있게 풀이해 준다. 예절이란 여러 사람이 함께 살아갈 때 반드시 지켜야 하는 도리와 질서인데, 이것을 지키기 위해 약속해 놓은 생활 방식이다.	
	이야기 나누기	- 공자님의 말씀이 적혀 있는 '논어'에서 예절 관련 이야기를 들려준다. • 바르지 않은 건 보지 않는다(비례물시). • 바르지 않은 건 듣지 않는다(비례물청). • 바르지 않은 건 말하지 말라(비례물언). • 바르지 않은 건 행동하지 말라(비례물동).	글자 교구 그림 교구
	회상하기	- 예절이란 글자 교구와 그림 교구를 바르게 연결한다. 그림과 글자를 섞어 놓은 후, 서로 맞게 연결시켜 바르게 익힌다.	

	노래와 율동 (예절이란?)	– 예절이란 무엇일까? 노래와 율동을 배워 본다. 예절이란 무엇일까? 무엇일까? 비례물시, 비례물청, 비례물언, 비례물동 나는 나는 예절 바른 어린이 나는 나는 예절 바른 어린이	노래판
11:00~ 11:20	휴식	– 화장실 다녀오기 – 비누로 깨끗이 손 씻기	
11:20 ~ 11:30	바르게 앉기	– 바른 자세로 앉는다(남, 여 마주보고 앉는다). • 남자 : 교사의 왼쪽(동)에 아버지 다리를 하고 앉는다. • 여자 : 교사의 오른쪽(서)에 어머니 다리를 하고 앉는다.	명상 음악 테이프 (타이슨의 명상곡) 신농 동화 녹차, 찻상, 찻잔, 다식, 찻잔 받침, 다화(국화)
	인사 나누기	말없이 조용히 인사를 나눈다.	
	생각 가다듬기 (명상)	– 교사의 지도 하에 명상하는 자세로 앉는다. • 아버지 다리를 하고 양손은 무릎 위에 얹는다. • 자세를 바르게 한 후 고르게 숨을 쉬어 본다. • 음악을 들으며 조용히 눈을 감고 명상해 본다.	
	이야기 나누기	– 명상을 한 후 이야기를 나눠 본다. • 명상을 하고 나니 기분이 어떠한가요? • 명상할 때 가장 힘든 것은 무엇이었나요?	
	전통차 (우리나라) 이야기	– 차에 대한 생각 나누기를 해 본다. • 우리나라 전통차를 본 적이 있나요? • 언제부터 마셨을까요? • 차를 마셔 본 경험이 있나요? • 부모님은 어떤 차를 마시나요?	
	동화 감상	'신농 할아버지의 신기한 풀'이라는 동화를 들으며 흥미를 유발한다.	
	동화 회상	전설 속 신농 할아버지는 어떤 분인가요?	
	차 마시기 (방법)	– 차 마시는 방법을 소개하고 바르게 마셔 본다. • 준비해 둔 찻상에 두 사람이 마주 앉게 한다. • 미리 준비해 둔 찻잔과 다식을 얹어 둔다. • 교사가 우려 둔 차를 각각의 찻잔에 부어 준다. • 찻잔 잡는 방법을 (두 손을 사용하여) 일러 준다. • 녹차는 색, 향, 미를 즐기며 세 번에 나누어 마심을 이야기한다.	
	다식 먹기 (콩 다식)	– 다식 먹는 법에 대하여 이야기한다(비교설명). • 한 손으로 입을 가리고 다식을 입 안에 넣는다. • 다식을 먹을 때는 조용히 소리 나지 않게 먹는다. • 욕심 내지 않고 먹을 만큼만 먹는다. • 차를 한 잔 마신 후에 먹는다. • 손을 깨끗이 씻는다.	
	인사 나눈다.	바르게 앉아 공손히 인사를 나눈 후 방석을 제자리에 정리 정돈한다.	

교사의 조언	– 유아들이 소란스럽게 하지 않도록 지도한다. – 유아들의 눈높이에 맞게 흥미롭고 다양한 정보로 교수한다. – 칭찬을 아끼지 않는다.
실습 후 느낀 점	평소에 한복을 자주 입지 않으므로 조금은 힘들어 하였다. 특히 남자 친구들은 도련님 복장으로 술띠를 가지고 장난을 치고 싶어 했으나, 왜 도련님이 되었는지 설명해 주었더니 제법 잘 참고 의젓한 행동을 하려고 노력하였다. 거울에 비친 멋진 모습에, 또한 칭찬에 아주 기뻐하며 수업에 집중하는 모습을 보면서 가슴 뿌듯함을 한가득 느꼈다.

유아교육기관 현장참여 실습일지

<table>
<tr><th>날짜</th><th>요일</th><th>날씨</th><th>등원</th><th>하원</th><th>실습생</th><th>지도교사</th><th>원장</th></tr>
<tr><td>11월
08일</td><td>목</td><td>맑음</td><td>09시 40분</td><td>12시 20분</td><td>○○○</td><td>○○○</td><td>○○○</td></tr>
<tr><th>생활주제</th><td colspan="4">우리의 옷 한복</td><td colspan="3">차 생활예절</td></tr>
<tr><th>주제</th><td colspan="4">한복 입기와 명칭 알기</td><td colspan="3">차 마시는 예절</td></tr>
<tr><th>목표</th><td colspan="4">한복이 우리 고유의 의상임을 알고, 명칭을 익히며 올바르게 입는 방법을 배운다.</td><td colspan="3">– 차를 마시며 기본 예절을 익히고, 차 예절을 배우며 친구들과 원만하게 지낸다.
– 녹차의 색과 향, 맛을 즐긴다.</td></tr>
</table>

<table>
<tr><th>시간</th><th>교육활동명</th><th>세부교육활동</th><th>자료</th></tr>
<tr><td rowspan="7">10:00
~
10:30</td><td>바른 자세</td><td>– 바르게 줄을 맞춰 앉는다.
– 바른 자세와 공손한 마음으로 인사를 나눈다.</td><td rowspan="7">남, 여
한복 입은
마네킹

동시</td></tr>
<tr><td>이야기 나누기</td><td>– 한복을 입어 본 경험에 대하여 이야기한다.
• 한복을 입어 본 적이 있나요? 언제 많이 입나요?
• 혼자서도 입을 수 있나요?</td></tr>
<tr><td>한복의 명칭</td><td>– 한복을 입은 마네킹을 준비해 각 부분의 명칭을 알아본다.
• 남자 한복 : 바지, 저고리, 조끼, 마고자, 버선, 점복, 술띠, 복건
• 여자 한복 : 치마, 저고리, 속치마, 속바지, 버선, 댕기, 족두리</td></tr>
<tr><td>한복
바르게 입기</td><td>– 한복을 바르게 입는 순서를 알아본다.
• 여자 한복은 무엇부터 입어야 할까요?
*속바지–속치마–버선–치마–저고리–댕기–족두리
• 남자 한복은 무엇부터 입어야 할까요?
*바지–저고리–버선–조끼–마고자–점복–술띠–복건</td></tr>
<tr><td>한복을
입었을 때
지켜야 할 것</td><td>– 한복을 입었을 때 지켜야 할 것들을 알아본다.
• 평상복에 운동화를 신듯 한복에는 고무신을 신는다.
• 남자는 외출 시 두루마기를 입는다.
• 한복 입는 순서대로 속옷을 갖추어 입는다.
• 여자의 저고리 고름 코는 왼쪽으로 가게 한다.
• 여자의 치마 여밈을 왼쪽으로 가게 한다.
• 남자가 점복을 입을 때 술띠는 가슴에 맨다.
• 술띠는 성인은 파란색, 어린이는 빨간색으로 구분하여 맨다.</td></tr>
<tr><td>한복 입은
몸가짐</td><td>– 한복을 입고 있을 때 어떤 몸가짐을 해야 하는지 알아본다.
• 뛰어 다니지 않도록 한다.
• 친구와 장난을 심하게 치지 않아야 한다.
• 소매를 마구 걷는다거나 고름이 풀리지 않게 조심해야 한다.
• 계단을 오르내릴 때는 치맛자락이 밟히지 않게 조심한다.</td></tr>
<tr><td>동시 듣기</td><td>– ‘우리의 옷 한복’ 동시를 들어 본다.
색동옷 고운 옷 우리의 옷 한복
치마 저고리 바지 저고리
고름 동정 버선과 깃
색동옷 고운 옷 우리의 옷 한복</td></tr>
<tr><td>11:00~
11:20</td><td>휴식</td><td>– 화장실 다녀오기
– 비누로 깨끗이 손 씻기</td><td></td></tr>
</table>

	인사 나누기	두 사람씩 마주 앉아 인사를 나눈다.	
	바르게 앉기	허리를 곧게 펴고 온화한 표정으로 바르게 앉는다.	
	명상이란 무엇일까?	– 생각 가다듬기에 대하여 알아본다. • 명상이란 무엇인가요? • 명상을 하면 마음의 여유로움이 생길까요? • 명상을 하기에 좋은 자세가 있을까요?	
	명상 자세 (생각 가다듬기)	– 명상하기에 좋은 자세로 앉는다. • 아버지 다리를 하고 양손을 무릎에 편안히 올려놓는다. • 자세를 바르게 한 후 고르게 숨을 쉰다. • 음악을 들으며 명상한다(눈을 감는다).	
	이야기 나누기	– 명상을 한 후의 몸가짐, 마음가짐을 이야기한다. • 명상을 하고 난 후의 기분이 어떠한가요? • 명상을 할 때 가장 힘든 것은 무엇이 있나요?	
11:20 ~ 11:30	차 마시기	– 차를 마실 때 마음가짐을 어떻게 해야 하는지 알아본다. • 소란스럽지 않아야 하며, 마음을 고요히 가져야 한다. • 우리 차의 소중함을 알아본다. – 교사가 차를 우려내는 시범을 보인다. • 방해되지 않게 조용히 기다리는 마음과 공손한 마음을 알게 한다. – 유아들은 미리 준비해 둔 찻상 위에 찻잔을 바로 놓는다. • 유아 스스로 자기 앞에 있는 찻잔을 바로 놓아 보도록 한다. – 교사는 알맞게 우려진 차를 각자의 찻잔에 공손히 따라 준다.	명상 CD (타이슨의 명상곡) 찻상, 찻잔과 받침, 녹차 다식
	차 마시는 방법과 다식(양갱) 먹기	– 차 마시는 방법을 소개하고 다식과 함께 마신다. • 찻잔은 조심스럽게 두 손으로 잡고 마신다. • 색, 향, 미를 즐기며 세 번으로 나누어 마시는 모습을 교사가 보여 준다. • 다식을 먹을 때는 예절을 지켜서 먹는다.	
	이야기 나누기	– 녹차를 마셔 본 경험에 대하여 서로의 생각을 이야기한다. • 녹차는 어떤 색을 지니고 있나요? • 녹차는 어떤 향이 났어요? • 녹차의 맛은 어떠한가요? • 녹차를 마시고 나니 어떤 생각이 드나요?	
12:00	인사 나누기	바르게 앉아 인사를 나눈 후 방석을 제자리에 정리 정돈한다.	
교사의 조언	– 교육은 연령, 장소, 그날의 상황에 따라 융통성 있게 변경 가능하다. – 연관 활동은 교사에 따라 바뀔 수 있으며, 유아들에게 차 생활 예절에 대한 흥미를 유발하는 것으로 한다.		
실습 후 느낀 점	공수 자세를 배울 때 유아들이 아직 왼쪽과 오른쪽을 구별하지 못하여 가정에서의 교육이 절실함을 느꼈다. 또한 예절의 뜻을 '논어' 편의 한자어로 설명하였는데, 몇몇 유아들이 한자어의 뜻을 알고 있어 정말 놀랐다. '예절이란 무엇일까'의 노래에 맞춰 율동을 하면서 자연스럽게 한자어를 말할 수 있었다. 율동을 재미있어 하는 걸 보고 억지 이론 수업이 아닌 표현 수업의 중요성을 느꼈다.		

유아교육기관 현장참여 실습일지

날짜	요일	날씨	등원	하원	실습생	지도교사	원장
11월 14일	수	맑음	09시 40분	12시 20분	○○○	○○○	○○○

구분		
생활주제	우리나라의 인사 예절	전통차와 건강의 관계
주제	바르게 인사하기	전통차의 효능과 성분
목표	- 우리나라 고유의 인사인 절을 바르게 할 수 있다. - 여자 절과 남자 절의 다른 점을 알고 스스로 해볼 수 있다. - 서서 할 때 지켜야 할 예절과 절을 할 때 지킬 예절이 있음을 안다.	- 우리 몸에 이로운 차의 효능을 안다. - 우리 차와 외국 차의 차이점을 안다.

시간	교육활동명	세부교육활동	자료
10:00 ~ 10:30	한복 입기	교사의 도움 하에 배운 대로 한복을 바르게 입는다.	
	인사 나누기	- 바르게 서서 인사를 나눈다. 여자가 당의를 입었을 때는 공수한 손을 당의 안으로 넣는다.	
	이야기 나누기	- 인사는 왜 하는 것일까요? (반응) • 인사는 반가움을 나타내려고 하는 것임을 안다. • 선물이나 상을 받았을 때 감사한 마음으로 인사한다.	
	인사하는 마음	- 인사할 때의 마음가짐에 대하여 알아본다. • 인사는 공손한 마음과 공손한 자세로 한다. • 찡그리고, 화난 얼굴이 아닌 미소 띤 얼굴로 인사한다. • 뛰거나 걸어가다가도 바른 자세로 멈춰서서 인사한다.	
	인사하는 방법 (입례)	- 밖에서 어른을 만났을 때의 인사하는 방법을 안다. • 목례 : 15°. 하루에 계속 만나는 어른께 말없이 조금 숙여 인사 (2번) • 경례 : 30°. 가장 많이 하는 인사 방법이다. 어른을 만났을 때, 헤어질 때, 집에 돌아와서 한다(2~3번 반복 연습). • 큰경례 : 45°. 상 받을 때, 발표할 때, 신랑신부가 결혼식장에서 한다.	사진 교구판
	인사말 배우기	- 인사말을 바르게 할 줄 안다. • 인사말은 때에 따라서 다르게 한다. • 상황에 맞는 인사말을 먼저 한 다음에 몸을 숙여서 인사한다. • 교사가 시범 후 2~3번 따라하게 한다. • 남녀 서로 마주보게 하고 바르게 해본다.	그림 교구
	큰절과 평절	- 우리나라 고유의 절은 언제 하는지 알아본다. • 우리 고유의 절은 주로 언제 하나요? • 특별한 날이 아닐 때도 실내에서는 절을 해야 하는 것을 안다. - 큰절과 평절은 언제 하는지 알아본다. • 환갑 잔치, 결혼, 제사, 장례 때는 '큰절'을 한다. • 어른을 만났을 때나, 명절에는 '평절'을 한다. - 절하는 순서와 그림판을 보여 준 후, 교사가 시범을 보인 뒤 남녀가 절을 해 본다. • 유아들이 모둠별로 나와 큰절과 평절을 연습한다. • 교사는 잘못된 부분을 수정해 준다. • 남녀 모두 서로 마주보고 한 줄씩 절을 하고 한 줄씩 앉는다.	사진 교구판
	이야기 나누기	지금까지 우리들이 해왔던 절과 비교하여 이야기한다.	

	노래	– 큰절과 평절 노래판을 보면서 정확하게 기억한다. • 절이란 우리의 인사이다. • 어른을 만날 때나 명절 때에는 평절을 한다. • 환갑 잔치, 결혼, 제사, 장례 때에는 평절을 한다. • 누가 누가 잘하나 – 절하기, 우리 모두 배워 봅시다.	노래판
11:00~ 11:20	휴식	화장실에 다녀온 후 손 씻기를 한다.	
	바르게 앉기	두 사람씩 마주 보고 바르게 앉는다.	
	인사 나누기	반가운 마음으로 마주 앉은 두 사람이 인사를 나눈다.	
	명상	– 생각 가다듬기를 한다. • 아버지 다리를 하고 양손을 편안히 무릎 위에 올려놓는다. • 자세를 바르게 한 후 고르게 숨을 쉰다. • 눈을 감고 음악을 들으며 명상한다.	
	바른 자세	– 교사가 미리 준비해 둔 찻상을 유아 앞에 놓는다. • 2인 1조로 마주 보고 앉게 한 후, 중앙에 찻상을 준비한다. • 두 사람이 서로 바른 태도가 어떤 것인지를 본다.	
	녹차의 효능	– 녹차를 마시면 우리의 몸 어디에 좋을까를 이야기 나누어 본다. • 뚱뚱보가 날씬해져요. • 치아가 튼튼해져요. • 우리 몸에 오는 병을 예방해 준대요. • 피부가 반짝 반짝 빛이 난대요. • 소화가 잘 되어 변비도 안 걸린답니다. • 우리 몸속에 있는 독을 소변과 함께 몸 밖으로 내보내 준대요.	CD (타이슨의 명상곡)
11:20~	녹치의 성분	– 녹차의 어떤 성분이 우리 몸을 좋게 해 주는지 알아본다. • 비타민이 들어 있어 얼굴이 예뻐져요. • 불소가 있어 치이가 튼튼해져요. • 탄닌 성분으로 몸매가 날씬해져요.	녹차, 찻상, 찻잔, 찻잔 받침, 찻상보, 다식 접시 등
	차 마시기	– 교사가 미리 만들어 차 주전자에 준비해둔 차를 따라 마셔본다. • 차 주전자를 바르게 잡고 차 따르는 방법을 지도한다. • 감사한 마음으로 인사하고 마실 줄 알게 한다. • 찻잔은 두 손으로 잡고 마신다는 것을 알게 한다. • 차는 3번에 나누어 마시게 한다.	
	다식(꿀떡)	다식 먹는 법, 예절을 기억하여 바르게 먹는다.	
	정리 정돈	다구를 정리 정돈한다.	
	인사 나누기	감사한 마음으로 공손하게 인사하고 마칠 줄 안다.	
	연관 활동 (손 유희)	– 곰 세 마리 노래에 녹차의 효능을 개사하고, 율동을 만들어 교사가 먼저 시범을 보인다. • 곰 세 마리가 녹차를 마셔 아빠 곰, 엄마 곰, 애기 곰 아빠 곰은 날씬해, 엄마 곰은 병을 예방해, 애기 곰은 이가 튼튼해, 녹차 녹차 좋아요. • 곰 세 마리가 녹차를 마셔 아빠 곰, 엄마 곰, 애기 곰 아빠 곰은 무적 체력돼, 엄마 곰은 피부가 반짝, 애기 곰은 응가가 뿡뿡, 녹차 녹차 좋아요.	
교사의 조언	노래와 율동을 할 때는 표현을 사실과 비슷하게, 동작은 크게, 자신이 유아가 되어 함께 어울려서 해야 한다.		
실습 후 느낀 점	녹차의 효능을 개사한 노래와 율동을 멋진 수업 태도에 대한 보답으로 교사가 선물의 차원으로 가르쳐 주었다. 유아들이 너무 열심히 따라 하면서 신나하는 모습을 보고, 이런 방법이 차 생활 예절을 한층 더 흥미를 갖게 하고, 다음 시간을 기다리게 하는 것임을 느꼈다. 항상 연구와 노력하는 유아다례 교사가 되어야겠다고 다짐해 보았다.		

유아교육기관 현장참여 실습일지

날짜	요일	날씨	등원	하원	실습생	지도교사	원장
11월 16일	금	맑음	09시 40분	12시 20분	○○○	○○○	○○○

생활주제	예절의 필요성	다구의 쓰임
주제	바른 마음가짐, 바른 몸가짐	찻상 차리기
목표	- 예절 바른 사람은 어떤 몸가짐과 어떤 마음가짐을 가져야 하는지에 대해 알 수 있다. - 다구의 이름과 쓰임새를 정확히 알고 쓸 수 있다.	

시간	교육활동명	세부교육활동	자료
10:00 ~ 10:30	한복 입기	등원하여 교사의 지도하에 유치원에 준비된 한복을 입는다.	
	바르게 앉기	남(동쪽), 여(서쪽), 남(청색), 여(홍색) 각각 정해진 자리에 앉는다.	
	인사하기	공손한 자세와 마음가짐으로 교사와 인사 나눈다.	
	바른 마음가짐	- 바른 마음가짐은 어떤 것인가에 대하여 알아본다.(구사) ① 생각 가다듬기 • 나에 대하여 능동적으로 생각해 본다. • 감정과 욕구의 조절에 대하여 생각해 본다. ② 어른 공경하기에 대하여 알아본다. 안마해 드리기, 존댓말 쓰기, 출입 시 일어서서 인사하기, 어른 뒤로 돌아서 가기 ③ 친구와 사이좋게 지내는 방법을 이야기 나눠본다. 서로 사랑하며 어려운 일이 있을 때는 도와주며, 양보하며, 협력하고, 배려하는 마음을 안다. ④ 잘못한 일이 있을 때에는 사과할 줄 아는 마음을 배운다.	
	바른 몸가짐	- 청결한 몸에 대하여 알아본다. 외출 후, 밥 먹기 전 항상 비누로 깨끗이 손 씻는 습관을 가진다. - 구용에 대하여 알아본다. - 바른 공수 자세에 대하여 다시 한 번 기억해 본다. - 바르게 앉기와 서기에 대하여 알아본다. - 실내에서의 바른 행동은 어떤 것인가에 대하여 안다. - 물건 받기와 전하기에 대하여 안다. - 어른 출입 시의 예절은 어떠한지 안다. - 화장실 사용법에 대하여 알아본다.	그림 교구
	노래와 율동 (수용공)	- 공수하는 방법을 '수용공' 노래로 부르며 율동과 함께 복습해 본다. 남, 여 마주보게 하여 남, 여 팀별로 노래와 율동을 해 보면서 바르고 예쁜 모습을 알게 한다.	노래판
11:00~ 11:20	휴식	질서 있게 화장실 다녀오기, 비누로 깨끗이 손 씻기	
11:20 ~	평절로 인사하기	남, 여 각각 2인 1조가 되어 서로 마주 보며 평절로 인사를 나눈다.	CD, 그림 교구

<table>
<tr><td rowspan="11">11:30</td><td>자리 앉기</td><td>바른 방석 사용법으로 조용히 자리에 앉는다.</td><td rowspan="11">녹차, 찻상,
찻잔, 다관,
탕관, 차호,
차칙, 다건,
퇴수기,
찻상보
(청, 홍)</td></tr>
<tr><td>생각 가다듬기</td><td>– 고요한 마음으로 명상할 수 있게 준비한다.
명상 자세를 하고 앉은 유아들에게 음악과 함께 교사가 나직한 목소리로 예절 바른 멋진 모습들을 들려준다.</td></tr>
<tr><td>다구도
이름이 있어요</td><td>–다구들의 그림을 보며 이름, 쓰임에 대하여 알아본다.
전문 용어가 아닌 쉬운 우리말로 설명한다.
*다관 : 차 주전자 *숙우 : 물 식힘 사발
*차호 : 차 항아리 *차칙 : 차 순가락
*다건 : 차 행주 *개반 : 뚜껑 받침
*탕관 : 물 주전자 *차탁 : 찻잔 받침
*퇴수기 : 물 버림 그릇</td></tr>
<tr><td>찻상 차리기</td><td>– 찻상 차리기 그림을 보면서 다구의 위치를 알아본다.
• 다구마다 각자의 자리가 있음을 안다.
• 다구의 위치는 조금씩 변할 수 있음을 안다.
• 2인 1조 앞에 준비해 둔 찻상을 차려본다.</td></tr>
<tr><td>찻상보 사용법</td><td>– 차려진 찻상의 찻상보를 덮는 방법을 알아본다.
교사는 찻상보 걷는 법과, 접는 법, 덮는 법을 시범으로 보인다.</td></tr>
<tr><td>다구 사용법</td><td>– 다구 사용 시 유의 방법을 알아본다.
• 다구는 무엇으로 되어 있는지 이야기한다.
• 조심하지 않으면 어떤 일이 일어나는지 이야기한다.</td></tr>
<tr><td>다구 관찰</td><td>– 여러 가지 다구를 알아보고 그 특징을 관찰한다.
다구의 생김새를 살펴보고, 그 특징을 신체를 이용해 표현해 본다.</td></tr>
<tr><td>시범 보이기</td><td>남, 여 각 대표 1명을 뽑아 교사와 함께 앞에 나와서 찻상 차리기, 찻상보 걷기, 접기, 덮기 시범을 보인다.</td></tr>
<tr><td>차 마시기와
다식 먹기
(과자)</td><td>– 바르게 앉은 후 교사가 각각의 잔에 차를 따라 마신다.
– 다식 먹는 바른 예절을 지키며 다식을 먹는다.</td></tr>
<tr><td>찻상 정리,
인사 나누기</td><td>다구를 정리 정돈하고 유아들이 상보를 덮고, 말 없이 앞사람과 인사 나누기를 한다(차를 마실 수 있게 해 준 모든 분들께 감사한 마음 갖기).</td></tr>
<tr></tr>
<tr><td>교사의
조언</td><td colspan="3">– 소란스러우면 위험하다는 것을 꼭 설명한다.
– 예절의 중요성을 깨닫게 한다.
– 차를 마실 때는 자연과 차를 만드신 분, 다구를 만드신 분, 차를 대접해 주신 분들께 감사한 마음을 가져야 함을 알게 한다.</td></tr>
<tr><td>실습 후
느낀 점</td><td colspan="3">– 유아들이 어른에게 존댓말 쓰기를 잘하지 못하는 것 같았다. 또한 부모들의 바른말 사용에 대한 교육이 부족함을 절실히 느꼈다.
– 바른말, 고운 말 지도 시에는 그냥 말로만이 아닌, 교사가 재미있는 표정과 행동의 창작 지도를 함으로써 유아들이 머지않아 바르지 못한 말들을 하지 않게 될 것 같았다(표정과 행동, 언어를 비교 분석해서 시범 보이기).</td></tr>
</table>

유아교육기관 현장참여 실습일지

날짜	요일	날씨	등원	하원	실습생	지도교사	원장
11월 21일	수	맑음	09시 40분	12시 20분	○○○	○○○	○○○

생활주제	우리나라의 음식 예절	
주제	어른과 함께 하는 식사 예절	차 우리는 순서와 유의할 점
목표	– 어른과 함께 식사를 할 때는 예절 바른 식사법이 있음을 알게 한다. – 청결한 생활의 중요성을 알게 한다.	– 전통차를 우릴 때 마음가짐과 차를 우리는 순서를 알고 태도를 알 수 있다. – 다구의 바른 사용법을 알 수 있다.

시간	교육활동명	세부교육활동	자료
10:00 ~ 10:30	한복 입기	유아들은 기쁜 마음으로 준비된 한복을 바르게 입는다.	그림 교구
	예절의 방위와 앉아야 할 자리	– 각각(남, 여) 정해진 예절의 방위에 맞게 바르게 앉는다. • 남 : 상석(어른)의 왼쪽(동)에 놓인 파란색 방석에 앉는다. • 여 : 상석(어른)의 오른쪽(서)에 놓인 빨간색 방석에 앉는다.	
	상황에 맞는 인사말	– 바른 자세와 공손한 마음으로 교사와 유아가 인사를 나눈다. 상황에 맞는 인사말을 가끔씩 바꿔가며 해 본다.	
	손 씻기	– 식사 전 우리는 왜 손을 깨끗이 씻어야 하는지를 알아본다. 청결하지 않으면 자신이나 남에게 피해가 된다는 것을 안다.	
	식탁 예절	– 식탁에서 어른과 함께 식사할 때 바른 자세를 알게 한다. • 어른이 먼저 자리에 앉으신 후에 앉는다. • 감사한 마음으로 인사 후 먹는다. • 어른이 먼저 드시기 시작하면 먹는다. • 소리 내지 않고 조용히 먹는다. • 음식을 삼킨 후에 조용히 말한다. • 식사 중 소란스럽게 하거나 장난을 치지 않는다. • 반찬을 이것저것 뒤적거리거나 집지 않는다. • 편식하지 않고 골고루 맛있게 먹는다.	
	감사한 마음 갖기	– 음식이 우리에게 오기까지의 과정(쌀이 되기까지의 과정)을 알아본다. • 농부들의 수고로움과 정성스러운 마음을 알게 해 준다. • 맛있는 음식을 만들어 주신 분께 감사한 마음을 갖는다.	
	식당에서의 예절	– 식당에 갔을 때 우리는 어떤 예절을 지켜야 하는지 알아본다. • 식당에서는 소란을 피우지 않고 조용히 해야 한다. • 물건을 함부로 만지지 않아야 한다. • 주인에게 맛있게 먹었다는 인사를 하고 나온다.	
	이야기 나누기	– 식사시간에 일어났던 각자의 경험담을 이야기해 본다. 친구들의 이야기를 들어보며 자기 자신과 비교, 생각해보며 반성하는 시간을 가진다.	

시간	활동	내용	준비물
11:00 ~ 11:20	휴식	– 화장실 사용 시 질서 지키기와 깨끗이 손 씻기 선생님을 도와 방석을 바르게 하여 다음 시간을 준비한다.	
	인사 나누기	두 사람씩 마주보고 평절로 인사 나누기를 한다.	
	명상	생각 가다듬기를 한다(명상 자세를 한다).	
	평절 반복	– 한복을 입고 절하기를 반복해 본다. • 교사의 지시에 따라 평절을 해 본다(남, 여). • 잘못된 부분은 교사가 수정한다.	
	뜨거운 물 사용법	– 뜨거운 물 사용 시 유의해야 할 사항을 알아본다. • 뜨거운 물을 다룰 때 어떻게 조심해야 할까? • 우리가 조심하지 않을 때 어떤 일이 일어날 수 있을까? • 물을 흘리면 어떻게 될까?	
	다구 사용법	– 물 식힘 사발과 차 주전자, 차호 다루는 법을 설명한다. 다구는 무엇으로 되어 있나요? – 숙우 사용법을 시범한다. 교사가 탕관, 다관, 차호 사용법을 시범한 후, 따라하게 한다.	
11:20 ~ 11:30	차 우리기 시범	– 교사가 차 우리는 시범을 한다. • 찻상보를 걷는다. • 다구를 데운다(숙우–다관–찻잔 순서로). • 끓인 물을 물 식힘 사발에 따라 식힌다. • 차 항아리의 차를 차 주전자에 넣고 식힌 물을 붓고 뚜껑을 덮는다. • 차가 알맞게 우려지는 동안 찻잔 데운 물을 퇴수기에 버린다. • 알맞게 우러진 차를 2~3번에 나누어 찻잔에 골고루 따른다. • 차의 색, 향, 미를 음미하며 3번에 나누어 마신다. • 찻잔을 거두어 제자리에 놓고 찻상보를 덮는다.	명상 음악 CD 녹차, 다구, 방석, 다화
	차 우리기	– 교사의 지시에 따라서 유아가 스스로 차를 우려 본다. 특히 물 식힘 사발과 차 주전자 다루는 방법을 중점적으로 지도한다.	
	차 마시기	– 유아가 스스로 우린 차를 다식과 함께 마신다. • 색, 향, 미를 음미하면서 마신다. • 찻잔 잡는 방법을 바르게 해 본다.	
	다식 먹기 (꿀떡)	– 다식 먹을 때의 예절을 회상하면서 바르게 먹는다. • 다식은 차를 한 잔 먹은 후부터 배부르지 않을 정도로 먹는다. • 입을 가리고 입 안에 넣은 후 소리 나지 않게 먹는다.	
	정리 정돈	다구를 정리 정돈하고 찻상보를 덮는다.	
	마지막 인사	바르게 앉아 말 없이 조용히 인사를 나눈다.	

교사의 조언	– 차를 마실 사람의 수에 따라 찻잔의 수가 달라질 수 있음을 알게 한다. – 알맞은 차의 양과 물의 양을 계량할 수 있는 방법을 알게 한다.
실습 후 느낀 점	교사는 차 자리가 잘 모일 수 있게 유아들의 자리 배정을 적절히 하고, 가운데 자리에는 다화를 놓는다. 전체 유아들이 매번 변하는 꽃꽂이와 조화된 차 자리의 아름다움에 설레임을 갖고 다음 시간을 손꼽아 기다리는 마음을 갖도록 더욱 더 노력해야겠다.

유아교육기관 현장참여 실습일지

날짜	요일	날씨	등원	하원	실습생	지도교사	원장
11월 22일	목	맑음	09시 40분	12시 20분	○○○	○○○	

구분		
생활주제	예절의 필요성	명상 차
주제	공공장소에서 지켜야 할 예절	명상 차 우려 보기
목표	– 공공장소에서 어떤 예절을 지켜야 하는지를 알게 한다. – 대인관계에 대한 예절을 알게 한다.	– 명상 차 우리기를 통해 올바른 자세와 마음가짐을 가질 수 있다. – 명상을 통해 집중력을 키우고 정서적으로 안정감을 얻는다.

시간	교육활동명	세부교육활동	자료
10:00 ~ 10:30	한복 입기	자신의 힘으로 한복을 바르게 입어 본다.	그림 교구
	소개 예절	– 소개를 어떤 방법으로 해야 하는지, 바른 소개 방법을 알아본다. • 밝게 인사하고 정중하게 소개한다. • 아랫사람을 윗사람에게 먼저 소개한다. • 집안 식구나 친척을 먼저 소개하고, 나와의 관계를 말한다. • 남을 소개할 때, 그 사람의 장점을 곁들이면 멋진 소개가 된다.	
	친구 사귀기	– 친구를 사귈 때 어떤 마음이 되어야 하는지 알아본다. • 친구들 앞에서는 잘난 척하지 않고, 겸손해야 한다. • 친구를 무시하지 않고 놀리지 않는다. • 어려움에 처했을 때 도와줄 줄 아는 친구가 멋진 친구이다. • 친구 간에도 약속을 잘 지킨다. • 친구의 의견을 존중해 주고 양보한다.	
	공연장이나 백화점에서 지킬 예절	– 백화점이나 공연장에서 지켜야 할 예절을 안다. • 줄을 서서 에스컬레이터를 탄다. • 화장실 사용법과 씻을 때 물이 튀지 않게 한다. • 부모님께 물건을 사달라고 떼쓰지 않는다. • 진열장의 물건을 함부로 만지지 않는다. • 공연 장소에서는 조용히 말하며 뛰어 다니지 않는다.	
	음식점에서의 예절	– 외식할 때 음식점에서 지켜야 할 예절을 알아본다. • 음식을 먹을 때나 그렇지 않을 때 돌아다니지 않는다. • 다른 사람이 먹는 것을 쳐다보거나 그곳으로 가지 않는다. • 음식 먹을 때 쩝쩝 소리를 내지 않는다. • 음식을 젓가락으로 뒤적거리지 않는다. • 식사를 마친 후 맛있게 먹었다는 인사를 하고 나올 줄 안다. • 신발을 함부로 벗거나 밟지 않는다.	
	교통안전	– 지켜야 할 교통안전 예절을 알아본다. • 길거리에서 놀면 위험하다. • 인도를 걸을 때는 차도와 멀리 떨어진 곳으로 걷는다. • 길을 건널 때는 반드시 횡단보도로 건너야 한다. • 신호등을 정확히 보고 건너는 습관을 들인다. • 차를 타고 내릴 때 주위를 잘 살펴보고 내린다. • 길을 건널 때는 여럿이 함께 건너가는 것이 좋다.	

시간	활동	내용	자료
11:00~ 11:20	휴식	화장실 다녀오기와 손 씻기	
11:20 ~ 11:30	바른 자세와 인사	바르게 앉아 인사를 나눈다.	명상 음악 CD, 다포, 다구, 보온병, 녹차
	생각 가다듬기	– 생각 가다듬기를 한다(명상). • 아빠 다리를 하고 양손을 무릎에 편안히 올려놓는다. • 자세를 바르게 하고 고르게 숨을 쉰다. • 눈을 감고 음악을 들으며 명상한다.	
	명상 차 우리는 순서 알기 (교사 시범)	– 명상 차 우리는 순서를 알려 준다. • 아버지 다리를 하고 양손은 무릎에 편안히 올려놓는다. • 좌우 전후로 몸을 흔들면서 근육을 이완시키고 호흡을 정리한다. • 다포를 편다. • 명상 다구를 순서(차 주전자–차 항아리–차 수저–차 행주)대로 다포 위에 올려 놓고 보온병을 퇴수기 위쪽으로 올려 놓는다. • 바르게 앉아 명상한다(공수하고 다섯을 센다). • 차를 우린다. • 차가 우러날 동안 명상을 하며 기다린다(다섯을 세며 숨 가다듬기). • 알맞게 우려진 차를 찻잔에 따른다. • 차의 색과 향, 맛을 음미하며 천천히 세 번에 나눠 마신다. • 찻잔을 내려놓고 1~7까지 마음속으로 세면서 숨을 가다듬는다. • 다구를 정리하고 다포를 접는다.	
	주의해요	– 유아들이 명상 차 우릴 때 주의할 점을 알아본다. • 명상 차 도구와 뜨거운 물 사용 시 유의해야 할 사항을 알아본다. • 다구와 뜨거운 물을 안전하게 사용하기 위해 정한 약속을 상기한다.	
	차 우려보기	– 유아들이 직접 명상 차를 우려 본다. • 유아들이 차를 우릴 때 명상 시간에는 교사가 숫자를 세어 준다. • 차를 세 번에 나누어 마실 때도 명상을 할 수 있다.	
	다식 먹기	다식(팥 양갱)을 예절 바르게 먹는다.	
	회상	오늘 배운 것을 회상한다(자신의 생각 이야기를 나눈다).	
	정리 정돈, 인사	바르게 앉아 인사를 나눈 후, 각자 방석을 제자리에 정리 정돈한다.	

교사의 조언	– 1인 명상 다기가 없을 시에는 평상시의 다기를 대신할 수도 있다. – 인원은 상황에 맞게 조정 가능하다. – 명상 시 처음엔 교사가 숫자를 세어 줄 수 있으며, 차츰 스스로 마음속으로 숫자를 세면서 할 수 있도록 지도한다. – 공공장소 예절 수업 시 교사는 다양한 표현 방법을 시도해 재미있게 수업한다.
실습 후 느낀 점	– 명상 시간에 눈을 감지 않으려는 유아들이 가끔 눈에 띈다. 이럴 때 교사는 명상의 효과에 대하여 확실히 설명 후, 명상 시간을 갖는 것이 바람직한 것 같다. – 가끔 생활 차 우리기의 반복에서 벗어나 유아들의 차 생활에 흥미를 증가시키는 것도 좋은 방법일 것 같다.

유아교육기관 현장참여 실습일지

날짜	요일	날씨	등원	하원	실습생	지도교사	원장
11월 29일	목	맑음	09시 40분	12시 20분	○○○	○○○	

구분		
생활주제	우리나라의 명절	차와 명절의 관계
주제	설날과 추석은 우리의 명절	차 우려 대접하기
목표	- 우리 고유 명절인 설날에 대하여 알아본다. - 세배하는 방법을 익히고, 정확히 안다. - 설날과 추석 명절에 할 수 있는 민속놀이를 안다.	- 차례 때 우리 조상님들은 전통차를 올렸음을 안다. - 어른을 공경하는 정성스러운 마음으로 차를 우려 대접해야 한다는 것을 안다.

시간	교육활동명	세부교육활동	자료
10:00 ~ 10:30	인사 나누기	유치원에 준비된 한복을 입고 평절로 인사를 나눈다.	그림 교구 차례 지내는 그림
	바르게 앉기	- 한복을 입었을 때 바르게 앉는 방법을 알아본다. - 방석에 바르게 앉고 일어서는 방법을 회상하여 앉아 본다.	
	설날의 의미 (이야기)	- 설날은 어떤 날이며 어떻게 준비해야 하는지 알아본다. - 설날이 지나면 한 살 더 많아진다는 것을 이야기한다. - 왜 설날이라고 이름 지었는지 알아본다. 지난해를 버리고 새로 맞이하는 한 해의 첫날이라는 뜻이다. 익숙하지 않은 느낌이 들기 때문에 설날이라 이름 붙였다.	
	명절에 지킬 예절	- 차를 타고 친척 집을 가고 올 때, 차 안에서 조용히 해야 한다. - 차 밖으로 쓰레기를 버리지 않아야 한다. - 오랜만에 만나는 어른께 반갑게, 바르게 인사한다. - 음식 준비에 방해되지 않게 소란스럽게 하지 않아야 한다.	
	몸가짐 마음가짐	- 한복은 옛날부터 입어온 우리의 전통 옷이다. - 한복은 세계에서 가장 멋진 우리 옷이다. - 한복을 입고 지켜야 할 몸가짐과 마음가짐을 기억한다. - 한복을 바르게 입는 방법을 알고 다시 한 번 해 본다.	
	차례 지내기	- 차례는 왜 지내는지 알아본다. 돌아가신 조상님들께 감사함을 보답하기 위함이다. - 차례 때는 어떻게 절을 하는지 알아본다. • 차례는 2번 절하며 큰절을 한다. • 세배는 1번 절하며 평절을 한다. - 차례 때 우리의 전통차를 조상님께 올렸다. 차례와 성묘할 때 마음가짐도 알아본다.	
	명절의 음식	- 설날에 많은 집에서 똑같이 먹는 음식은 무엇인지 알아본다. 설날에는 떡국을 먹는데, 둥근 달처럼 일 년 동안 좋은 일만 생기기를 바라는 마음이다. - 추석에는 어떤 음식을 먹는지 알아본다. • 추석에는 햇곡식으로 음식을 만들어 차례를 지낸다. • 추석에는 송편을 빚어 먹고, 햇과일을 먹을 수 있다.	

<table>
<tr><td rowspan="2"></td><td>민속놀이</td><td>– 설날 민속놀이: 널뛰기, 연날리기, 제기차기, 팽이치기, 윷놀이
– 추석 민속놀이: 강강술래, 투호, 제기차기, 널뛰기, 윷놀이, 고리던지기</td><td rowspan="2"></td></tr>
<tr><td>세배하기</td><td>– 바르게 세배하는 방법을 안다.
• 남자와 여자의 평절을 교사가 시범 후 따라 한다.
• 세배할 때 절은 한 번 만 한다.
• 절을 하는 동안에는 인사말을 하지 않고 절을 다한 후 일어서서 한다.</td></tr>
<tr><td>11:00~
11:20</td><td>휴식</td><td>화장실 다녀오기와 깨끗이 손 씻기</td><td></td></tr>
<tr><td rowspan="9">11:20~</td><td>인사와 명상</td><td>– 남, 여 각각 2인 1조로 마주보고 바르게 앉는다.
– 바른 자세로 앉아 인사 나누기를 한다.
– 생각 가다듬기(명상)를 한다.</td><td rowspan="9">CD 음악,
사진 교구,
녹차, 다구,
다화, 다식</td></tr>
<tr><td>큰절,
평절 반복</td><td>– 평절과 큰절은 언제, 어떻게 해야 하는지 복습한다.
• 남, 여 각각 큰절과 평절을 교사의 지시대로 반복한다.
• 큰절과 평절의 쓰임을 정확하게 안다.
• 잘못된 부분은 교사가 수정해 준다.</td></tr>
<tr><td>손님과
주인 역할
정하기</td><td>– 손님과 주인의 역할에 대하여 알아본다.
• 주인은 누구이며, 차 우릴 때의 마음가짐을 안다.
• 손님은 누구이며, 손님이 해야 할 마음가짐과 행동을 안다.</td></tr>
<tr><td>손님과
주인의 위치</td><td>– 차를 대접할 때 손님과 주인의 앉는 위지에 대하여 알아본다.
• 주인은 어떤 자리에 앉을까? 왜 그렇게 생각하나?
• 손님의 자리는 어디일까? 왜 그렇게 생각하나?</td></tr>
<tr><td>찻잔의 위치</td><td>– 찻상 위의 찻잔 중 어느 위치에 있는 것이 누구의 것인지를 알아본다.
• 주인의 찻잔은 어느 것일까?
• 손님이 두 분일 때 어른의 찻잔은 어느 것일까?
• 손님 중 아랫사람의 찻잔은 어느 것일까?</td></tr>
<tr><td>차 우려
대접하기</td><td>– 차를 대접하는 순서에 대하여 알아본다.
• 찻잔을 드릴 때 손님 중 어른께 먼저 드린다.
• 주인이 손님께 찻잔을 드릴 때는 어느 손으로 드려야 하는지 안다.
• 손님께는 꼭 찻잔 받침을 받쳐서 드린다.
• 손님과 주인이 인사를 나누고 먹는다.</td></tr>
<tr><td>역할 분담</td><td>– 두 사람이 손님과 주인이 되어 차를 우려 대접한다. 주인은 손님이 되고, 손님은 주인이 되어 역할을 분담하여 차를 우려 서로 대접해 보고 차의 색, 향, 미를 음미하며 마신다.</td></tr>
<tr><td>다식 먹기
(호박양갱)</td><td>손님께 다식을 권하고 함께 바른 모습으로 먹는다.</td></tr>
</table>

<table>
<tr><td>교사의
조언</td><td>– 주인은 손님에게 정성을 다하여 차를 우리고, 공경하는 마음으로 대접해야 함을 설명한다.
– 우리가 차를 마실 수 있게 해준 모든 분들께 감사하는 마음을 갖게 한다.
– 각자 역할의 중요성을 알게 한다.</td></tr>
<tr><td>실습 후
느낀 점</td><td>유아들의 성격 차이를 많이 느낄 수 있었으며, 유아들의 심리를 잘 파악하여 교사들이 지도해야 할 것 같다. 유아교사들의 수고로움을 한층 더 이해할 수 있었다.</td></tr>
</table>

유아교육기관 현장참여 실습일지

날짜	요일	날씨	등원	하원	실습생	지도교사	원장
11월 29일	목	맑음	09시 40분	12시 20분	○○○	○○○	○○○

생활주제	어른 공경	차 생활 예절
주제	우리들의 어른 공경은 무엇일까요?	우리들의 차 예절 발표
목표	– 어른께 예절을 지키고 감사한 마음을 가질 줄 알게 한다. – 어른께 우리들이 할 수 있는 예절은 무엇인지 알게 한다.	– 어른께 차를 대접할 때 바른 자세와 갖추어야 할 예절을 익힌다. – 다른 사람에게 방해가 되지 않도록 행동할 수 있다(참여와 협동심).

시간	교육활동명	세부교육활동	자료
10:00 ~ 10:30	한복 입기	등원하여 준비된 한복을 입는다(교사의 도움 필요).	그림 교구 노래판
	바르게 앉기	바른 방석 사용법을 기억하여 바른 자세로 앉는다.	
	인사 나누기	평상시 어른을 만날 때는 평절로 인사한다는 것을 알고 바르게 해 본다.	
	이야기 나누기	– 할아버지, 할머니는 나와 어떤 관계인지 알아본다. • 친할아버지, 친할머니는 누구의 부모님일까? • 외할아버지, 외할머니는 누구의 부모님일까?	
	바른말 고운 말	– 우리는 부모님께 어떤 호칭을 써야 하는지 알아본다. 엄마는 어머니, 아빠는 아버지가 바른 호칭임을 알게 한다. – 어른들께 어떻게 말해야 하는지 알아본다. • 공손하게, 부드럽게, 또렷하게 이야기한다. • 항상 존댓말을 써야 한다.	
	우리들이 할 수 있는 효도	– 우리가 할 수 있는 효도에 대하여 알아본다. • 밝고 명랑한 표정, 부드럽고 온화한 표정으로 말한다. • 어른이 출입 시 서서 인사한다. • 팔, 다리, 어깨를 주물러 드린다. • 자기 일은 자기 스스로 할 줄 안다. • 형제자매 간 사이좋게 지낸다. • 부모님 말씀을 잘 듣고 도와드린다. • 항상 어른 앞에서는 바른 자세, 공손한 몸가짐을 한다. • 어른께는 물건을 두 손으로 드리고 받는다. • 어른들께 인사를 바르게 잘할 줄 안다.	
	노래와 율동	– 예절이란 무엇일까? 노래와 율동으로 바른 예절을 익힌다. • 예절이란 무엇일까? 무엇일까? 비례물시, 비례물청, 비례물언, 비례물동 나는 나는 예절 바른 어린이 나는 나는 예절 바른 어린이	

시간	활동	내용	준비물
11:00~ 11:20	휴식	질서 있게 화장실 다녀오기와 비누로 깨끗이 손 씻기	
11:20~	차 자리 정하기	교사가 모둠별로 차 자리를 정해주면 바르게 앉는다.	녹차, 다구, 한복, 차 자리, 노래판 (다례)
	평절하기	일어서서 조용히 평절로 인사한다.	
	모둠별 다화	교사는 예쁘게 다화를 꽂아 각각의 차 자리에 놓는다.	
	마음 가다듬기	동그랗게 모둠별로 모여 앉아 명상한다.	
	차 우리기	– 무대를 만들어 모둠별로 차 우리기 발표를 한다. • 미리 교사는 각자의 역할을 정한다. • 준비해 둔 찻상에서 순서에 맞게 차를 우린다. • 차가 알맞게 우려지면 주인은 차를 따르고, 1번 다동의 다반에 담는다. • 2번 다동은 접시에 담은 다식과 젓가락을 손님께 낸다.	
	차 마시기	– 모두 함께 차를 마시면서 다식도 같이 먹는다. • 먼저 주인은 손님께 차를 권하는 인사를 한다. • 감사한 마음으로 함께 인사를 나눈 후 바르게 찻잔을 잡고 마신다. • 다식도 배운 대로 바른 모습으로 먹는다.	
	찻상 정리 정돈	– 다동은 손님의 찻잔과 다식 접시에 가져온다. • 1번 다동은 선생님께 드린 찻잔과 다식 접시, 젓가락을 가져온다. • 주인은 다구를 반듯하게 정리 정돈 후 찻상보를 덮는다.	
	이야기 나누기	– 발표가 끝난 후 잘된 점, 잘못된 점을 서로 이야기 나눈다. • 발표에서 잘된 점은 무엇인가? 잘못된 점은 무엇인가? • 다음에는 어떻게 하면 좀 더 잘할 수 있을까?	
	노래	– 다례 노래를 배워서 부른다. 마음을 고요히 고요히 하세요. 우리의 전통차 마시기 해봐요. 손을 받쳐 잔을 들고 조용 조용히 색과 향과 맛을 한 번 느껴 보세요. 마음을 고요히 고요히 하고요.	
	인사 나누기	공수 자세로 미소 띤 얼굴을 하며 '감사합니다.'라고 먼저 말하고 몸을 숙여 인사한다.	
교사의 조언	– 연관 활동으로 각 가정에서도 역할을 정하여 해본다. – 칭찬을 아끼지 말고 함으로써 유아들에게 자신감을 심어주도록 한다.		
실습 후 느낀 점	– 역할 분담을 정할 때 남녀가 한 팀이 되게 한다면 더욱 열심히 하며 즐거워 할 것 같다. – 모둠별로 다화꽂이와 다식을 따로 준비하여 발표 후 파티로 연결하면 유아들의 흥미 유발에 큰 도움이 될 것 같다. – 바른 몸가짐으로 바르게 앉기, 공수하고 인사하기, 생각 가다듬기의 연속적인 진행이 아주 큰 효과를 얻을 수 있었던 것 같다.		

일화 기록지

<table>
<tr><th>날짜</th><th>관찰유아
(성별, 나이)</th><th>관찰시간
및 장면</th><th>행동관찰</th><th>분석</th></tr>
<tr><td rowspan="2">11월
7일
~
11월
29일</td><td>남, 7세</td><td rowspan="2">10:30
~
12:00</td><td>평소에도 얌전하고 바르게 하려고 노력하는 유아인데, 다례 시간에는 더욱 더 집중하고 바르게 하려는 모습이 정말 기특했다. 특히, 인사 예절 시간인 평절과 큰절 시간에는 유아라고 믿기지 않을 정도로 바르게 잘 따라해 주었다. 또한 차 예절 시간에는 아주 관심이 있어 하며, 첫날부터 마지막 수업까지 찻상 앞에서 두 무릎을 꿇고 허리를 곧게 펴, 행위 하나하나를 자연스럽게 순서대로 바르게 해주었다. 집에서 가족이 함께 모여 전통차를 마시는 시간을 자주 가진다며 색, 향, 미를 분명히 음미할 줄도 알았다. 가정의 분위기가 유아들의 인성에 많은 영향을 미친다는 것을 다시 한 번 깨달았다. 당연히 마지막 날 발표시간에 뽑혀 맨 앞자리에서 교사와 함께 시연도 해 보았다. 놀라운 사실은 교육이 끝난 후 다가와서 뽑아 주셔서 너무 감사했으며, 그동안 가르쳐 주신 예절을 열심히 실천하는 사람이 되겠다며, 공손히 인사하는 모습에 큰 보람을 느낄 수 있었다.</td><td rowspan="2">유아들의 눈높이에 맞게 흥미롭고 다양한 정보로 교수한다면 예절 교육이 어려워 재미없고 하기 싫은 교육이 되지 않을 것이라 생각한다.

말과 행동하는 데 버릇이 나빠지는 7세 유아들의 예절 교육은 올바른 마음과 올바른 행동, 올바른 언어 교육에 큰 도움이 될 것이며, 유아들의 인성 교육에 차 생활 예절은 아주 중요한 비중을 차지 할 것이다.</td></tr>
<tr><td>여, 7세</td><td>평소에는 오래참기가 잘 안 되는 유아로 가끔 몸을 뒤틀고 옆 사람에게 이야기도 걸고 하였으나, 시간이 지날수록 관심을 가지면서 흥미를 보여 주었다. 집중적으로 눈을 맞춰주면서 칭찬을 아끼지 않은 결과 네 번째 시간부터는 앉아서 진지하게 잘 듣고 배우려 노력하며 손을 들고 질문을 하는 등의 반응도 보여주었다. '칭찬은 고래도 춤추게 한다.'는 말을 다시 한 번 내게 깨우쳐 주어 감사한 마음으로 서로 친숙해졌다. 늘 내게 안기고 내가 안아주면서 내 무릎 위엔 많은 유아들이 열매처럼 주렁주렁 익어갔다.</td></tr>
</table>

유아다례교육활동 관련자료

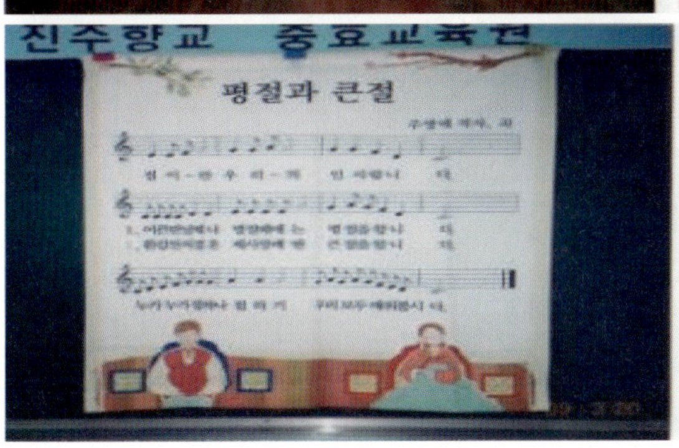

忠 어린이 예절교실 孝

예절강좌 개강식

수업 자기평가서

일시	2012년 11월 7일(수요일)	장소	진주 ○○교육원
영역	사회생활 영역(기본 생활습관)	지도교사	○○○
주제	예절이란 무엇인가?		

자기평가					
수업준비를 충실히 하였다.	1	2	3	4	⑤
수업목표가 무엇인지 명확히 인식하고 있었다.	1	2	3	4	⑤
계획한 내용대로 수업을 진행하였다.	1	2	3	4	⑤
모든 유아들이 수업에 참여할 수 있도록 유도하였다.	1	2	3	4	⑤
유아들에게 적절하게 칭찬과 격려를 하였다.	1	2	3	4	⑤
수업에 적절한 질문을 하고 유아의 요구에 성실히 반응하였다.	1	2	3	④	5
평가를 하고 수업 뒷정리를 하였다.	1	2	3	4	⑤

잘된 점	예절교육에 흥미를 느낄 수 있도록 모델화하여, 바른 예절과 바르지 못한 예절을 행동으로 표현하면서 교육한 결과, 예절 바른 사람은 누구에게나 사랑 받을 수 있는 멋진 사람이 될 수 있음을 유아들 스스로 인정하였다.
부족한 점	시간 부족으로 모든 유아들의 질문에 일일이 대답할 수 없어 아쉬웠다. 쏟아지는 질문에 적절한 대처 방법(질문 끊기)을 연구해야겠다.
특이사항	

06 실습사례 ⑥

유아교육기관 현장참여 실습일지

<table>
<tr><th>날짜</th><th>요일</th><th>날씨</th><th>등원</th><th>하원</th><th>실습생</th><th>지도교사</th><th>원장</th></tr>
<tr><td>11월
05일</td><td>월</td><td>흐림</td><td>○시 ○분</td><td>○시 ○분</td><td>○○○</td><td>○○○</td><td>○○○</td></tr>
<tr><th>생활주제</th><td colspan="7">전인적 자아, 존중 교육, 탐구능력 향상</td></tr>
<tr><th>주제</th><td colspan="7">공수법, 녹차 색 감상하기, 명상하기</td></tr>
<tr><th>목표</th><td colspan="7">녹차 색을 감상하고 명상을 통해 올바른 생활태도를 기를 수 있다.</td></tr>
<tr><th>시간</th><th>교육활동명</th><th colspan="5">세부교육활동</th><th>자료</th></tr>
<tr><td></td><td>다도예절</td><td colspan="5">– 공수법
선생님과 친구와 인사하기
– 녹차 색 감상하기와 명상하기
녹차 색을 감상하고 명상을 통해 올바른 생활 태도를 기른다.</td><td>학습지와
다구</td></tr>
<tr><td></td><td>인성 교육</td><td colspan="5">– 전인적 자아
– 존중 교육
– 탐구력 향상하기</td><td></td></tr>
<tr><th>시간</th><th>유아다례
다도활동내용</th><th colspan="5">유아다례 세부교육활동</th><th>자료</th></tr>
<tr><td>준비활동</td><td>동기 유발</td><td colspan="5">– 집에서 녹차를 마셔 본 경험이 있나요?
• 부모님과 함께 녹차를 마셔 본 경험 발표하기
• 녹차를 마셨을 때의 맛과 느낌 발표하기</td><td rowspan="5">학습지와
다구</td></tr>
<tr><td rowspan="2">중심활동</td><td>녹차 색
감상하기</td><td colspan="5">– 녹차 색 감상하기
• 개인 잔에 녹차를 따라 색 감상하기
• 녹차 색을 학습지에 자유롭게 색칠하여 나타내기</td></tr>
<tr><td>명상하기</td><td colspan="5">– 명상의 시간 갖기
• 눈을 감고 명상으로 따라한다.
• 나는 부모님, 선생님의 바른 가르침에 잘 따르겠습니다.
• 나는 친구, 동생과 사이좋게 지내겠습니다.
• 나는 거짓말을 하지 않겠습니다.
• 나는 남이 주지 않는 물건은 욕심내지 않겠습니다.</td></tr>
<tr><td rowspan="2">정리활동</td><td>학습내용
정리하기</td><td colspan="5">– 학습내용 정리하기
• 녹차 색을 표현한 학습지를 친구들 앞에서 발표하기
• 명상의 시간에 다짐한 내용을 확인하고 지킬 것을 다짐하기</td></tr>
<tr><td>차시 예고</td><td colspan="5">다구 이름, 용도 알기</td></tr>
<tr><th>교사의
조언</th><td colspan="7">명상의 시간에 약속한 내용을 내면화하게 하는 것이 중요하다고 강조하였다.</td></tr>
<tr><th>실습 후
느낀 점</th><td colspan="7">녹차 색을 자유롭게 학습지에 표현하여 발표하는 기회를 제공하는 것이 유아들에게 탐구능력을 향상시킬 수 있는 좋은 방법인 것 같다.</td></tr>
</table>

유아교육기관 현장참여 실습일지

날짜	요일	날씨	등원	하원	실습생	지도교사	원장
11월 06일	화	비	○시 ○분	○시 ○분	○○○	○○○	○○○

생활주제	창조적 탐구능력 교육
주제	다구 이름 및 용도 알기, 실용 다법
목표	다구의 종류와 쓰임에 대해 알 수 있다.

시간	교육활동명	세부교육활동	자료
	다도예절	– 다구 이름, 용도 알기 다구 명칭 익히고 다례 활동을 체험한다. – 실용 다법 봉차자, 손님으로 나누어 다례하기	학습지와 다구
	인성 교육	창조적 탐구능력 교육	
시간	**유아다례 다도활동내용**	**유아다례 세부교육활동**	**자료**
준비활동	동기 유발	– 자기가 본 가장 아름다운 다구는? • 특별한 모양의 다구 발표하기 • 아름다운 다기 발표하기	학습지와 다구
중심활동	기본 다구 알기	– 기본 다구 알아보기 • 차 주전자 : 다관 • 물 주전자 : 탕관 • 차호 : 차통	
	보조 다구 알기	– 보조 다구 알아보기 • 물 식힘 사발 : 숙우 • 물 모음 사발 : 퇴수기 • 찻잔 받침 • 다관 뚜껑 받침 : 개대자 • 찻상 • 찻상보 • 다건 : 차건 • 다식기	
정리활동	학습내용 정리하기	– 학습내용 정리하기 • 기본 다구 사용에 대하여 요약하여 발표하기 • 다구를 사용할 때 유의할 점 발표하기 • 물 주전자(탕관) 사용할 때 유의할 점 발표하기	
	차시 예고	다식 만들기	
교사의 조언	기본 다구와 보조 다구를 쉽게 익힐 수 있게 설명하는 것이 중요하다.		
실습 후 느낀 점	기본 다구와 보조 다구를 직접 만지며 특징을 자세히 설명하는 것이 좋았다.		

유아교육기관 현장참여 실습일지

날짜	요일	날씨	등원	하원	실습생	지도교사	원장
11월 08일	목	맑음	○시 ○분	○시 ○분	○○○	○○○	○○○

생활주제	창조적 탐구능력 교육
주제	차의 성분과 효능 알기, 실용 다법
목표	차에 대한 호기심과 우리 몸에 좋은 점을 알 수 있다.

시간	교육활동명	세부교육활동	자료
	다도예절	– 차의 성분과 효능 알기 다양한 차에 대한 호기심과 차가 우리 몸에 좋은 점을 알아본다. – 실용 다법 봉차자, 손님으로 나누어 다례하기	학습지와 다구
	인성 교육	창조적 탐구능력 교육	

시간	유아다례 다도활동내용	유아다례 세부교육활동	자료
준비활동	동기 유발	– 차는 약일까? • 차를 마시고 건강이 좋아진 이야기하기 • 차를 좋아하는 이유 발표하기	학습지와 다구
중심활동	차의 효능 알기	– 차의 효능 알아보기 • 카페인 : 기억력 향상, 머리가 맑아진다, 소화 촉진 • 탄닌 : 식중독 예방, 설사 예방 • 엽록소 : 변비 예방 • 비타민 : 피로 회복 • 무기질 : 충치 예방, 뼈 만들기, 피 만들기	
정리활동	학습내용 정리하기	– 학습내용 정리하기 차가 우리 몸에 좋은 점에 대해 요약하여 발표하기	
	차시 예고	예절 바른 절하기	

교사의 조언	차에 대해 호기심을 유발하고 긍정적 생각을 가질 수 있게 하는 것이 중요하다.
실습 후 느낀 점	차의 긍정적인 면을 이해할 수 있게 생활 속의 다양한 예를 들어 주는 것이 좋았다.

유아교육기관 현장참여 실습일지

날짜	요일	날씨	등원	하원	실습생	지도교사	원장
11월 09일	금	흐림	○시 ○분	○시 ○분	○○○	○○○	○○○

생활주제	전인적 자아, 존중 교육, 탐구능력 향상
주제	절하기, 실용 다법 익히기
목표	바른 예절로 절하는 방법을 안다.

시간	교육활동명	세부교육활동	자료
	다도예절	- 절하는 방법 익히기 두 손을 공손히 모아서 바른 절을 하도록 반복 교육을 한다. - 실용 다법 봉차자, 손님으로 나누어 다례하기	학습지
	인성 교육	전인적 자아 존중 교육, 탐구능력 함양	

시간	유아다례 다도활동내용	유아다례 세부교육활동	자료
준비활동	동기 유발	남자와 여자가 하는 절의 다른 점은 무엇일까?	학습지
중심활동	절하는 법 배우기	- 공수는 어떻게 할까? • 서 있을 때 • 앉아 있을 때 - 큰절과 평절은 어떻게 할까? • 손과 발의 움직임을 제대로 안다. • 남자는 공수한 손을 풀지 않는다. • 여자는 두 무릎을 벌리고 앉지 않는다.	
정리활동	학습내용 정리하기	- 학습내용 정리하기 절을 반복적으로 하여 스스로 익혀 발표하기	
	차시 예고	다식 만들기	
교사의 조언	모든 유아들이 절을 바르게 할 수 있도록 개인지도가 필요하다.		
실습 후 느낀 점	절하는 순서를 잘 이해할 수 있도록 쉽게 설명하고, 반복학습이 지루하지 않도록 친근하게 지도하는 것이 인상적이었다.		

유아교육기관 현장참여 실습일지

<table>
<tr><th>날짜</th><th>요일</th><th>날씨</th><th>등원</th><th>하원</th><th>실습생</th><th>지도교사</th><th>원장</th></tr>
<tr><td>12월
03일</td><td>월</td><td>맑음</td><td>○시 ○분</td><td>○시 ○분</td><td>○○○</td><td>○○○</td><td>○○○</td></tr>
<tr><th>생활주제</th><td colspan="7">창조적 탐구능력 교육</td></tr>
<tr><th>주제</th><td colspan="7">다식 만들기</td></tr>
<tr><th>목표</th><td colspan="7">다식 모양과 색깔에 관심을 갖고 창의력을 발휘하여 만들 수 있다.</td></tr>
<tr><th>시간</th><th>교육활동명</th><th colspan="5">세부교육활동</th><th>자료</th></tr>
<tr><td></td><td>다식 만들기</td><td colspan="5">전통 다식을 만들어 보면서 다양한 탐구의 동기를 유발한다.</td><td>다식 재료와 기구</td></tr>
<tr><td></td><td>인성 교육</td><td colspan="5">창조적 탐구능력 교육</td><td></td></tr>
<tr><th>시간</th><th>유아다례
다도활동내용</th><th colspan="5">유아다례 세부교육활동</th><th>자료</th></tr>
<tr><td>준비활동</td><td>동기 유발</td><td colspan="5">- 다식용 가루와 천연색소 가루를 섞으면 어떤 색깔이 될까?
• 다식용 가루 이름 알아보기
• 천연색소 가루 이름 알아보기</td><td rowspan="4">다식 재료와 기구</td></tr>
<tr><td>중심활동</td><td>다식 만들기</td><td colspan="5">- 다식 만들기
① 마가루+녹차가루+꿀을 조금 넣는다.
가루반죽을 보슬보슬하게 한다.
② 다식판에 랩을 깔고 작은 새알 크기의 마반죽을 넣고 꼭꼭 눌러서 박는다.
③ 자신이 만든 다식과 친구가 만든 다식을 비교해 보고 녹차와 함께 먹는다.</td></tr>
<tr><td rowspan="2">정리활동</td><td>학습내용
정리하기</td><td colspan="5">- 학습내용 정리하기
• 다식이 우리 몸에 좋은 점 발표하기
• 다식 재료 알아맞히기</td></tr>
<tr><td>차시 예고</td><td colspan="5">한복 바르게 입기</td></tr>
<tr><th>교사의
조언</th><td colspan="7">여러 가지 색깔을 혼합하여 창의적으로 만들 수 있게 지도하는 것이 중요하다.</td></tr>
<tr><th>실습 후
느낀 점</th><td colspan="7">혼자서도 만들 수 있도록 자유로운 분위기를 조성하고, 다식을 곁들임으로써 차를 더 친근하고 즐겁게 느낄 수 있었던 좋은 시간이었다.</td></tr>
</table>

유아교육기관 현장참여 실습일지

<table>
<tr><th>날짜</th><th>요일</th><th>날씨</th><th>등원</th><th>하원</th><th>실습생</th><th>지도교사</th><th>원장</th></tr>
<tr><td>12월
04일</td><td>화</td><td>맑음</td><td>○시 ○분</td><td>○시 ○분</td><td>○○○</td><td>○○○</td><td>○○○</td></tr>
<tr><th>생활주제</th><td colspan="7">실천적 창조적 탐구능력 교육</td></tr>
<tr><th>주제</th><td colspan="7">한복 바르게 입기와 실용 다법</td></tr>
<tr><th>목표</th><td colspan="7">우리나라 전통 한복에 대해서 알 수 있다.</td></tr>
<tr><th>시간</th><th>교육활동명</th><th colspan="5">세부교육활동</th><th>자료</th></tr>
<tr><td></td><td>한복
바르게 입기와
실용 다법</td><td colspan="5">– 한복 바르게 입기
• 우리 옷, 한복 명칭 익히기
• 한복 입어보기
• 한복 입고 절하기</td><td></td></tr>
<tr><td></td><td>인성 교육</td><td colspan="5">실천적, 창조적 탐구능력 교육</td><td></td></tr>
<tr><th>시간</th><th>유아다례
나도활동내용</th><th colspan="5">유아다례 세부교육활동</th><th>자료</th></tr>
<tr><td>준비활동</td><td>동기 유발</td><td colspan="5">– 남자와 여자의 한복은 어떻게 다를까?
• 남자 한복의 명칭 알아보기
• 여자 한복의 명칭 알아보기</td><td rowspan="4">한복 그림,
색연필,
가위, 딱풀</td></tr>
<tr><td>중심활동</td><td>한복 만들기</td><td colspan="5">– 한복 입는 순서 익히기
– 한복을 종이에 만들어 직접 입히기
① 예쁜 색깔로 한복 모형에 색칠하기
② 정성껏 가위로 모형 오려내기
③ 정해진 곳에 풀칠하여 한복 입히기
④ 만든 한복을 친구들과 서로 보여주며 칭찬하기
⑤ 유아들의 작품 전시하기</td></tr>
<tr><td rowspan="2">정리활동</td><td>학습내용
정리하기</td><td colspan="5">– 학습내용 정리하기
• 한복 입는 순서 발표하기
• 옷고름 매는 법 익히기</td></tr>
<tr><td>차시 예고</td><td colspan="5">절하기</td></tr>
<tr><th>교사의
조언</th><td colspan="7">한복 입는 순서에 맞게 입도록 지도한다.</td></tr>
<tr><th>실습 후
느낀 점</th><td colspan="7">옷고름을 혼자서 맬 수 있도록 자세히 지도하는 것이 좋았다.</td></tr>
</table>

유아교육기관 현장참여 실습일지

날짜	요일	날씨	등원	하원	실습생	지도교사	원장
12월 06일	목	눈	○시 ○분	○시 ○분	○○○	○○○	○○○

생활주제	공감적 배려 행동 교육과 탐구능력
주제	예절, 질서, 효도 교육과 실용 다법
목표	우리나라 예절에 대해 알 수 있다.

시간	교육활동명	세부교육활동	자료
	예절, 질서, 효도 교육과 실용 다법	- 예절 교육, 질서 교육, 효도 교육 - 예절, 질서를 잘 지키고 효도를 일상생활 속에서 실천하게 한다.	
	인성 교육	공감적 배려 행동 교육과 탐구능력	

시간	유아다례 다도활동내용	유아다례 세부교육활동	자료
준비활동	동기 유발	- 예절은 왜 지켜야 하나? • 효자, 효녀는 어떤 사람일까? • 인사는 어떻게 할까? • 나라를 사랑하는 마음은 무엇일까? • 질서를 지키면 좋은 점은 무엇일까?	예절관련 그림
중심활동	바른 예절 배우기	- 우리는 대한민국 사람이에요. - 우리는 대한민국의 새싹입니다. - 우리 집의 가족(식구) 알아보기	
정리활동	학습내용 정리하기	나쁜 버릇은 고치고 좋은 습관은 내 것으로 한다.	
	차시 예고	다례 발표회	

교사의 조언	좋은 버릇이 어떤 것인지 알고 그것을 자신의 것으로 할 수 있도록 지도한다.
실습 후 느낀 점	좋은 버릇을 알고 부모에 대한 예절을 익힐 수 있는 의미 있는 수업이었다.

유아교육기관 현장참여 실습일지

<table>
<tr><th>날짜</th><th>요일</th><th>날씨</th><th>등원</th><th>하원</th><th>실습생</th><th>지도교사</th><th>원장</th></tr>
<tr><td>12월
07일</td><td>금</td><td>눈</td><td>○시 ○분</td><td>○시 ○분</td><td>○○○</td><td>○○○</td><td>○○○</td></tr>
<tr><th>생활주제</th><td colspan="7">효</td></tr>
<tr><th>주제</th><td colspan="7">다례 발표회</td></tr>
<tr><th>목표</th><td colspan="7">가정에서의 일관성 있는 인성 교육을 위해
가정과 연계된 교육활동을 목표로 한다.</td></tr>
<tr><th>시간</th><th>교육활동명</th><th colspan="5">세부교육활동</th><th>자료</th></tr>
<tr><td></td><td>다례 발표회</td><td colspan="5">- 다례 발표회
부모님 은혜에 감사하는 마음을 느끼며, 차와 다식을 대접한다.</td><td>학습지와
다구</td></tr>
<tr><td></td><td>인성 교육</td><td colspan="5">효(부모님께 감사하기)</td><td></td></tr>
<tr><th>시간</th><th>유아다례
다도활동내용</th><th colspan="5">유아다례 세부교육활동</th><th>자료</th></tr>
<tr><td>순비활동</td><td>동기 유발</td><td colspan="5">- 국악을 틀어 놓는다.
- 차와 다식을 차려 놓는다.</td><td rowspan="4">학습지</td></tr>
<tr><td>중심활동</td><td>다례 발표</td><td colspan="5">- 인사하기
- 모두 자리에 앉기
- 부모님께 차와 다식 대접하기</td></tr>
<tr><td rowspan="2">정리활동</td><td>학습내용
정리하기</td><td colspan="5"></td></tr>
<tr><td>차시 예고</td><td colspan="5"></td></tr>
<tr><th>교사의
조언</th><td colspan="7"></td></tr>
<tr><th>실습 후
느낀 점</th><td colspan="7">전체적으로 유아들의 눈높이에 맞춰 수업을 진행하였고, 유아들의 호응과 긍정적인 발언을 유도하였다.</td></tr>
</table>

일화 기록지

날짜	관찰유아 (성별, 나이)	관찰시간 및 장면	행동관찰	분석
11/5	남, 4세	11:00~	탕관과 다관의 용도를 정확히 이해하고 차를 우려냄.	다른 유아들보다 다구 명칭을 빨리 익힘.
11/6	남, 4세	11:00~	다관을 왼손으로 잡고 차를 우림.	봉차자 역할을 훌륭하게 수행함.
11/7	여, 4세	11:00~	두 손을 모아 공손히 바른 절을 함.	절하는 방법을 쉽게 익히고 행함.
11/9	여, 4세	11:00~	선생님과 친구들에게 인사를 바르게 함.	배운 예절을 지키려고 노력하는 모습을 보임.
12/3	남, 4세	12:00~	다식 모양과 색깔에 관심을 갖고 집중하여 만듦.	창의력을 발휘하여 만듦.
12/6	남, 4세	11:00~	한복 입는 순서를 열심히 듣고 따라함.	한복을 순서에 맞춰 스스로 입으려고 노력함.
12/7	남, 4세	12:00~	다구 뒷정리를 깔끔하게 함.	자신의 역할이 끝나고 뒷정리까지 성실하게 함.

유아다례교육활동 관련자료

수업 자기평가서

일시	2012년 12월 07일(금요일)	장소	○○어린이집
영역		지도교사	○○○
주제	다례 발표회		

자기평가					
수업준비를 충실히 하였다.	1	2	3	4	⑤
수업목표가 무엇인지 명확히 인식하고 있었다.	1	2	3	4	⑤
계획한 내용대로 수업을 진행하였다.	1	2	3	4	⑤
모든 유아들이 수업에 참여할 수 있도록 유도하였다.	1	2	3	4	⑤
유아들에게 적절하게 칭찬과 격려를 하였다.	1	2	3	4	⑤
수업에 적절한 질문을 하고 유아의 요구에 성실히 반응하였다.	1	2	3	④	5
평가를 하고 수업 뒷정리를 하였다.	1	2	3	4	⑤

잘된 점	전체적으로 유아들의 눈높이에 맞춰 수업을 진행하였고, 유아들의 호응과 긍정적인 발언을 유도하는 것이 인상적이었다.
부족한 점	다양한 다식 재료가 제공된다면 다식 만들기는 유아들이 창의력을 발휘하는 기회가 될 것이다.
특이사항	

07 실습사례 ⑦

유아교육기관 현장참여 실습일지

날짜	요일	날씨	등원	하원	실습생	지도교사	원장
07월 11일	수	맑음	○시 ○분	○시 ○분	○○○	○○○	○○○
생활주제	동화 프로젝트						
주제	물방울의 모험						
목표	- 물의 성질을 알아본다. - 물의 성질을 알아보고 자신의 생각을 이야기한다. - 물 분자의 개념을 이해한다.						

시간	교육활동명	세부교육활동	자료
14:00 ~ 15:00 등원 및 자유선택 활동	〈쌓기 영역〉 몰 펀으로 만든 물 분자	- 목표 : 친구와 상호작용을 하면서 블록 놀이를 즐겁게 한다. - 재료 : 여러 가지 사각 블록, 몰 펀 블록 - 방법 : 여러 가지 블록을 가지고 관찰한 물의 분자를 만들어 본다.	
	〈역할 영역〉 음료수 장수	- 목표 : 음료수를 팔고 사며 물이 얼마나 소중한지 느끼며 친구들과 즐겁게 놀이한다. - 재료 : 일회용 플라스틱 컵, 빨내, 모형 지폐, 쟁반 - 방법 : 친구들과 손님, 주인을 정하여 음료수를 사고 팔아 본다.	
	〈언어 영역〉 그림 보며 동화 내용 지어보기	- 목표 : 동화 내용을 생각하고 자신의 생각을 글로 적을 수 있다. - 재료 : 연필, 종이, 활동지 - 방법 : 연필과 종이를 가지로 동화 속 그림 장면은 어떤 내용일까 생각해보고 적는다.	
	〈수조작 영역〉 물 언덕 만들기	- 목표 : 물의 분자에 따른 성질에 대해 알아본다. - 재료 : 세숫대야, 투명한 플라스틱 컵, 클립 50개 - 방법 : 컵에 물을 가득 붓고 클립을 넣으면 넘치는지 넘치지 않는지 관찰해 본다.	
	〈조형 영역〉 이전 경험 표현하기	- 목표 : 물에 대한 경험을 그림으로 그려 표현할 수 있다. - 재료 : 활동지, 색연필, 사인펜 - 방법 : 가족과 함께한 물놀이의 경험을 그림으로 표현해 본다.	
15:00~ 15:30	정리 정돈 및 손 씻기	정리 정돈을 한 후 화장실에 다녀온다.	

15:30 ~ 16:00	간식	- 바르게 음식을 먹는다. - 간식 준비, 손 씻기, 배식, 간식 인사(잘 먹겠습니다), 맛있게 먹기(흘리지 않도록 유의, 남기지 않는다), 정리 정돈하기	
시간	**유아다례 다도활동내용**	**유아다례 세부교육활동**	**자료**
15:00 ~ 16:00	녹차 준비	다도실에 도착하니 유아들이 블록놀이를 하고 나서 정리 정돈을 하고 있었다. 오늘이 처음 수업하는 날이라 걱정 반 긴장 반으로 다실에 들어서니 유아들이 반갑게 인사를 해주어 한결 가벼운 마음으로 청소를 하고 방석과 수업 준비를 진행하였다. 모든 시설이 도구가 갖추어져 있어 힘들지 않게 준비하였다. 첫날이라 가슴이 설렜다. 1시간 동안 모든 준비가 끝났다.	방석, 다관, 1인 다상, 잔, 찻잔 받침, 숙우, 퇴수기, 다식 접시, 다저, 주전자
16:00 ~ 17:30	〈생활주제〉 여름 〈교육내용〉 차란 무엇인가? 〈활동내용〉 차에 대한 흥미와 관심을 생각과 느낌으로 말하기	여름에 피는 꽃으로 다석화를 준비해서 꽂았다(도라지꽃, 강아지풀). 더운 여름에 즐겁고 시원하게 지내는 방법을 같이 이야기 나누며 공유하였다. 차란 무엇인가에 대해, 차는 차나무에서 어린잎을 따서 볶거나 쳐서 우려 마시는 것이라 설명하였다. 완전 발효시킨 홍차, 반쯤 발효시킨 반발효자, 인삼차, 율무차, 유자차, 곡류 식물 열매, 혹은 부리 등의 재료를 뜨거운 물에 우려서 마시는 것은 대용차라 한다. 차의 유래에 대해 설명하며, 차나무의 형상, 품종, 차나무의 토양 조건과 분포, 차의 성분과 효능에 대해 자세히 설명하면서 차도 마시고, 생각과 느낌으로 말하기를 해서 각자의 생각을 들어 보았다.	
교사의 조언	차 예절 수업을 하는데 녹차가 차나무 잎인 것도 많이 알고 있고, 차 우려내는 법도 잘 알고, 차도 너무나 잘 마셨다. 아쉬운 점은 찻상을 2인 1상으로 준비해서 서로 하겠다는 자리다툼이 있었다는 점이다. 다도 선생님께서는 서로서로 사이좋게 마시라고 2인 1상을 준비하셨다는데, 유아들은 서투르기 때문에 1인 1상으로 준비하면 좋았을 것 같다.		
실습 후 느낀 점	○○유치원은 전통 예절 다도실이 갖추어져 있어 깜짝 놀랐다. 차에 대해 원장님, 선생님들이 많은 관심을 갖고 계셨다. 모든 도구가 준비되어 있어 차 예절 실습을 하는 선생님은 행복한 일이었다. 수업을 마치고 원장님과 면담을 했는데 차에 대해 많은 이야기를 나누었고, 앞으로 심중 있게 지도하겠다고 하셨다. 인성교육으로 으뜸으로 생각하고 계셨다. 다인들에게는 희망의 소식이었다.		

일화 기록지

날짜	관찰유아 (성별, 나이)	관찰시간 및 장면	행동관찰	분석
7월 11일	남, 7세	16:00 차를 다관에 우려 마실 때	공수하고 다실로 들어올 때 눈에 띄게 차분한 모습이었다. 남자 아이라서 움직임이 많을 줄 알았는데, 말이 없고 찻상보를 접는 모습이 예사롭지 않았다. 이름을 묻자 또렷하게 대답했다. 차를 자주 마시냐고 묻자 아버지가 전통차를 매일 식구들과 같이 마신다 했다. 잔을 잡을 때 앉은 자세도 흐트러짐 없이 갖추어 앉아 "편안한 자세로 앉아요."라고 했더니 "차는 무릎을 꿇어 마셔야 해요." 하였다. 끝까지 무릎을 꿇고 앉아 차를 마셨다. 지금도 유아의 모습이 머릿속에서 떠나질 않고 생각이 난다.	어려서부터 좋은 습관은 커서도 좋은 영향을 준다. 유치원, 어린이집에서 차의 정신을 심어 주는 것이 중요한 것 같다.

유아다례교육활동 관련자료

수업 자기평가서

일시	2012년 07월 11일(수요일)	장소	○○유치원 예절 다도실
영역	유아다례	지도교사	
주제	차란 무엇인가?		

자기평가					
수업준비를 충실히 하였다.	1	2	3	4	⑤
수업목표가 무엇인지 명확히 인식하고 있었다.	1	2	3	4	⑤
계획한 내용대로 수업을 진행하였다.	1	2	3	4	⑤
모든 유아들이 수업에 참여할 수 있도록 유도하였다.	1	2	3	4	⑤
유아들에게 적절하게 칭찬과 격려를 하였다.	1	2	3	4	⑤
수업에 적절한 질문을 하고 유아의 요구에 성실히 반응하였다.	1	2	3	4	⑤
평가를 하고 수업 뒷정리를 하였다.	1	2	3	4	⑤

잘된 점	녹차 수업을 진행하면서 차에 대한 흥미와 관심을 생각과 느낌으로 말하는데, 유아들이 계속 차 수업을 함으로써 잘 이해해 주어 수업 분위기가 너무 좋았다. 차를 마시면서 얼굴 표정이 너무 밝아 차 수업이 꼭 필요한 부분이라는 생각이 들었다.
부족한 점	사진과 그림을 많이 준비하여 유아들이 보고 공유할 수 있도록 하면 좋겠다.
특이사항	

유아교육기관 현장참여 실습일지

<table>
<tr><th>날짜</th><th>요일</th><th>날씨</th><th>등원</th><th>하원</th><th>실습생</th><th>지도교사</th><th>원장</th></tr>
<tr><td>07월
18일</td><td>수</td><td>비</td><td>○시 ○분</td><td>○시 ○분</td><td>○○○</td><td>○○○</td><td>○○○</td></tr>
<tr><th>생활주제</th><td colspan="7">동화 프로젝트</td></tr>
<tr><th>주제</th><td colspan="7">물방울의 모험</td></tr>
<tr><th>목표</th><td colspan="7">– 여름철 물놀이의 안전을 익힌다.
– 안전한 물놀이를 할 수 있는 방법을 알아본다.
– 물에 빠졌을 때 대처 방법을 알아본다.</td></tr>
</table>

<table>
<tr><th>시간</th><th>교육활동명</th><th>세부교육활동</th><th>자료</th></tr>
<tr><td rowspan="5">14:00
~
15:00

등원 및
자유선택
활동</td><td>〈쌓기 영역〉
수영장 만들기</td><td>– 목표 : 친구와 상호작용을 하면서 블록 놀이를 즐겁게 해볼 수 있다.
– 재료 : 여러 가지 사각 블록, 몰펀 블록
– 방법 : 여러 가지 블록으로 수영장을 만들어 본다.</td><td></td></tr>
<tr><td>〈역할 영역〉
나는
안전 요원</td><td>– 목표 : 안전 요원이 되어 안전한 물놀이를 자연스럽게 익힌다.
– 재료 : 블록으로 만든 수영장, 튜브, 구명조끼
– 방법 : 블록 안이 수영장이라고 생각하며 수영하는 아이들과 안전 요원을 나누어 놀이한다.</td><td></td></tr>
<tr><td>〈언어 영역〉
물놀이
안전 수칙
적어보기</td><td>– 목표 : 물놀이 안전에 대한 글자를 적어보며, 글쓰기에 흥미를 갖는다.
– 재료 : 연필, 종이, 활동지
– 방법 : 연필과 종이를 가지고 물놀이 안전 수칙을 적어본다.</td><td></td></tr>
<tr><td>〈수조작 영역〉
물 언덕
만들기</td><td>– 목표 : 물의 분자 성질에 대해 알아본다.
– 재료 : 세숫대야, 투명한 플라스틱 컵, 클립 50개
– 방법 : 컵에 물을 가득 붓고, 클립을 넣으면 넘치는지 넘치지 않는지를 관찰해 본다.</td><td></td></tr>
<tr><td>〈조형 영역〉
이전 경험
표현하기</td><td>– 목표 : 물에 대한 경험을 그림으로 표현할 수 있다.
– 재료 : 활동지, 색연필, 사인펜
– 방법 : 가족과 함께한 물놀이의 경험을 그림으로 표현해 본다.</td><td></td></tr>
<tr><td>15:00~
15:30</td><td>정리 정돈 및
손 씻기</td><td>정리 정돈을 한 후 화장실에 다녀온다.</td><td></td></tr>
<tr><td>15:30
~
16:00</td><td>간식</td><td>– 바르게 음식을 먹는다.
– 간식 준비, 손 씻기, 배식, 간식 인사(잘 먹겠습니다), 맛있게 먹기(흘리지 않도록 유의, 남기지 않는다)
– 정리 정돈하기</td><td></td></tr>
</table>

<table>
<tr><th>시간</th><th>유아다례
다도활동내용</th><th>유아다례 세부교육활동</th><th>자료</th></tr>
<tr><td>15:00
~
16:00</td><td>백차</td><td rowspan="4">오늘은 날씨가 무척 더웠다. 날씨가 더워서 시원한 다식을 준비하여 유치원 다도 교실에 도착하였다. 교실에 있는 물건들을 정리 정돈, 청소하고 도구를 준비하여 깨끗한 다건으로 닦았다. 교실이 시원하게 선풍기를 창문 쪽으로 틀어 놓고 1인 다상을 준비하면서, 수업 준비를 마쳤다. 오늘 생활주제로 '선생님' 자리를 따로 준비하여, 유아들이 선생님께 절하고 차를 따라 드리는 수업이었다.
유아들이 교실로 들어와 선생님께 공수비례하고 자리에 앉았다. 선생님에 대한 고마움, 사랑으로 유아들을 가르치는 부분을 설명하고 유아 두 명이 나와서 선생님께 차를 따라 드렸다. 선생님은 포근한 미소로 답례하셨다. 그리고 예절이란 무엇인가, 예절의 의미는 더불어 살아가는 인간들의 약속이며, 그 밑바탕이 인간에 대한 존중이 근본 정신임을 알렸다.
사람은 누구나 세상에 태어나 자기 삶을 의미 있게 살아보고자 노력하며, 다른 사람으로부터 하나의 인격체로서 대접 받기를 원한다. 예절을 지킴으로써 내가 남의 인격을 존중하고 내 인격도 존중 받을 수 있다. 주변국에서는 우리나라를 예로부터 동방예의지국이라 하였다. 이웃 어른을 만나면 꼭 인사로써 대해야 하고, 그것이 지켜야 할 예의라고 말하며 유아들과 꼭 지키자고 약속했다.</td><td rowspan="4">방석, 다관, 1인 다상, 찻잔, 잔받침, 숙우, 퇴수기, 다식 접시, 포크, 주전자, 다식 (냉동 곶감)</td></tr>
<tr><td rowspan="3">16:00
~
17:30</td><td>〈생활주제〉
선생님</td></tr>
<tr><td>〈교육내용〉
예절이란
무엇인가?</td></tr>
<tr><td>〈활동내용〉
이웃 어른을
만났을 때
인사하기</td></tr>
<tr><td>교사의 조언</td><td colspan="3">백차를 준비하여 마시면서 백차의 성분과 효능을 설명하였다. 백차는 살짝 발효한 차에 속하며, 맛은 달고 성질은 청량하다. 습관을 제거하며, 머리를 맑게 하고, 열을 내리는 효능이 있다. 카테킨 및 다종의 아미노산, 단백질 등을 함유하여 고혈압, 지방간 등을 방지하고 호흡기 계통 질병의 바이러스 세균을 없애는 작용을 한다. 단, 신경쇠약자는 복용할 때 조심해야 하고, 궤양환자는 소량만, 저혈당 환자는 마시지 않는 것이 좋다.</td></tr>
<tr><td>실습 후 느낀 점</td><td colspan="3">다식으로 시원한 냉동 곶감을 준비하여 유아들한테 주었다. 선생님과 유아들 모두 좋아했다. 곶감을 호랑이가 제일 무서워한다는 옛날 이야기를 하면서 차를 마셨다. 예쁜 유아들에게 즐겁고 행복한 시간을 만들어 주고 싶다는 마음으로 수업 준비를 했다. 인성교육을 위한 교육 프로그램을 준비하고자 열심히 노력하였지만 빠진 부분도 있어 아쉬웠다. 아쉬운 부분도 있지만 보람된 시간이었다.</td></tr>
</table>

일화 기록지

날짜	관찰유아 (성별, 나이)	관찰시간 및 장면	행동관찰	분석
7월 18일	여, 7세	16:00	얼굴이 너무 예쁜 유아는 몸과 마음도 예뻤다. 예절이 너무 바른 아이였다. 선생님께 차를 대접하는 예절 수업을 했을 때, 차를 우려 공손히 앉아 선생님께 차를 따라 드리는 모습이나 친구들에게 배려하는 모습이 눈을 뗄 수 없게 했다. 그 유아는 차 마시는 시간이 너무 좋다고 했다. 차 향이 가슴으로 들어가며 몸이 붕 뜬다고 했다. 차를 마시면서 얼굴의 표정이 밝았다. 선생님의 얼굴에서 눈을 떼지 않고 끝까지 경청하는 유아의 눈이 초롱초롱한 별 같았다.	옛 속담에 '어려서 버릇은 여든까지 간다'는 말이 생각난다. 어려서의 배움과 습관이 얼마나 중요한지 유아다례 수업을 하면서 알게 되었다.

유이다례교육활동 관련자료

수업 자기평가서

일시	2012년 07월 18일(수요일)	장소	○○유치원 예절 다도교실
영역	유아다례	지도교사	
주제	예절이란 무엇인가?		

자기평가					
수업준비를 충실히 하였다.	1	2	3	4	⑤
수업목표가 무엇인지 명확히 인식하고 있었다.	1	2	3	④	5
계획한 내용대로 수업을 진행하였다.	1	2	3	④	5
모든 유아들이 수업에 참여할 수 있도록 유도하였다.	1	2	3	④	5
유아들에게 적절하게 칭찬과 격려를 하였다.	1	2	3	4	⑤
수업에 적절한 질문을 하고 유아의 요구에 성실히 반응하였다.	1	2	3	4	⑤
평가를 하고 수업 뒷정리를 하였다.	1	2	3	4	⑤

잘된 점	더운 날 시원한 냉동 곶감을 준비하며 유아들의 기분을 상쾌하게 하였다. 수업을 지루하게 진행하지 않고 자연스럽게 유아들과 대화로 이어가며, 예절은 몸과 마음으로 실천하는 인성 교육임을 설명하였다. 유아들이 더운 날씨에도 잘 따라 주어 만족스럽게 마무리하였다.
부족한 점	
특이사항	

유아교육기관 현장참여 실습일지

날짜	요일	날씨	등원	하원	실습생	지도교사	원장
09월 05일	수	맑음	○시 ○분	○시 ○분	○○○	○○○	○○○
생활주제	동화 프로젝트						
주제	돈! 돈! 돈이 궁금해						
목표	- 돈에 대해 생각해 보고, 경제적 관념의 생각을 넓힌다. - 돈을 탐색하며 돈이 어떻게 이루어졌는지 알아본다. - 돈에 대한 자신의 생각을 다양하게 표현한다.						

시간	교육활동명	세부교육활동	자료
14:00 ~ 15:00 등원 및 자유선택 활동	〈쌓기 영역〉 은행 창고 만들기	- 목표 : 친구와 상호작용을 하면서 블록 놀이를 즐겁게 할 수 있다. - 재료 : 여러 종류의 사각 블록, 몰펀 블록 - 방법 : 블록을 가지고 은행 건물을 만들어 본다.	
	〈역할 영역〉 은행원 되어보기	- 목표 : 은행에서는 돈을 어떻게 하는지 생각해 본다. - 재료 : 코팅된 그림 돈, 도장, 통장, 번호표 - 방법 : 손님과 은행원이 되어 또래들과 상호작용하며 놀이를 한다.	
	〈언어 영역〉 그림보고 동화 내용 짓기	- 목표 : 동화의 장면을 보고 상황을 생각하고 파악한다. - 재료 : 연필, 종이, 지우개, 활동지 - 방법 : 연필과 종이를 가지고 그림의 상황을 구성한다.	
	〈수조작 영역〉 돈에 숨겨진 비밀 찾기	- 목표 : 돈을 돋보기로 자세히 보고, 만져 보고 어떻게 이루어졌는지 알아본다. - 재료 : 돈, 돋보기 - 방법 : 돈을 돋보기로 자세히 보고 관찰하여, 돈에 숨겨진 비밀을 찾는다.	
	〈조형 영역〉 이전 경험 그리기	- 목표 : 옛날 기억을 회상하여 본다. - 재료 : 도화지, 색연필, 사인펜, 연필 - 방법 : 종이에 돈과 관련된 재미있는 일을 쓰기 도구를 사용하여 그려본다.	
15:00~ 15:30	정리 정돈 및 손 씻기	정리 정돈을 한 후 화장실에 다녀온다.	
15:30 ~ 16:00	간식	- 바르게 음식을 먹는다. - 간식 준비, 손 씻기, 배식, 간식 인사(잘 먹겠습니다), 맛있게 먹기(흘리지 않도록 유의, 남기지 않는다) - 정리 정돈하기	

<table>
<tr><th>시간</th><th>유아다례
다도활동내용</th><th>유아다례 세부교육활동</th><th>자료</th></tr>
<tr><td>15:00
~
16:00</td><td>홍차</td><td rowspan="4">수업하는 날 ○○에서 직접 만든 홍차를 준비하여 유치원 다도실을 깨끗하게 청소하고, 다구를 깨끗이 다건으로 닦아 1인 다상으로 준비하였다.
아침, 저녁으로 기온차가 커서 홍차를 준비하여 유아들과 따뜻하게 우려 마시며 수업을 진행하였다.
차밭과 차나무 사진을 준비하여 보여주며, 차 싹의 순으로 차를 만들고, 큰 잎으로는 발효한 뒤 오래 숙성시켜 차를 마신다고 설명해 주었다.
차를 만들기까지 많은 시간과 정성이 필요하므로 차를 마실 때는 바른 자세로 마심으로써 만든 사람들에게 고마움을 전할 수 있다고 했다.
작설차는 봄날 차나무에서 자줏빛 또는 연녹색의 부드러운 어린 새싹으로 만든 차이다. 찻잎이 참새 혓바닥 크기만 할 때 따서 만든다고 해서 작설차라 불렀다. 잎은 긴 타원형에 끝이 뾰족하고, 잎 둘레에 톱니가 있고 약간 두꺼우며 윤기가 있고, 질긴 편이다.
꽃은 9~11월 사이에 피며, 황금색 꽃술은 6~11개의 꽃잎을 가지고, 관상용 중에는 연분홍색 꽃도 있다.
차나무 뿌리는 땅속으로 2m 정도 자라며, 성질은 심근성, 직근성이다. 한번 뿌리를 내리면 옮겨심기가 힘들다. 크기는 3m 정도이며, 관목이 주종을 이루고 30m가 넘는 교목도 있다.</td><td rowspan="4">1인 다상, 다관, 숙우, 찻잔, 찻잔 받침, 퇴수기, 주전자, 다건, 다식 (고구마를 조청으로 반죽해서 만듦)</td></tr>
<tr><td rowspan="3">16:00
~
17:30</td><td>〈생활주제〉
차나무</td></tr>
<tr><td>〈교육내용〉
차싹과
차의 차순</td></tr>
<tr><td>〈활동내용〉
바른 자세로
차 마시기</td></tr>
<tr><td>교사의 조언</td><td colspan="3">우리나라 야생 차나무는 소엽종으로 효능이 뛰어나다. 차의 기원으로는 염제신농기설, 편작기원설, 달마의 눈꺼풀 설이 있다. 차의 효능과 유래에 대해서는 간단하게 알아들을 수 있게 설명하였다. 홍차는 유럽에서 주로 마시며 우리나라에서도 많이 마신다. 갈증과 함께 더위를 해소하여 피로를 회복하는 데 좋다. 또한 따뜻하게 홍차를 마시면 감기를 예방할 수 있다. 우유를 타서 밀크 홍차로 마셔도 좋다. 감기 걸린 유아들이 많아 따뜻한 홍차를 준비하길 잘한 것 같다.</td></tr>
<tr><td>실습 후 느낀 점</td><td colspan="3">오늘 다식은 고구마를 삶아 체에 내려 쌀 조청을 넣어 반죽하여 예쁜 틀에 만들었다. 유아들이 아주 맛있게 홍차와 같이 먹어 기분이 좋았다. 유아들의 영양에 염두를 두고 신경을 써서 직접 만들었다. 유아들이 수업을 손꼽아 기다려 주어 나도 설렌다. 활짝 웃는 유아들을 볼 때, 나도 모르게 차와 다식에 신경을 쓰게 된다. 앞날의 보배들이 차를 마심으로써 건강하고 씩씩하게 자라주길 바란다.</td></tr>
</table>

유아다례교육활동 관련자료

수업 자기평가서

일시	2012년 09월 06일(수요일)	장소	○○유치원 예절다도교실
영역	유아다례	지도교사	○○○
주제	차나무, 차 싹과 차의 새순		

자기평가					
수업준비를 충실히 하였다.	1	2	3	4	⑤
수업목표가 무엇인지 명확히 인식하고 있었다.	1	2	3	④	5
계획한 내용대로 수업을 진행하였다.	1	2	3	④	5
모든 유아들이 수업에 참여할 수 있도록 유도하였다.	1	2	3	4	⑤
유아들에게 적절하게 칭찬과 격려를 하였다.	1	2	3	4	⑤
수업에 적절한 질문을 하고 유아의 요구에 성실히 반응하였다.	1	2	3	4	⑤
평가를 하고 수업 뒷정리를 하였다.	1	2	3	4	⑤

잘된 점	차나무의 꽃을 보여 주었다. 꽃은 9~11월 사이에 피며 땅을 보고 핀다고 이야기 하니, 유아들이 꽃은 하늘을 보고 피는데 왜 차나무 꽃은 땅을 보고 피는지 물었다. 차나무의 꽃은 스스로를 낮추기 때문이라 말하며, 우리나라 속담에 '벼는 익을수록 고개를 숙인다.'는 말의 의미를 함께 설명하였다. 잘난 척하지 말고 자신을 낮출 줄 알아야 진정 훌륭한 사람이 된다고 했다. 마찬가지로 차나무의 꽃도 자신을 낮추는 것과 같다고 이야기해 주었다. 차나무는 여러 가지 좋은 성분을 가지고, 밑둥에서 꽃을 피워 사람들에게 좋은 것을 많이 준다는 것을 알려주었다. 유아들도 앞으로 열심히 공부를 해서 진정 훌륭한 사람이 되어 꼭 우리나라의 큰 기둥이 되길 선생님이 응원하며 바란다고 하니 '네'라고 대답하며, 얼굴에 웃음이 활짝 피었다. 너무나 보람된 하루였다.
부족한 점	
특이사항	

유아교육기관 현장참여 실습일지

날짜	요일	날씨	등원	하원	실습생	지도교사	원장
09월 12일	수	흐림, 비	○시 ○분	○시 ○분	○○○	○○○	○○○
생활주제	동화 프로젝트						
주제	커다란 순무						
목표	– 순무의 생김새와 맛에 관심을 갖고 알아본다. – 동화 속 내용을 바꾸어 생각한다. – 새로운 지식을 가지고 유아들의 생각을 바른 태도로 듣고 이해한다.						

시간	교육활동명	세부교육활동	자료
14:00 ~ 15:00 등원 및 자유선택 활동	〈쌓기 영역〉 순무 만들기	– 목표 : 치구와 상호작용을 하면서 블록 놀이를 즐겁게 해볼 수 있다. – 재료 : 여러 종류의 사각 블록, 몰펀 블록 – 방법 : 블록을 가지고 순무를 만들어 본다.	
	〈역할 영역〉 농부 아저씨 되기	– 목표 : 친구들과 상호 작용하며 농부 아저씨가 되어 본다. – 재료 : 밀짚모자, 모래놀이 도구 – 방법 : 농부 아저씨가 되어 또래들과 상호작용하며 놀이한다.	
	〈언어 영역〉 순무의 생김새	– 목표 : 글자에 관심을 가지고, 순무에 대해 알아본나. – 재료 : 연필, 종이, 지우개, 활동지 – 방법 : 연필과 종이를 가지고 순무 명칭을 적는다.	
	〈수조작 영역〉 수세기	– 목표 : 수 세기에 관심을 갖는다. – 재료 : 코팅된 무 그림, 숫자판 – 방법 : 숫자판에 쓰여진 숫자대로 무 그림을 찍찍이로 붙인다.	
	〈조형 영역〉 이전 경험 그리기	– 목표 : 옛날 기억을 회상한다. – 재료 : 도화지, 색연필, 사인펜, 연필 – 방법 : 종이에 무와 관련된 재미있는 일을 쓰기 도구를 사용하여 그려본다.	
15:00~ 15:30	정리 정돈 및 손 씻기	정리 정돈을 한 후 화장실에 다녀온다.	
15:30 ~ 16:00	간식	– 바르게 음식을 먹는다. – 간식 준비, 손 씻기, 배식, 간식 인사(잘 먹겠습니다), 맛있게 먹기(흘리지 않도록 유의, 남기지 않는다) – 정리 정돈하기	

<table>
<tr><th>시간</th><th>유아다례
다도활동내용</th><th>유아다례 세부교육활동</th><th>자료</th></tr>
<tr><td>15:00
~
16:00</td><td>연꽃 차</td><td rowspan="4">전통 예절 다도실에 도착하여, 간단하게 청소한 다음, 방석을 깔고 개인 다반상을 준비한다. 오늘은 연꽃을 준비하여 연차를 수업하는 날이다. 연지를 깨끗이 닦고 따뜻한 물을 준비하여 연지에 연꽃을 넣고 물을 부으니 연꽃이 활짝 피면서 향을 피운다. 다식은 약밥을 만들어 영양식으로 준비하였다. 유아들이 줄을 서서 선생님과 함께 들어온다. 1인 다상 앞에 한 명씩 앉는다. 예쁘게 앉아 공수 배례 인사를 나누고 한 주간 잘 지냈는지 안부를 물었다. 자연스럽게 오늘 마침 비가 내린 후라 개구리가 우렁차게 울어, 유아들과 자연의 소리와 시간의 흐름에 대해 이야기하였다. 자연여행을 부모님과 같이 다녀왔다는 이야기를 했다. 앞다투어 여행 다녀온 것을 이야기 했다. 활동 내용으로 차와 다식, 연꽃 차의 성분과 효능에 대해 이야기하고, 다식인 약밥을 어떻게 만드는지에 대해 이야기하였다. 찹쌀, 밤, 은행, 대추를 넣고 만드는 과정을 들려주자 흥미진지하게 들었다. 차를 마시며 향과 색에 대해 재미있게 이야기하며 즐거운 시간으로 마무리하였다.</td><td rowspan="4">연지, 포자,
연꽃,
연차 잔,
포크,
1인 다상,
다식 접시,
다화</td></tr>
<tr><td rowspan="3">16:00
~
17:30</td><td>다도수업 진행</td></tr>
<tr><td>〈생활주제〉
여행과 자연,
자연의 소리</td></tr>
<tr><td>〈활동내용〉
차와 다식</td></tr>
<tr><td>교사의
조언</td><td colspan="3">오늘은 연꽃의 연차를 수업으로 진행하였다. 연지에 활짝 핀 연꽃을 보며 유아들의 얼굴을 연꽃 위에 그려 보았다. 향기가 다도실에 가득하고 함박꽃같이 활짝 웃는 유아들의 모습이 좋았다.</td></tr>
<tr><td>실습 후
느낀 점</td><td colspan="3">유아들은 때가 하나도 묻지 않은 순수한 자연그대로의 모습이다. 열매를 맺은 다화를 준비하여 자연은 우리에게 소중한 가르침을 주고 있다고 하니 유아들의 눈망울이 초롱초롱하였다. 새싹이 나와 꽃이 피고 열매를 맺어 떨어지면 다시 싹이 나와 자연의 풍성함을 우리에게 준다고 하니 '자연은 감사하네요.'라고 대답한다. 유아들 또한 자연의 보배라고 말하였다. 차를 마시면 자연과 하나됨을 느낄 수 있어 행복하다. 오늘도 즐겁고 행복한 하루였다. 유아들은 나에게 희망을 준다. 오늘도 감사 - 감사 - 감사.</td></tr>
</table>

유아다례교육활동 관련자료

수업 자기평가서

일시	2012년 09월 12일(수요일)	장소	○○전통예절 다도실
영역		지도교사	○○○
주제	생활주제 : 여행과 자연, 자연의 소리		

자기평가					
수업준비를 충실히 하였다.	1	2	3	4	⑤
수업목표가 무엇인지 명확히 인식하고 있었다.	1	2	3	④	5
계획한 내용대로 수업을 진행하였다.	1	2	3	4	⑤
모든 유아들이 수업에 참여할 수 있도록 유도하였다.	1	2	3	④	5
유아들에게 적절하게 칭찬과 격려를 하였다.	1	2	3	4	⑤
수업에 적절한 질문을 하고 유아의 요구에 성실히 반응하였다.	1	2	3	4	⑤
평가를 하고 수업 뒷정리를 하였다.	1	2	3	4	⑤

잘된 점	자연과 하나됨을 느낄 수 있었고, 유아들과 같이 차를 마시는 내내 즐겁고 행복하였다. 차를 마시고 난 다음 음악을 틀어 한 걸음 한 걸음을 느끼며 걸었다.
부족한 점	유아들이 다도 수업을 하기 전에 간식을 먹는다. 그래서 다식을 적게 만들어 갔는데, 조금 부족하여 아쉬워하였다. 앞으로 넉넉하게 준비해야겠다.
특이사항	

유아교육기관 현장참여 실습일지

<table>
<tr><th>날짜</th><th>요일</th><th>날씨</th><th>등원</th><th>하원</th><th>실습생</th><th>지도교사</th><th>원장</th></tr>
<tr><td>09월
19일</td><td>수</td><td>맑음</td><td>○시 ○분</td><td>○시 ○분</td><td>○○○</td><td>○○○</td><td>○○○</td></tr>
<tr><th>생활주제</th><td colspan="7">동화 프로젝트</td></tr>
<tr><th>주제</th><td colspan="7">돈! 돈! 돈이 궁금해</td></tr>
<tr><th>목표</th><td colspan="7">- 세계 여러 나라의 화폐가 다르다는 것을 안다.
- 세계 여러 나라의 화폐 단위를 알아본다.
- 세계 여러 나라의 화폐에 관심을 갖는다.</td></tr>
</table>

<table>
<tr><th>시간</th><th>교육활동명</th><th>세부교육활동</th><th>자료</th></tr>
<tr><td rowspan="5">14:00
~
15:00

등원 및
자유선택
활동</td><td>〈쌓기 영역〉
시장놀이</td><td>- 목표 : 여러 가지 블록을 이용하여 시장을 구성해 본다.
- 재료 : 여러 가지 블록
- 방법 : 시장에는 어떤 가게가 있는지 아이들과 이야기를 나누고 블록으로 만들어 본다.</td><td rowspan="7"></td></tr>
<tr><td>〈역할 영역〉
주인과 손님</td><td>- 목표 : 주인과 손님의 역할을 알고 즐겁게 활동한다.
- 재료 : 여러 가지 소품, 종이
- 방법 : 주인과 손님의 역할에 대해 이야기를 나눈 후 역할놀이를 한다.</td></tr>
<tr><td>〈언어 영역〉
세계 화폐를
알아보아요.</td><td>- 목표 : 여러 나라 화폐에 관심을 가지고 친구들과 즐겁게 활동한다.
- 재료 : 필기도구, 종이
- 방법 : 여러 나라의 화폐를 알고 단위를 적어 본다.</td></tr>
<tr><td>〈조형 영역〉
화폐 속 얼굴</td><td>- 목표 : 미술도구로 창의적으로 표현할 수 있다.
- 재료 : 미술도구, 활동지
- 방법 : 활동지 속의 비어 있는 얼굴을 여러 가지 표정으로 표현한다.</td></tr>
<tr><td>〈수조작 영역〉
화폐 패턴
만들기</td><td>- 목표 : 패턴의 반복됨을 이해하고 관심을 갖는다.
- 재료 : 활동지
- 방법 : 여러 가지 패턴을 만들어 본다.</td></tr>
<tr><td>15:00~
15:30</td><td>정리 정돈 및
손 씻기</td><td>정리 정돈을 한 후 화장실에 다녀온다.</td></tr>
<tr><td>15:30
~
16:00</td><td>간식</td><td>- 바르게 음식을 먹는다.
- 간식 준비, 손 씻기, 배식, 간식 인사(잘 먹겠습니다), 맛있게 먹기(흘리지 않도록 유의한다. 남기지 않는다.)
- 정리 정돈하기</td></tr>
</table>

<table>
<tr><th>시간</th><th>유아다례
다도활동내용</th><th>유아다례 세부교육활동</th><th>자료</th></tr>
<tr><td>15:00
~
16:00</td><td>황차</td><td rowspan="4">날씨가 가을을 연상케 했다. 유치원 가는 길, 길가에 나란히 핀 코스모스가 한들한들 손짓을 하였다. 코스모스를 보니 유아들의 얼굴이 한 명씩 그려졌다. 전통실로 들어가니 깨끗이 정리 정돈되어 있어, 음악 CD를 준비하여 틀어 놓고, 1인 다상을 배치하면서 수업 준비를 하였다. 유아들이 교실로 들어오면서 인사하고 방석 위에 나란히 섰다. 다 들어오자 공수 배례 인사를 했다. 자리에 앉아 공수한 자세로 이웃에 누가 사는지, 엘리베이터 안에서 이웃 어른을 만났을 때 '안녕하세요' 하고 인사하는 것에 대해 간단하게 설명하였다. 친구들과 서로 돕고 배려하는 마음을 가지는 것이 유아들의 생활에 중요한 부분임을 인식시켜 주며 교육 내용을 마쳤다. 차를 우려서 준비하고 유아를 앞에 앉게 한 뒤 손님께 차 대접하기, 손님과 주인 역할을 번갈아하는 것을 활동내용으로 진행하였다. 유아들이 무척 좋아했다. 오늘은 황차를 준비하여 유아들과 따뜻하게 마시면서 즐거운 시간으로 마무리하였다. 추석이 가까워 송편과 호박 인절미를 다식으로 준비하였다.</td><td rowspan="4">방석, 다관,
1인 다상,
찻잔,
잔받침,
숙우,
퇴수기,
다식 접시,
포크,
주전자,
다식(송편,
호박
인절미)</td></tr>
<tr><td rowspan="3">16:00
~
17:30</td><td>〈생활주제〉
이웃</td></tr>
<tr><td>〈교육내용〉
서로 도우면서
배려하는 생활</td></tr>
<tr><td>〈활동내용〉
손님, 주인
역할놀이</td></tr>
<tr><th>교사의
조언</th><td colspan="3">차를 마시면서 손님, 주인 역할놀이를 진행하였는데 유아들이 너무 좋아하였다. 서로서로 배려하는 마음들이 느껴졌다. 오늘 날씨가 쌀쌀하였는데, 황차를 따뜻하게 마셔서 좋았다. 다도 선생님의 배려에 감사했다.</td></tr>
<tr><th>실습 후
느낀 점</th><td colspan="3">다도 예절을 통해 유아들은 서로 도우면서 배려하는 마음을 갖고, 웃어른을 공경하고 친구나 동생들 또한 따뜻이 감쌀 줄 아는 마음을 배우고 느낄 수 있었다. 이것이 바로 다도의 정신이 아닐까 한다. 어린 싹을 찻잎으로 하듯이, 어린아이들이 다도를 배우고 접해서 훌륭한 인재가 되었으면 하는 바람이다.</td></tr>
</table>

일화 기록지

날짜	관찰유아 (성별, 나이)	관찰시간 및 장면	행동관찰	분석
9월 19일	여, 7세	16:00~	7세라고 하기에는 아주 작고 음식도 조금밖에 먹지 못하였다. 그런데 황차는 아주 잘 마셨다. 자주 차를 달라고 했다. 어머니가 데리러 오셨는데도 끝까지 차 수업을 받겠다면서 가지 않았다. 오늘 수업이 좋냐고 묻자 오늘 차 맛이 너무 좋다며, 무슨 차인지를 물어 보았다. '황차'라고 말해 주자 녹차보다 황차가 더 맛있다고 대답했다. 매주 만날 때마다 다른 유아보다 작아 신경을 많이 썼었다. 끝나고 황차가 남아 어머니를 뵙고 따뜻하게 우려 마시는 법을 설명 드리고, 유아와 함께 집에서 마시라고 드렸다. 유아가 매우 좋아하였다.	차는 어린아이, 어른 할 것 없이 모두에게 좋은 영향을 주는 것 같다. 차로 인간과 자연이 공존하면서 살아가는 것도 행복한 것이라는 생각이 들었다.

유아다례교육활동 관련자료

수업 자기평가서

일시	2012년 09월 19일(수요일)	장소	○○유치원 예절다도교실
영역	유아다례	지도교사	○○○
주제	서로 도우면서 배려하는 생활		

자기평가					
수업준비를 충실히 하였다.	1	2	3	4	⑤
수업목표가 무엇인지 명확히 인식하고 있었다.	1	2	3	4	⑤
계획한 내용대로 수업을 진행하였다.	1	2	3	④	5
모든 유아들이 수업에 참여할 수 있도록 유도하였다.	1	2	3	4	⑤
유아들에게 적절하게 칭찬과 격려를 하였다.	1	2	3	4	⑤
수업에 적절한 질문을 하고 유아의 요구에 성실히 반응하였다.	1	2	3	4	⑤
평가를 하고 수업 뒷정리를 하였다.	1	2	3	4	⑤

잘된 점	서로 돌아가면서 손님과 주인 역할놀이 수업을 진행하였다. 차를 우려 대접하는 모습이 진지하고 공손하게 손님을 맞는 것이 진심으로 느껴져 매우 흡족하였다. 약간 서툰 면은 있었지만 서로 간의 배려와 사랑이 느껴졌다.
부족한 점	시간이 부족하여 아쉬웠지만 차와 다식을 유아들이 마시고 먹는 모습을 보니 흐뭇하였다.
특이사항	

08 실습사례 ⑧

유아교육기관 현장참여 실습일지

<table>
<tr><th>날짜</th><th>요일</th><th>날씨</th><th>등원</th><th>하원</th><th>실습생</th><th>지도교사</th><th>원장</th></tr>
<tr><td>11월
05일</td><td>월</td><td>맑음</td><td>15시</td><td>17시</td><td>○○○</td><td>○○○</td><td>○○○</td></tr>
<tr><th>생활주제</th><td colspan="7">인사 예절</td></tr>
<tr><th>주제</th><td colspan="7">다례를 통한 인성 교육(인사법- 공수, 배례), 공경심 기르기</td></tr>
<tr><th>목표</th><td colspan="7">1. 인사법 익히기 2. 다구 명칭 알기 3. 찻잎 알기 4. 맛, 향 느끼기</td></tr>
<tr><th>시간</th><th>교육활동명</th><th colspan="5">세부교육활동</th><th>자료</th></tr>
<tr><td>15:00
~
16:00</td><td>인사법</td><td colspan="5">1. 공수, 배례 시연을 한다.
남자와 여자의 손 위치를 안다(음과 양, 빨강과 파랑).
2. 공경심과 배려심을 안다.</td><td rowspan="3"></td></tr>
<tr><td rowspan="2">16:00
~
17:00</td><td>인지능력</td><td colspan="5">1. 다구의 명칭을 안다.
2. 찻잔을 손으로 잡아 촉감을 느낀다.
3. 차 맛과 향을 감상한다.</td></tr>
<tr><td>표현력</td><td colspan="5">1. 차 맛과 향을 감상한 점을 이야기한다.
2. 다구에 사용된 물건을 보고 스케치북에 표현한다.</td></tr>
<tr><th>시간</th><th colspan="6">유아다례 세부교육활동</th><th>자료</th></tr>
<tr><td>수업내용
(전)</td><td colspan="6">- 다포와 다식 세트에 관심을 가졌다.
- 공수 자세와 인사 예절을 배웠다.</td><td rowspan="3"></td></tr>
<tr><td>수업내용</td><td colspan="6">다기 세트와 다포를 감상한 후, 차를 따르고 우려내는 방법을 배웠다. 차의 향과 색을 감상하고 어떤 차인지에 대한 이야기를 나누었다. 다식 먹는 방법도 배웠다. 조용히 입 안에서 소리 내지 않고 먹었다.</td></tr>
<tr><td>수업 후</td><td colspan="6">태극무늬와 우리나라 태극기 색깔을 알아보았다. 뒤로 돌아 활동지에 인상 깊었던 부분을 그렸다. 그린 후 한 사람씩 발표하는 시간을 가졌다.</td></tr>
<tr><th>실습 후
느낀 점</th><td colspan="7">다식과 다례 등의 예절을 배울 수 있어서 흥미로웠다.</td></tr>
</table>

유아교육기관 현장참여 실습일지

<table>
<tr><th>날짜</th><th>요일</th><th>날씨</th><th>등원</th><th>하원</th><th>실습생</th><th>지도교사</th><th>원장</th></tr>
<tr><td>11월
19일</td><td>월</td><td>맑음</td><td>13시</td><td>15시</td><td>○○○</td><td>○○○</td><td>○○○</td></tr>
<tr><th>생활주제</th><td colspan="7">식물(연잎, 연꽃, 연뿌리) 관찰</td></tr>
<tr><th>주제</th><td colspan="7">다례를 통한 인성 교육과 창의력 기르기</td></tr>
<tr><th>목표</th><td colspan="7">1. 오감 만족(맛과 향기)
2. 다구 및 차 자리 준비물의 색깔 알기</td></tr>
<tr><th>시간</th><th>교육활동명</th><th colspan="5">세부교육활동</th><th>자료</th></tr>
<tr><td>13:00
~
14:00</td><td>오감 만족</td><td colspan="5">1. 찻잔을 만져보고 감각을 느끼게 한다.
2. 차를 우리는 동안 기다림과 여유를 기른다.
3. 차 색, 향, 맛을 느끼게 한다.
4. 차 맛이 어떤지 구체적으로 표현한다.</td><td rowspan="2"></td></tr>
<tr><td>14:00
~
15:00</td><td>인지능력</td><td colspan="5">1. 다구 모양과 색상을 관찰한다.
2. 다포의 색상, 도형, 수리 개념을 확인한다.
3. 차 자리에 꾸며진 꽃, 나뭇잎 등을 보고 관찰력을 기른다.
4. 스케치북에 그림을 그린다(심리 상태 파악).</td></tr>
<tr><th>시간</th><th colspan="6">유아다례 세부교육활동</th><th>자료</th></tr>
<tr><td>수업준비</td><td colspan="6">다기의 아기자기한 모습과 흔히 먹는 과자가 아닌 전통다식에 호기심을 가지고, 자신만의 다구 세트에 흥미로워하였다. 여자 아이들은 차분하고 예쁘게 준비하고자 하는 자세가 보였고, 남자 아이들도 다례에 관심과 호기심을 가지는 것 같았다.</td><td rowspan="2"></td></tr>
<tr><td>수업내용</td><td colspan="6">연잎차를 처음 맛보지만 다례를 통하여 더 신기해하고 맛도 고소하다며 좋아했다. 어떤 수업보다도 차분한 몸가짐으로 다식을 먹고, 처음엔 어려워하던 차 따르기를 조심조심하며 여러 번을 마셨다. 차 향도 맡고 차 색도 확인하면서 관심과 흥미도가 높아졌다.</td></tr>
<tr><td>수업 후</td><td colspan="7">자신의 인상 깊었던 부분을 활동지에 표현하고 발표하였다.</td></tr>
<tr><th>실습 후
느낀 점</th><td colspan="7">늘 활동량이 많던 유아들이 다례를 배우는 동안 차분해지는 시간이 되었다. 그리고 다식 세트가 아름답게 조화를 이루었다.</td></tr>
</table>

유아교육기관 현장참여 실습일지

날짜	요일	날씨	등원	하원	실습생	지도교사	원장
11월 26일	월	흐림	15시	17시	○○○	○○○	○○○

생활주제	차관으로 직접 다르게 하여 차분함을 기르게 한다.
주제	다례를 통한 인성 교육(반성하는 시간을 갖게 한다.)
목표	1. 차분함을 기른다(정서적). 2. 다식 맛 테스트로 감각(후각, 미각)을 기른다. 3. 다구와 차 자리에 사용한 물건을 기억하게 하며 관찰력을 기른다.

시간	교육활동명	세부교육활동	자료
15:00 ~ 16:00	앉기 연습	1. 꿇어앉기와 편하게 앉기를 쉽고 조용하게 연습한다. 2. 차를 다르게 하여, 차분함과 배려심을 키운다. 3. 찻잔을 친구에게 건네주는 연습을 한다.	
16:00 ~ 17:00	후각, 미각 인시	1. 차 맛을 보게 하여 이야기한다(미각 테스트). 2. 향과 맛을 보고 이야기한다(후각 테스트).	
	표현력 기르기	차 자리 도구 중 그리고 싶은 것을 골라 자유롭게 그린다(심리 상태를 알 수 있다).	

시간	유아다례 세부교육활동	자료
준비운동	오늘 있었던 일을 생각하며 반성하는 시간을 가졌고, 스트레칭을 하며 몸과 마음을 건강하게 하였다.	
수업 전	다포와 다식 세트를 다르게 준비하여 수업 전 흥미도를 높였다. 인사하는 법과 앉아 있는 자세가 이전보다 차분하였다.	
수업내용	직접 차를 따라 마시며, 차향을 맡는 시간을 가졌다. 블루베리를 먹으며 맛있다고 하였다.	
수업 후	수업이 끝난 후 인상 깊었던 부분은 단풍잎과 블루베리를 유아들이 많이 그렸다는 점이다. 단풍잎을 아주 자세히 그렸다.	
실습 후 느낀 점	색상과 모양에 흥미를 가지고, 수업에 집중하는 것 같았다. 그리고 다식 먹는 것과 차의 여러 맛을 보며 차분해지는 것 같았다.	

유아교육기관 현장참여 실습일지

<table>
<tr><th>날짜</th><th>요일</th><th>날씨</th><th>등원</th><th>하원</th><th>실습생</th><th>지도교사</th><th>원장</th></tr>
<tr><td>12월
03일</td><td>월</td><td>맑음</td><td>13시</td><td>15시</td><td>○○○</td><td>○○○</td><td>○○○</td></tr>
<tr><th>생활주제</th><td colspan="7">칭찬과 반성으로 언어 표현</td></tr>
<tr><th>주제</th><td colspan="7">다례를 통한 인성 교육(전통, 자립심, 물건 다루기)</td></tr>
<tr><th>목표</th><td colspan="7">1. 자신감(칭찬) 기르기
2. 반성하며 절제심 기르기
3. 규칙 지키기(서로 아끼고 도와주는 마음)
4. 물건의 소중함 알기</td></tr>
<tr><th>시간</th><th>교육활동명</th><th colspan="5">세부교육활동</th><th>자료</th></tr>
<tr><td>13:00
~
14:00</td><td>자신감
기르기</td><td colspan="5">1. 칭찬하기를 통해 자신감을 기른다.
2. 절제심을 기른다(반성하게 한다. 사소한 것부터 이야기한다).
3. 배려심을 기른다.
찻잔을 직접 친구에게 건네주는 연습을 하며 상대를 배려하는 마음을 갖게 한다.
4. 규칙 지키기
앉고 설 때, 인사할 때, 뒷정리할 때</td><td rowspan="2"></td></tr>
<tr><td>14:00
~
15:00</td><td>인지능력
기르기</td><td colspan="5">1. 오방 다포 색상을 이야기한다(색상 표현).
2. 오방 다포 색 속의 도형을 말한다(관찰력).
3. 다포 속 도형의 모양과 개수를 질문한다(수리력 기르기).</td></tr>
<tr><th>시간</th><th colspan="6">유아다례 세부교육활동</th><th>자료</th></tr>
<tr><td>수업준비</td><td colspan="6">패스트푸드, 탄산음료와 일회용 컵에 익숙한 유아들이 다기의 아기자기한 모습에 큰 관심을 보였다. 다기를 하나씩 챙기는 모습을 보면서 여자 아이들의 관심은 더욱 높아졌다. 조심스럽게 자리를 찾아가는 다기와 다식, 그리고 다구를 보면서 유아들의 표정은 호기심과 차분함으로 가득했다.</td><td rowspan="3"></td></tr>
<tr><td>수업 중</td><td colspan="6">연잎차와 연근차를 접한 유아들은 신기해하였고 고소하고 향긋한 차 맛에 흠뻑 젖어들었다. 차를 따르는 손은 조심조심하며 차의 향과 색을 보는 눈은 진지했다. 차를 우릴 동안 간단한 체조를 하고 오방색에 대해 수업하다 보니 기다림의 지루함을 없앨 수 있어 적절했다.</td></tr>
<tr><td>수업 후</td><td colspan="6">정리 활동지를 통해서 수업을 마무리하는 것이 인상적이었다.</td></tr>
<tr><th>실습 후
느낀 점</th><td colspan="7">따듯한 시선을 보내는 선생님 덕분에 색다르고 흥미로운 활동이었다. 감사합니다.</td></tr>
</table>

유아다례교육활동 관련자료

날 짜	2012년 09월 10일	내용	인사하기(공수 배례)

날 짜	2012년 10월 15일	내용	운동(근육 발달)

날 짜	2012년 09월 24일	내용	꿇어앉기와 책상다리

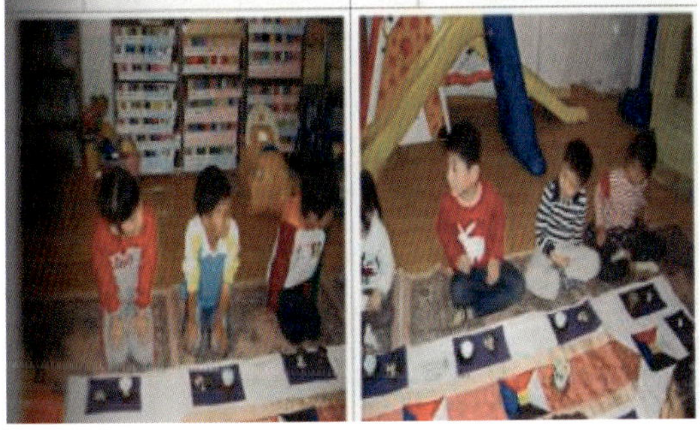

날 짜	2012년 10월 29일	내용	다식 예쁘게 먹기

날 짜	2012년 11월 05일	내용	차 마시기

날 짜	2012년 11월 26일	내용	오방다포(색상과 도형인지)

날 짜	2012년 11월 19일	내용	차 도구 알기

날 짜	2012년 12월 03일	내용	몬테소리활용(의성어표현)

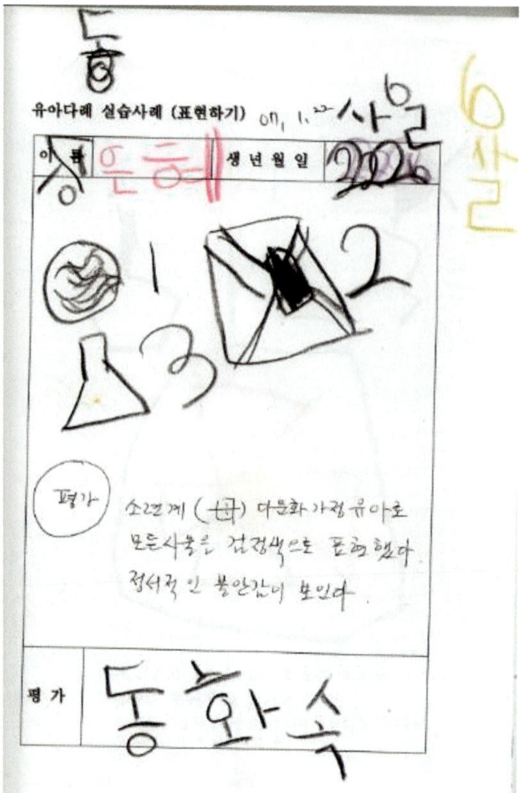
유아다례 실습사례 (표현하기)
이름
생년월일
6살
평가
소랜께 (十子) 다문화가정 유아로
모든사물을 검정색으로 표현했다.
정서적인 불안감이 보인다.
평가
동화숙

유아다례 실습사례 (표현하기)
이름 이예지
생년월일 8월 27일
오방다포
차호
평가
인지능력이 뛰어나고 사물의 관찰력도 좋다.
동화숙어린이집

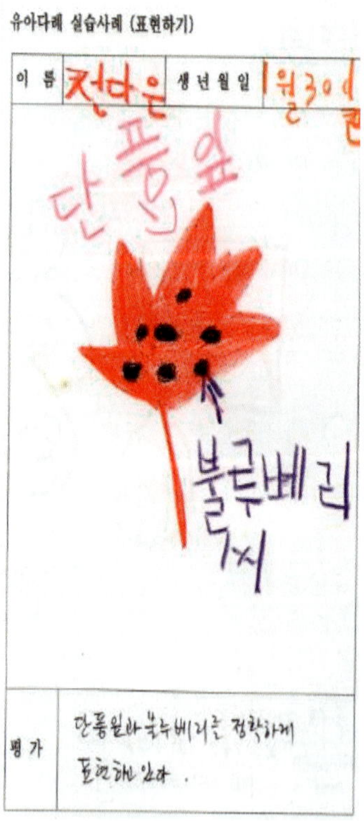
유아다례 실습사례 (표현하기)
이름
생년월일 1월 30일
단풍잎
블루베리
평가
단풍잎과 블루베리를 정확하게
표현하고 있다.

유아다례 실습사례 (표현하기)
이름 양시균
생년월일 5월 18일
차호
평가
도우주 차호가 가장 인상깊었던 것 같다.
여러가지 색상으로 된 차호 (분과비보스틀파일)
로 몸각에 예쁘게 색으로 장식된것이
꼭 인상깊었던 것 같다.

유아다례 실습사례 (표현하기)
이름 김민준
생년월일
오방다포
평가
오방다포의 표현이 정확하다.
모형과 색상도 똑같이 표현하고 있다.

수업 자기평가서

일시	2012년 09월 01일~ 2012년 12월 15일(월요일)	장소	○○어린이집
8회(16시간)	9/10, 9/24, 10/15, 9/29, 11/05, 11/19, 11/26, 12/03	지도교사	○○○
주제	다례를 통한 예절, 사물인지, 색상인지, 수리개념, 자기표현 개발		

자기평가					
수업준비를 충실히 하였다.	1	2	3	4	⑤
수업목표가 무엇인지 명확히 인식하고 있었다.	1	2	3	4	⑤
계획한 내용대로 수업을 진행하였다.	1	2	3	4	⑤
모든 유아들이 수업에 참여할 수 있도록 유도하였다.	1	2	3	4	⑤
유아들에게 적절하게 칭찬과 격려를 하였다.	1	2	3	4	⑤
수업에 적절한 질문을 하고 유아의 요구에 성실히 반응하였다.	1	2	3	4	⑤
평가를 하고 수업 뒷정리를 하였다.	1	2	3	4	⑤

잘된 점	–공손함 : 인사하기, 공수 배례 –기다림 : 차 우리는 과정을 보면서 차분함을 기름. –인지능력 : 찻잔 질감 느끼기, 다구 모양, 다포 색상과 도형, 수리능력 인지 –발표력 : 차를 맛본 후 느낌을 말함. –소・대근육 발달 : 율동과 노래하기 –자기표현 : 그림으로 표현
부족한 점	유아들은 단맛을 내고 몸에 좋지 않은 과자에 익숙해져 있어서 전통 한과를 맛보는 순간 뱉어내기까지 했다. 그래서 별 모양의 예쁜 과자를 준비했는데, 아주 신기해하면서 좋아했다. 앞으로 예쁘면서도 맛있고, 몸에 좋은 다식을 만들어 주어야겠다.
특이사항	다문화 가정(러시아 계) 유아의 그림 표현이 모두 검정색이어서 놀랐다.

유아다례교육활동 관련자료

날 짜	2012년 09월 01일	내용	차 우리기(의성어 표현)

날 짜	2012년 09월 29일	내용	도형 색상 수리 인식

날 짜	2012년 09월 15일	내용	차나무와 차 잎 설명

날 짜	2012년 10월 06일	내용	차 마시는 예절(기다림)

날 짜	2012년 10월 20일	내용	다구 그리기(관찰력)

날 짜	2012년 11월 17일	내용	예절(편하게 앉기)

날 짜	2012년 11월 03일	내용	다구 표현 인지능력

날 짜	2012년 12월 01일	내용	찻잔 차 다루어 보기

날 짜	2012년 12월 15일	내용	인사하기(공수 배례)

이 름
생 년 월 일 06. 8. 4
06. 8. 4
평 가
인지능력이 뛰어나고 발표력도 좋았다.
자기의 생각을 정확하게 표현하고
질문도 잘하였다.

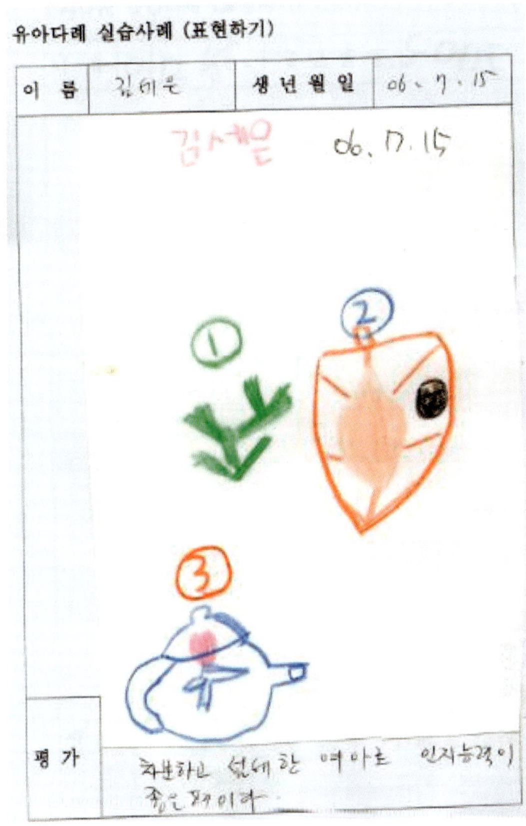
유아다례 실습사례 (표현하기)
이 름
생 년 월 일 06. 7. 15
06. 7. 15
평 가
차분하고 섬세한 예가 인지능력이
좋은 편이다.

유아다례 실습사례 (표현하기) 정해인
정해인
사물의 인지능력이 정확하게 잘 표현하였다

유아다례 실습사례 (표현하기)
이 름
생 년 월 일 2008
평 가

수업 자기평가서

일시	2012년 09월 01일~ 2012년 12월 15일	장소	○○어린이집
9회 (18시간)	9/01, 9/15, 9/25, 10/06, 10/20, 11/03, 11/17, 12/01, 12/15	지도교사	○○○
주제	다례를 통한 예절, 사물인지, 색상인지, 수리개념, 자기표현 개발		

자기평가					
수업준비를 충실히 하였다.	1	2	3	4	⑤
수업목표가 무엇인지 명확히 인식하고 있었다.	1	2	3	4	⑤
계획한 내용대로 수업을 진행하였다.	1	2	3	4	⑤
모든 유아들이 수업에 참여할 수 있도록 유도하였다.	1	2	3	4	⑤
유아들에게 적절하게 칭찬과 격려를 하였다.	1	2	3	4	⑤
수업에 적절한 질문을 하고 유아의 요구에 성실히 반응하였다.	1	2	3	4	⑤
평가를 하고 수업 뒷정리를 하였다.	1	2	3	4	⑤

잘된 점	다례를 통한 인성 교육(공손함, 배려심, 인내심)과 몬테소리 기법까지 적용하니까 유아의 정서발달에 효과가 큰 것 같다. 휴교한 유치원을 부활할 수 있는 계기가 될 수 있는 가능성, 즉 지난날의 명성을 찾았으면 하는 욕심을 가졌다.
부족한 점	주택과 거리가 멀고 상가 부근이라 현재 휴교한 상태에서 하는 수업이라 수업 분위기가 형성되지 않은 점과 유아들이 적어서 아쉬웠다.
특이사항	- 다자녀 가정 유아의 그림 표현에서 장점과 단점이 엇갈렸다. • 장점 : 많은 사물을 표현했다. • 단점 : 관심의 부족으로 다소 어수선하고 정서가 안정되지 못했다.

09 실습사례 ⑨

유아교육기관 현장참여 실습일지

날짜	요일	날씨	등원	하원	실습생	지도교사	원장
11월 19일	월	맑음	09시 30분	16시 10분	○○○	○○○ ○○○	○○○

생활주제	녹차
주제	녹차 우리기
목표	순서 익히기

시간	교육활동명	세부교육활동	자료
09:30 ~ 10:00	원장님과 대화	유아 다기를 보여 드렸다. 다기가 너무 작아서 장식용 같다고 하셨다. 기존에 ○○○ 선생님께서 하고 계셔서 조심스럽게 다가갔다.	
10:00 ~ 12:00	6세 나무반 다례	○○○ 선생님과 나무반의 차 우리는 것을 관찰하면서 지도를 했다. 유치원에 있는 다기를 사용하였다.	
14:00 ~ 16:00	7세 하늘반 나례	차 수업을 세 번째 한다고 하는데, 잘하는 편이었다. '하지 마세요'라는 말을 많이 하면 안 된다고 선생님께서 지적을 많이 하셨다.	

시간	유아다례 다도활동내용	유아다례 세부교육활동	자료
10:00 ~ 12:00	녹차	○○○ 선생님이 순서대로 하고 계셨다. 나무반은 대답을 잘하였다. 선생님은 차는 색(눈으로 색을 보고), 향(코로 향기를 맡고), 미(입으로 맛을 음미)로 마신다는 것을 알려 주셨다. 유아 다기를 옆에 놔두었더니, 나무반 유아들이 자꾸만 잔이 너무 작다며 왜 이렇게 작은지 물어 보았다.	
14:00 ~ 16:00		하늘반 유아들에게는 차를 왜 마시는지 선생님이 물어보았다. 유아들은 비타민이 많아서라고 대답했다. 선생님은 비타민이 많으면 예뻐진다는 것과, 차에는 불소가 많아서 치아가 썩지 않는다는 것을 알려주었다. 유아들은 차를 마시면 머리가 좋아지고 예뻐지며, 치아가 썩지 않는다는 것을 배우게 되었다.	

교사의 조언	- 물 주전자 크기가 일정치 않아서 물 따르기 할 때 힘들다. 앞으로 차 선생님이 항상 상주하고 계셔야 된다고 원장님께서 말씀하셨다. - ○○○ 선생님 : 유아 다기에 비해 퇴수기가 크다. 잔도 다섯 개면 많다.
실습 후 느낀 점	- 이도경 교수님 수업을 듣고 실습에 임했다. 다도실에는 다기 준비가 되어 있는 상태였고, ○○○ 선생님께서 수업을 하셨다. 의도된 자리에서 주입식으로 수업하면 안 된다고 하셨다. - 1인 찻상에 차석이 계절과 맞지 않다. - 물통이 큰 것밖에 없어서 원장님께 건의드렸다. - 선생님께서 스킨십이 없는 것 같다.

일화 기록지

날짜	관찰유아 (성별, 나이)	관찰시간 및 장면	행동관찰	분석
11월 19일	남/여, 6세	10:00 ~ 12:00	나무반 유아들은 차 우려내는 법도를 잘 알고 선생님과 순서대로 제법 한다. 선생님께서 꾸중을 많이 하시는 것 같다.	
	남/여, 7세	14:00 ~ 16:00	하늘반 유아들은 물도 엎지르고 주위도 산만하고, 옆 친구들이 하는 것을 보고 하는 친구들이 많았다. 다법이 좀 어려운 것 같다. 유아들에게 선생님께서 차 색깔을 질문했다. 한 친구가 초록색이라고 말했다. 선생님께서 "연두색입니다." 하고 한마디로 끝내버렸다. 너무 긴장감이 감돌았다.	

유아다례교육활동 관련자료

나순도 선생님께서 수업하시는 모습

차문화가와 차의 역사 차이점 (유아)

수업 자기평가서

일시	2012년 11월 19일(월요일)	장소	○○어린이집
영역	녹차	지도교사	○○○, ○○○
주제	녹차 우리기		

자기평가					
수업준비를 충실히 하였다.	1	2	3	4	⑤
수업목표가 무엇인지 명확히 인식하고 있었다.	1	2	3	4	⑤
계획한 내용대로 수업을 진행하였다.	1	2	3	④	5
모든 유아들이 수업에 참여할 수 있도록 유도하였다.	1	2	3	4	⑤
유아들에게 적절하게 칭찬과 격려를 하였다.	1	2	3	4	⑤
수업에 적절한 질문을 하고 유아의 요구에 성실히 반응하였다.	1	2	3	4	⑤
평가를 하고 수업 뒷정리를 하였다.	1	2	3	4	⑤

잘된 점	수업 준비를 위해 물통을 두 개 준비했다.
부족한 점	계획한 내용대로 수업 진행을 하지 못하였다.
특이사항	기존의 다기와 나의 유아 다기는 너무 차이가 컸다.

유아교육기관 현장참여 실습일지

날짜	요일	날씨	등원	하원	실습생	지도교사	원장
11월 25일	월	맑음	09시 30분	16시 10분	○○○	○○○	○○○
생활주제	녹차						
주제	녹차 우리기						
목표	차 맛보기						

시간	교육활동명	세부교육활동	자료
09:30~10:00	원장님과 대화	○○○ 다도 선생님께서 잔이 너무 작아서 유아들 입에 들어갈 수가 있다고 하셨다.	
10:00~12:00	녹차 우리기와 다도	다기를 차 바구니에서 꺼냈다. 유아들이 보는 순간 녹차 잔을 작은 컵이라고 했다. 녹차를 마시는 잔이라고 했더니 신기하게 바라보았다. 예쁘게 앉아 있는 유아에게 스마일 컵을 선물하기로 했다. 두 개를 가져갔는데 다 받고 싶다고 해서 마음이 아팠다. 다음 시간에는 하나씩 줄 수 있도록 챙겨 가야겠다. 오방 다포를 보여주며 "노란 네모 상자가 몇 개일까요?" 했더니 맞추는 유아가 없었다.	
14:00~16:00		선생님께서 유아들을 원형으로 앉게 하셨다. 자연스럽게 다가오도록 했다. 다화를 소국으로 준비하여 단지 뚜껑에 띄웠더니 유아들이 모여 들면서 좋아했다. 물통에는 뽀로로 스티커를 붙였는데, 유아들이 흥미를 보였다. 선생님께서 조용히 하라고 해서 그러지 마라고 했다. 유아들이 너무 즐거워했다. 녹차를 마시면 감기에 잘 걸리지 않는다고 했더니, 한 유아가 "저는요 지금 감기 걸렸는데, 녹차 많이 마시고 싶어요."라고 했다. 녹차를 우려서 유아들에게 다 마셔보게 했다. 차 맛이 어떠냐고 물었더니 "맛있어요.", "이상해요.", "냄새가 나요." 등 여러 반응을 보였다.	

시간	유아다례 다도활동내용	유아다례 세부교육활동	자료
10:00~12:00	녹차	유아들을 모아 놓고 수업을 시작했다. 들어가니 유아들이 먼저 "안녕하세요." 인사를 했다. "네, 안녕하세요." 하면서 자연스럽게 자리를 폈다. 날씨가 많이 추워서 차를 우려 마셔보자고 했더니 유아들이 좋아했다.	
14:00~16:00		유아들이 다화와 뽀로로 물통에 관심을 많이 보였다. 한 유아에게 차 맛이 어떠냐고 했더니 풀 냄새가 난다고 하였다. "그래, 맞았어요. 녹차 냄새랍니다."라고 했더니 여러 반응을 보였다. 바라보는 눈망울이 반짝이고 너무 예뻐 보였다.	
교사의 조언	다도 수업은 조용하고 엄숙한 분위기에서 하는 줄 알았다. 준비한 선물은 유아들이 골고루 가져가도록 하는 것이 좋을 것 같다. 모든 유아들이 가지고 싶어 하기 때문이다.		
실습 후 느낀 점	유아들이 즐겁게 다도를 해서 좋았다. 녹차에 대해 아는 유아들이 20명 중 3~4명이었다.		

일화 기록지

날짜	관찰유아 (성별, 나이)	관찰시간 및 장면	행동관찰	분석
11월 25일	남/여, 5세	10:00 ~ 12:00	〈바다반〉 유아들이 다기 앞으로 쪼르르 모여 들었다. “이게 뭐예요?” 하고 묻기에, “이 도구는 차 우리는 도구이며, 차 우리는 그릇도 된다”고 설명했다. 한 유아는 찻잔을 컵이라고도 했다.	
	남/여, 5세	14:00 ~ 16:00	〈햇살반〉 뽀로로 스티커를 물통에 붙였는데, 유아들의 반응이 좋았다. 역시 아이들이구나 싶었다. 녹차를 차례대로 마시게 했더니 빨리 마셔보고 싶다고 아우성이었다. 일부 유아들은 마시고 싶지 않아 했다.	

유아다례교육활동 관련자료

다구에 대해서 설명

선생님! 잔이 너무 작아서 못 잡겠어요

수업 자기평가서

일시	2012년 11월 25일(월요일)	장소	○○어린이집
영역	녹차	지도교사	○○○, ○○○
주제	다포와 녹차 맛보기		

자기평가					
수업준비를 충실히 하였다.	1	2	3	4	⑤
수업목표가 무엇인지 명확히 인식하고 있었다.	1	2	3	4	⑤
계획한 내용대로 수업을 진행하였다.	1	2	3	④	5
모든 유아들이 수업에 참여할 수 있도록 유도하였다.	1	2	3	4	⑤
유아들에게 적절하게 칭찬과 격려를 하였다.	1	2	3	4	⑤
수업에 적절한 질문을 하고 유아의 요구에 성실히 반응하였다.	1	2	3	4	⑤
평가를 하고 수업 뒷정리를 하였다.	1	2	3	4	⑤

잘된 점	단지 뚜껑에 다화로 국화꽃을 3개 띄웠다.
부족한 점	짜임새 있는 표현이 부족했다.
특이사항	유아 다기가 만지기에 다소 불편함이 있었다.

유아교육기관 현장참여 실습일지

<table>
<tr><th>날짜</th><th>요일</th><th>날씨</th><th>등원</th><th>하원</th><th>실습생</th><th colspan="2">지도교사</th><th>원장</th></tr>
<tr><td>12월
03일</td><td>월</td><td>흐림</td><td>09시 30분</td><td>16시 10분</td><td>○○○</td><td colspan="2">○○○</td><td>○○○</td></tr>
<tr><th>생활주제</th><td colspan="8">말차</td></tr>
<tr><th>주제</th><td colspan="8">오방 다포</td></tr>
<tr><th>목표</th><td colspan="8">오방 다포 활용하기</td></tr>
<tr><th>시간</th><th>교육활동명</th><th colspan="5">세부교육활동</th><th colspan="2">자료</th></tr>
<tr><td>09:30
~
10:00</td><td>원장님과 대화</td><td colspan="5">원장님께 오방 다포를 보여 드렸더니 좋다고 구해 달라고 하셨다. 오방 다포를 보시고 다완 받침이냐고 물어보셔서 다완 위에 덮는 다포라고 했다.</td><td colspan="2" rowspan="3"></td></tr>
<tr><td>10:00
~
12:00</td><td rowspan="2">오방 다포와
말차</td><td colspan="5">(오방 다포를 오른쪽으로 돌려가면서)
– 자! 친구들, 다 일찍 일어났나요?
– 아침밥 먹고 왔죠?
– 친구들과 서로 인사를 했나요?
– 선생님께 인사를 했지요?
대답을 참 잘했어요. 말차는요, 잎을 갈아 마시는데 물에 녹지 않는 비타민 A, 토코페롤, 섬유질 등을 그대로 섭취할 수 있어요. 영양 가치가 대단히 높습니다.</td></tr>
<tr><td>14:00
~
16:00</td><td colspan="5"><말차 만들기 순서>
① 차 사발을 뜨거운 물로 따뜻하게 예열한다.
② 말차를 1g 정도 넣는다.
③ 끓인 물(탕수)을 50cc 정도 넣고 차선으로 격불한다.</td></tr>
<tr><th>시간</th><th>유아다례
다도활동내용</th><th colspan="5">유아다례 세부교육활동</th><th colspan="2">자료</th></tr>
<tr><td>10:00
~
12:00</td><td rowspan="2">말차</td><td colspan="5">오방 다포를 바구니에서 꺼내는 순간 유아들이 딱지 같다고 표현하였다. 물통에 브라우니(멍멍이 캐릭터) 스티커를 붙였더니 너무너무 좋아하였다.</td><td colspan="2" rowspan="2"></td></tr>
<tr><td>14:00
~
16:00</td><td colspan="5">말차를 서로 마셔 보겠다고 해서 차례대로 마시게 했다. “맛있어요, 이상해요” 등 여러 반응을 보였다. 마지막 시간에는 도자기 인형, 십이간지 동물 인형을 선물하였다.</td></tr>
<tr><th>교사의
조언</th><td colspan="8">지난 시간에 선물을 두 명에게만 주었다. 유아들이 다 가지고 싶어 했는데 마음이 편치 않았다. 오늘은 모두에게 주었더니 좋아하였다.</td></tr>
<tr><th>실습 후
느낀 점</th><td colspan="8">유아들이 오방 다포와 선물에 반응을 보였다.</td></tr>
</table>

일화 기록지

날짜	관찰유아 (성별, 나이)	관찰시간 및 장면	행동관찰	분석
12월 03일	남/여, 5세	10:00 ~ 12:00	바다반 유아들에게 명상을 시켰다. 1~10까지 팔을 올리면서 세고, 내리면서 1~10까지를 세게 했더니 어려워했다. 힘들어 하면서도 했다.	
	남/여, 5세	14:00 ~ 16:00	햇살반 유아들에게도 명상을 시켰다. 누워서 서로 발을 붙이게 하고 차려 자세로 1~10까지 세면서, 10~1까지 머리 위에서 밑으로 세게 하고 몇 번을 계속적으로 반복하였다.	

유아다례교육활동 관련자료

오방다포를 돌려가면서...

수업 자기평가서

일시	2012년 12월 03일(월요일)	장소	○○어린이집
영역	말차	지도교사	○○○, ○○○
주제	오방 다포		

자기평가					
수업준비를 충실히 하였다.	1	2	3	4	⑤
수업목표가 무엇인지 명확히 인식하고 있었다.	1	2	3	④	5
계획한 내용대로 수업을 진행하였다.	1	2	3	④	5
모든 유아들이 수업에 참여할 수 있도록 유도하였다.	1	2	3	4	⑤
유아들에게 적절하게 칭찬과 격려를 하였다.	1	2	3	4	⑤
수업에 적절한 질문을 하고 유아의 요구에 성실히 반응하였다.	1	2	3	4	⑤
평가를 하고 수업 뒷정리를 하였다.	1	2	3	4	⑤

잘된 점	오방 다포를 설명하였다.
부족한 점	다화를 준비하지 못하였다.
특이사항	다관이 좀 크다는 느낌이 들었다.

유아교육기관 현장참여 실습일지

<table>
<tr><th>날짜</th><th>요일</th><th>날씨</th><th>등원</th><th>하원</th><th>실습생</th><th>지도교사</th><th>원장</th></tr>
<tr><td>12월
10일</td><td>월</td><td>맑음</td><td>09시 30분</td><td>16시 10분</td><td>○○○</td><td>○○○</td><td>○○○</td></tr>
<tr><th>생활주제</th><td colspan="7">말차</td></tr>
<tr><th>주제</th><td colspan="7">말차와 명상</td></tr>
<tr><th>목표</th><td colspan="7">인내심 기르기</td></tr>
<tr><th>시간</th><th>교육활동명</th><th colspan="4">세부교육활동</th><th colspan="2">자료</th></tr>
<tr><td>09:30
~
10:00</td><td>○○○
선생님과 다담</td><td colspan="4">원장실에 있는 다화가 다병에 비해 너무 크다고 했더니, 선생님께서 남이 꽂아 놓은 것은 이야기를 하면 안 된다고 하셨다. ○○○ 선생님은 다음 주부터 다시, 다화를 원장님과 같이 배우기로 했다.</td><td colspan="2" rowspan="3"></td></tr>
<tr><td>10:00~
12:00</td><td rowspan="2">말차와 명상</td><td colspan="4">말차 잔을 가슴 앞까지 들고 1에서 10까지 세고 마시게 했다. 조절능력을 키우는 수업이었다.</td></tr>
<tr><td>14:00~
16:00</td><td colspan="4">앞에 반과 같이 실시하였는데, 한 유아는 말차를 마시고 나서 토하려고 하여 마시지 말라고 하였다.</td></tr>
<tr><th>시간</th><th>유아다례
다도활동내용</th><th colspan="4">유아다례 세부교육활동</th><th colspan="2">자료</th></tr>
<tr><td>10:00
~
12:00</td><td rowspan="2">말차</td><td colspan="4">날씨가 추워서 보온 물통은 아무래도 물 온도가 떨어지는 특성이 있어 휴대용 워머를 가져갔다. 유아들이 유기 주전자를 보고 물을 직접 끓이니까 호기심을 많이 가졌다. 유아들에게 말차는 녹차 잎을 갈아서 만든 차이며, 말차는 다식을 먼저 먹고 마셔야 된다고 알려주었다.</td><td colspan="2" rowspan="2"></td></tr>
<tr><td>14:00
~
16:00</td><td colspan="4">햇살반 유아들이 몰려들었다. “예쁜 친구들, 뒤로 두 걸음!” 했더니 유아들이 안 보인다고 대답했다. 그러고 나서 말차에 대하여 설명하였다. 한 유아는 차선을 보면서 큰 붓 같다고 하였다. 붓 같아 보이는 것이 차선임을 알려주고, 말차를 만들 때 쓰는 도구임을 알려주었다.</td></tr>
<tr><th>교사의
조언</th><td colspan="7">선생님 두 분도 말차를 처음 마셔 본다고 하셨다. 유아들이 처음 마시는 거라 오래도록 기억에 남을 거라고 했다.</td></tr>
<tr><th>실습 후
느낀 점</th><td colspan="7">어떻게 하면 좀 더 수업을 잘할 수 있을지 밤새도록 고민을 했다. 다기를 다 갖추어서 가져갔다. 수업을 하는 도중 땀이 줄줄 흘러서 난감했다. 긴장한 상태라서 더 그랬던 것 같다.</td></tr>
</table>

일화 기록지

날짜	관찰유아 (성별, 나이)	관찰시간 및 장면	행동관찰	분석
12월 10일	남/여, 5세	10:00 ~ 12:00	바다반 유아들에게 말차 다구에 대해서 이야기 하였다. 말차를 마시고 나서 맛이 어떠했는지 물어보았다. "시금치 냄새가 난다, 짜다, 풀냄새가 난다." 등의 여러 가지 대답을 하였다.	
	남/여, 5세	14:00 ~ 16:00	햇살반 유아들에게는 분청 나눔 잔에 말차를 조금씩 주었다. 씩씩하게 마시는 유아도 있지만 조금 마시는 유아들이 더 많았다. 한 유아는 어머니께서 말차를 만들어 준 적이 있다고 했다. 또 한 유아는 보리차는 녹차 잎으로 만든다고 하였다. 보리차가 아니고 보이차이고, 보이차는 녹차 잎으로 만들어짐을 알려주었다.	

유아다례교육활동 관련자료

수업 자기평가서

일시	2012년 12월 10일(월요일)	장소	○○어린이집
영역	말차	지도교사	○○○, ○○○
주제	말차와 명상		

자기평가					
수업준비를 충실히 하였다.	1	2	3	4	⑤
수업목표가 무엇인지 명확히 인식하고 있었다.	1	2	3	4	⑤
계획한 내용대로 수업을 진행하였다.	1	2	3	4	⑤
모든 유아들이 수업에 참여할 수 있도록 유도하였다.	1	2	3	4	⑤
유아들에게 적절하게 칭찬과 격려를 하였다.	1	2	3	4	⑤
수업에 적절한 질문을 하고 유아의 요구에 성실히 반응하였다.	1	2	3	4	⑤
평가를 하고 수업 뒷정리를 하였다.	1	2	3	4	⑤

잘된 점	분청 나눔 잔, 유희가 잘 되었다.
부족한 점	나눔 잔을 적게 가져갔다.
특이사항	한 유아가 토할 것 같다고 해서 당황하였다.

10 실습사례 ⑩

유아교육기관 현장참여 실습일지

<table>
<tr><th>날짜</th><th>요일</th><th>날씨</th><th>등원</th><th>하원</th><th>실습생</th><th>지도교사</th><th>원장</th></tr>
<tr><td>10월
26일</td><td>금</td><td>맑음</td><td>10시</td><td>16시 30분</td><td>○○○</td><td>○○○</td><td>○○○</td></tr>
<tr><th>생활주제</th><td colspan="7"></td></tr>
<tr><th>주제</th><td colspan="7">신농에 대한 설화 이야기와 차 마시기, 인사예절</td></tr>
<tr><th>목표</th><td colspan="7">차가 우리 몸속에 들어가 어떤 작용을 하는가?</td></tr>
<tr><th>시간</th><th>교육활동명</th><th colspan="5">세부교육활동</th><th>자료</th></tr>
<tr><td>10:00
~
15:00</td><td>유아다례</td><td colspan="5">- 신농 설화 이야기로 흥미를 유발시키고, 차가 사람 몸에 약으로 유용하다는 것을 알려주었다.
- 찻잔 받침을 부직포를 이용하여 빨강, 파랑, 노랑으로 만들었다. 각자가 좋아하는 색상 앞에 앉게 함으로써 흥미를 유발시켰다.
- 녹차를 우려 주었더니 잘 마시는 유아도 있었고 맛이 쓰다고 안 마시려 하는 유아도 있었다. 여자 유아들은 차를 마시면 예뻐지고, 남자 유아들은 씩씩하게 힘도 세어진다고 했더니 서로 더 달라고 하였다. 안 마시려고 하던 유아도 세 잔이나 마시고 더 달라고 하였다.</td><td>신농의 모습(투명한 배) 부직포로 만듦.

부직포 찻잔 받침, 녹차 50g</td></tr>
<tr><th>시간</th><th>유아다례
다도활동내용</th><th colspan="5">유아다례 세부교육활동</th><th>자료</th></tr>
<tr><td>10:00
~
15:00</td><td>녹차 우려
마시기와
인사예절</td><td colspan="5">- 모두 한자리에 둘러앉아서 서로가 마신 차의 색, 향, 미에 대해서 이야기하였다. 차의 고운 빛깔과 상큼한 향기, 깔끔한 맛에 대해 공감하는 시간을 가졌다.
- 공수하는 법을 배우며 겸손함을 스스로 익히게 하였고, 산만한 분위기를 억제하고 집중하는 시간을 갖게 하였다.</td><td>전차 다구,
녹차,
부직포
찻잔 받침</td></tr>
<tr><th rowspan="3">교사의
조언</th><td colspan="7">〈6세 동백반〉
동화를 펠트 동화로 준비해 주셔서 유아들이 차를 이해하는 것이 쉬웠던 것 같다. 차나무에 대해 처음 들어 보는 유아들이라 막연해 하는 것 같았다. 다음 주 수업을 미리 알려주셔서 좋았다. 다음엔 차 마실 때 들으면 좋은 음악을 들으며, 차 마시는 시간을 가지면 더 좋을 듯하다. 수고하셨습니다.</td></tr>
<tr><td colspan="7">〈6세 튤립반〉
동화를 통해 유아들의 주의집중이 잘 되고, 흥미가 있었던 것 같다. 유아들이 차분하게 집중할 수 있는 유익한 시간이었다. 차도 너무 맛있었다. 차분한 수업 진행도 너무 좋았다. 수고하셨습니다.</td></tr>
<tr><td colspan="7">〈7세 백합반- 6세 혼합반〉
어렵다고 생각했던 다례교육을 아주 쉽고 재미난 활동으로 유아들에게 좋은 교육을 하게 되어 기뻤다. 펠트를 이용한 동화 활동에서 아이들의 집중력 있는 모습을 볼 수 있었고, 녹차와 전통과자를 알고, 차 마시기 예절을 이해함으로써 우리 전통 교육에 한층 더 쉽게 접근할 수 있었던 것 같다.</td></tr>
<tr><th>실습 후
느낀 점</th><td colspan="7">다례 체험은 여러 번 하였으나, 유아다례는 처음이라 하기 전에 준비하는 과정이 어려웠다. 유아들을 대하면서 눈높이를 맞추려 노력하니 조금은 수월했다. 서로 더 먹으려 하고, 더 해보고 싶어 하는 것을 보면서 유아들에 대해 조금 더 이해하게 되었다.</td></tr>
</table>

일화 기록지

날짜	관찰유아 (성별, 나이)	관찰시간 및 장면	행동관찰	분석
10월 26일	남, 7세	10:30~	차를 보고 "쉬한 것 같은 색이에요."라고 하여 유아들의 얼굴에서 웃음꽃이 피었다.	유아들은 자주 접해 보지 않은 색이기 때문에 자기가 본 색 중에 소변색과 가깝다고 생각한 것 같다.
	남, 7세 외 여러 명	10:30~	- 선생님 간식 더 주세요. - 저도요. - 저도요.	유아들이 먹는 것에 관심과 욕심이 많아 너도나도 할 것 없이 달라고 졸라댔다.
	여, 6세 외 여러 명	10:30~	- 선생님 저도 따라해 보고 싶어요. - 선생님 저도 하고 싶어요. - 나는 안 했는데….	유아들이 새로운 것에 흥미를 느끼는 것을 알 수 있었다. 특히나 여자 유아들은 소꿉놀이처럼 생각하는 것 같았다.

유아다례교육활동 관련자료

수업 자기평가서

일시	2012년 10월 26일(금요일)	장소	○○어린이집
영역		지도교사	○○○
주제	신농에 대한 설화 이야기와 차 마시기		

자기평가					
수업준비를 충실히 하였다.	①	2	3	4	5
수업목표가 무엇인지 명확히 인식하고 있었다.	①	2	3	4	5
계획한 내용대로 수업을 진행하였다.	1	②	3	4	5
모든 유아들이 수업에 참여할 수 있도록 유도하였다.	①	2	3	4	5
유아들에게 적절하게 칭찬과 격려를 하였다.	1	②	3	4	5
수업에 적절한 실문을 하고 유아의 요구에 성실히 반응하였다.	1	2	③	4	5
평가를 하고 수업 뒷정리를 하였다.	1	2	③	4	5

잘된 점	부직포로 만든 동화책을 보여주며 동화 이야기를 해주었더니, 유아들이 흥미를 갖고 집중하였다.
부족한 점	유아들의 질문에 바로바로 답을 해주지 못한 것 같아 좀 아쉬웠고, 대처하는 것에 미숙하였다.
특이사항	원장님이 유아다례 시간이기 때문에 유아들에게 한복을 입혔다. 아이들이 불편해 하였다.

유아교육기관 현장참여 실습일지

날짜	요일	날씨	등원	하원	실습생	지도교사	원장
10월 31일	수	맑음	10시	16시 30분	○○○	○○○	○○○

생활주제	
주제	자료로 보는 찻잎, 꽃, 씨, '실화상봉수' 꽃과 씨앗의 만남
목표	아름다운 차 꽃과 씨앗이 1년을 기다려 다시 만나는 신비로움과 차로 인해 아이들과 내의 만남이 이루어졌음을 알려줌

시간	교육활동명	세부교육활동	자료
10:00 ~ 15:00	유아다례	- 부직포로 만든 차나무와 꽃, 씨앗을 가지고 꽃이 피고 지면서 열매를 맺고 1년을 기다려 다시 꽃과 열매가 만나는 것을 '실화상봉수'라고 한다는 얘기와 이것을 아기가 엄마 뱃속에 있다가 엄마와 만나게 됨을 비유하여 이야기하였다. - 차 씨앗을 보여주고, 만져도 보고, 냄새도 맡아보았다. - 차 꽃과 씨앗이 바구니에 담긴 사진을 보여주면서, 차 꽃 수술은 부처님이 사는 시냇가의 모래 빛과 같은 색이라고 설명해 주었다. - 찻잔에 몇 개의 찻잎을 넣고 물을 부어 차가 어떻게 우러나는지 관찰하여 찻잎의 모양, 색, 향을 보았다.	부직포로 만든 차나무, 꽃, 열매, 차 씨앗, 차 꽃, 씨앗 사진, 녹차 50g

시간	유아다례 다도활동내용	유아다례 세부교육활동	자료
10:00 ~ 15:00	잔에 녹차 잎을 5~7잎 넣고 관찰하기	- 잔에 물을 붓고 잎이 펴지는 모습과 차가 우려지면서 물색의 변화를 관찰하였다. 또 진한 차향까지 여러 가지를 접할 수 있게 하였다. - 우려진 차를 마시고, 찻잎을 펴서 잎의 모양도 관찰하고, 우려지고 남은 찻잎을 먹기도 했다.	전차 다구, 녹차

교사의 조언	〈7세 백합반-6세 혼합반〉 차나무의 찻잎을 우려 녹차를 마셔보고 찻잎과 꽃, 씨의 만남으로 차를 이해해보는 유익한 시간이었다. 차와 전통과자를 바르게 앉아 바르게 먹음으로써 흐트러졌던 마음과 자세를 다시 한 번 가다듬는 의미 있는 활동이 되었다.
	〈6세 튤립반〉 첫날의 수업을 어느 정도는 잘 기억하고 있었던 것 같다. 다른 주제로 유아들이 새로운 것을 알아가는 것 같아 좋았다. 수고하셨습니다.
	〈6세 동백반〉 유아들이 선생님과 한 번 경험한 터라, 장난을 좀 많이 쳐서 통솔하는 데 힘드셨던 것 같다. 그래도 차분하게 비유를 통해 유아들이 이해하기 쉽도록 이야기를 잘 해주신 듯하다. 사진 자료, 씨앗, 유아들이 직접 보고 만질 수 있고, 냄새를 맡아볼 수 있어 오감 자극이 되었다. 찻잎이 뜨거운 물에서 변화되는 과정도 과학과 연결되었다. 오늘도 수고하셨습니다.
실습 후 느낀 점	유아들이 찻잎이 물속에서 변하는 모습을 보며 신기해 하였지만, 제일 관심을 보인 것은 차 씨였다. 우리가 그냥, '아! 씨구나' 하고 지나칠 수 있지만, 유아들에겐 그 이후가 아주 궁금한 모양이다. 유아들의 눈은 신기함과 호기심이 가득 넘치는 것 같아 새로움이 더해진다.

일화 기록지

<table>
<tr><th>날짜</th><th>관찰유아
(성별, 나이)</th><th>관찰시간
및 장면</th><th>행동관찰</th><th>분석</th></tr>
<tr><td rowspan="8">10월
31일</td><td>여, 6세</td><td>10시 30분</td><td>찻잔에서 차가 우려지며 나오는 향을 맡고는 “선생님 밥하는 냄새가 나요.”라고 하였다.</td><td rowspan="8">유아들에게는 차 향이 익숙하지 않아 가장 가까운 냄새가 밥이라 생각한 것 같다.

유아들에게 씨앗은 신비한 것으로 느끼는 것 같았다.

모든 유아들이 심어보고 싶다 하였고, 싹이 나올 것이라는 것에 기대가 큰 것 같았다.

한 유아는 집에서 엄마가 허브차를 마신다고 하였나. 그래서인지 차도 잘 마셨다.</td></tr>
<tr><td>여, 6세</td><td>10시 15분</td><td>차 씨 심고 싶다.</td></tr>
<tr><td>남, 6세</td><td>10시 15분</td><td>나도 심고 싶다. 주세요.</td></tr>
<tr><td>남, 6세</td><td>11시 20분</td><td>차 씨 주세요. 갖고 싶어요.</td></tr>
<tr><td>남, 7세</td><td>13시 20분</td><td>심으면 나요? 어떻게 나요?</td></tr>
<tr><td>여, 6세</td><td>13시 20분</td><td>차 씨 심으면 차 나와요?</td></tr>
<tr><td>여, 6세</td><td>13시 20분</td><td>씨가 왜 이렇게 커요? 심으면 큰 나무가 돼요.</td></tr>
<tr><td>남, 6세</td><td>13시 35분</td><td>차 많이 주세요. 난 집에서도 먹는데.</td></tr>
</table>

유아다례교육활동 관련자료

수업 자기평가서

일시	2012년 10월 31일(수요일)	장소	○○어린이집
영역		지도교사	○○○
주제	찻잎, 꽃과 씨앗의 만남, '실화상봉수', 찻잔에 찻잎 우려 관찰하기		

자기평가					
수업준비를 충실히 하였다.	1	②	3	4	5
수업목표가 무엇인지 명확히 인식하고 있었다.	1	②	3	4	5
계획한 내용대로 수업을 진행하였다.	1	2	③	4	5
모든 유아들이 수업에 참여할 수 있도록 유도하였다.	1	②	3	4	5
유아들에게 적절하게 칭찬과 격려를 하였다.	①	2	3	4	5
수업에 적절한 질문을 하고 유아의 요구에 성실히 반응하였다.	1	2	③	4	5
평가를 하고 수업 뒷정리를 하였다.	①	2	3	4	5

잘된 점	평소에 자주 접하지 못했던 차 꽃과, 씨앗이 있는 사진을 보며 차 꽃이 너무 예쁘다고 미소 지었고, 찻잔에서 차가 우려지는 모습을 관찰하며 신기해하는 모습의 유아들이 귀여웠다. 차 씨앗을 손으로 만져 보게 하였더니 심고 싶다고 하였다.
부족한 점	수업을 진행하는 흐름이 원활하지 않은 부분과 유아들의 엉뚱한 질문에 대답을 어떻게 하여야 할지 난감했다.
특이사항	오늘도 역시 유아들이 한복을 입고 왔다. 원장님께 편안한 복장으로 입어도 되냐고 물었지만, 안 된다고 하셨다.

유아교육기관 현장참여 실습일지

날짜	요일	날씨	등원	하원	실습생	지도교사	원장
11월 02일	금	맑음	10시	16시 30분	○○○	○○○	○○○

생활주제	
주제	사진으로 보는 차나무, 새싹, 꽃, 찻잎 그려보기, 녹차 우려 마시기
목표	유아들에게 사진으로 찻잎과 꽃, 씨앗이 어떻게 생겼는지를 알려주었다.

시간	교육활동명	세부교육활동	자료
10:00 ~ 15:00	유아다례	- 찻잎이 톱니처럼 생겼다는 것을 알려주었다. - 차밭과 꽃, 씨앗, 새싹을 사진으로 보여주며 알려주었다. - 차밭과 꽃, 씨앗, 새싹, 찻잎을 보여주고 그려보기를 하였다. - 유아들 손에 맞는 다구로 직접 우려 마셔보기	말린 찻잎을 코팅하여 만듦. 꽃, 씨앗, 찻잎, 새싹 사진, 크레파스, A4 용지, 녹차 30g, 전차다구

시간	유아다례 다도활동내용	유아다례 세부교육활동	자료
10:00 ~ 15:00	찻잎, 씨앗, 꽃, 차나무 그림 그리기	책갈피에 말려 놓았던 찻잎과 사진으로 보는 차나무, 차나무 밭, 꽃, 차나무에 달린 씨앗을 함께 보면서 설명해주고, 유아들과 함께 자리에 엎드려서 A4 용지에 크레파스로 그림을 그려 보았다.	말린 찻잎, 꽃, 차나무 사진, A4 용지, 크레파스, 유아용 다구, 녹차
	유아들 손에 맞는 다구로 스스로 우려 차 마셔보기	유아들 손에 맞는 다구로 다관에 찻잎을 넣어주고, 물을 부어 우린 다음 유아들 스스로 따라 마셔보기	

교사의 조언	〈6세 튤립반〉 꽃에 대해 다시 한 번 알아보고 유아들이 좋아하는 그림 그리기를 통해 재미있게 잘한 것 같다. 유아들이 점점 차를 맛있게 먹는 것 같아 다행이다. 수고하셨습니다.
	〈7세 백합반-6세 혼합반〉 우리가 마시는 차나무의 나뭇잎, 차나무 밭, 새싹, 열매를 사진 자료로 알아보고, 차 나뭇잎과 꽃잎을 그리면서 조금 더 녹차에 지속적인 관심과 호기심을 가질 수 있게 된 것 같다.
	〈6세 동백반〉 유아들의 자세가 많이 흐트러졌을 때, 잠시 활동을 멈추고 흐트러진 자세를 바로 잡은 후, 활동하는 것이 더 좋겠다. 손 유희를 몇 가지 알아서 자세가 흐트러지면 사용하는 것도 좋을 듯하다. 오늘도 유아들이 찻잎, 꽃 사진, 그려보기 활동을 통해 차에 대해 또 자세히 알게 된 시간이었다. 수고하셨습니다.
실습 후 느낀 점	유아들과 엎드려서 차 꽃도 그려보고, 찻잎도 그려보고, 서로 보여주고 자랑하면서 7살 때의 나로 돌아간 것 같았다. 유아들 그림도 선물로 받았고, 내 그림도 선물로 주었다. 앞으로도 그림 그리기를 꼭 유아들과 해야겠다.

일화 기록지

<table>
<tr><th>날짜</th><th>관찰유아
(성별, 나이)</th><th>관찰시간
및 장면</th><th>행동관찰</th><th>분석</th></tr>
<tr><td rowspan="7">11월
02일</td><td>여, 6세 외
여러 명</td><td>10시 30분</td><td>- 하동의 차 밭 사진을 보고
• 미로같이 생겼어요.
• 밭같이 생겼어요.</td><td rowspan="7">유아들이 보는 관점은 보여지는 모양으로 끼워 맞춰 생각하는 것 같다.

유아들이 차 밭을 신기한 것이라 생각하는 것 같다.

한 유아는 말린 찻잎을 가지고 가서 종이 위에 대고 그리기 시작했다. 그러자 몇몇 유아들도 따라 그리기 시작했다.</td></tr>
<tr><td>남, 7세</td><td rowspan="3">13시 30분</td><td>파도처럼 생겼어요.</td></tr>
<tr><td>남, 7세</td><td>계단처럼 생겼어요.</td></tr>
<tr><td>여, 7세</td><td>선생님, 가보고 싶어요.</td></tr>
<tr><td>남, 6세</td><td rowspan="2">11시 10분</td><td>- 그림 그리기
선생님, 그림 가지실래요?</td></tr>
<tr><td>남, 6세</td><td>제 것도 선물요.</td></tr>
<tr><td>여, 6세</td><td>11시 30분</td><td>못 그리겠어요. 대고 그려도 돼요?</td></tr>
</table>

유아다례교육활동 관련자료

수업 자기평가서

일시	2012년 11월 02일(금요일)	장소	○○어린이집
영역		지도교사	○○○
주제	사진으로 보는 차나무, 새싹, 꽃, 찻잎, 찻잎과 꽃 그려보기		

자기평가					
수업준비를 충실히 하였다.	①	2	3	4	5
수업목표가 무엇인지 명확히 인식하고 있었다.	①	2	3	4	5
계획한 내용대로 수업을 진행하였다.	1	②	3	4	5
모든 유아들이 수업에 참여할 수 있도록 유도하였다.	1	2	③	4	5
유아들에게 적절하게 칭찬과 격려를 하였다.	1	②	3	4	5
수업에 적절한 질문을 하고 유아의 요구에 성실히 반응하였다.	1	②	3	4	5
평가를 하고 수업 뒷정리를 하였다.	1	2	③	4	5

잘된 점	책갈피에 말렸던 큰 찻잎을 직접 보여주고 꽃과 씨앗 사진을 보여주며 그려보기를 하였다. 유아들이 적극적으로 참여하였고, 나에게 선물하는 유아도 있었다. 내가 그린 그림을 달라고 하는 유아도 있었다. 또 유아들 손에 꼭 맞는 다구를 보고 유아들이 서로 차를 우리겠다며 좋아하였다.
부족한 점	어느 정도 시간의 여유를 두고 수업을 진행했어야 했는데, 며칠 사이 유아들이 좀 어수선한 점이 있었다. 흐트러진 분위기를 바로 잡아가며 수업 진행을 해야 했는데 그 부분이 부족했다.
특이사항	

유아교육기관 현장참여 실습일지

<table>
<tr><th>날짜</th><th>요일</th><th>날씨</th><th>등원</th><th>하원</th><th>실습생</th><th>지도교사</th><th>원장</th></tr>
<tr><td>11월
27일</td><td>수</td><td>맑음</td><td>10시</td><td>16시 30분</td><td>○○○</td><td>○○○</td><td>○○○</td></tr>
<tr><th>생활주제</th><td colspan="7"></td></tr>
<tr><th>주제</th><td colspan="7">일본 말차 만들어 마셔보기와 느낌 이야기하기</td></tr>
<tr><th>목표</th><td colspan="7">우리나라의 녹차와 일본에서 즐겨 마시는 말차의 차이점</td></tr>
<tr><th>시간</th><th>교육활동명</th><th colspan="5">세부교육활동</th><th>자료</th></tr>
<tr><td>10:00
~
15:00</td><td>유아다례</td><td colspan="5">- 유아들이 그림과 사진으로만 본 녹차나무를 구하여 화분에 심은 아기 차나무를 보여주었다.
- 지난번에 차씨를 보여줬더니 심고 싶다고 하여 구하게 되면 주겠다고 약속을 했는데, 볼 때마다 차 씨를 안 주냐고 하여 어렵게 차 씨를 구해 주었다. 너무 좋아하였다.
- 일본 말차를 해보았는데, 물로 하면 뜨겁고 써서, 유아들이 먹지 않을 것 같아 요구르트를 넣어서 만들어 주었다.
- 색과 모양과 맛을 보며 이야기를 나누었다.
- 달마스님의 옛날이야기로 녹차나무 이야기를 해주며 차나무를 보여 주었다.</td><td>차나무,
차씨,
말차,
말차 다구,
부직포
찻잔 받침</td></tr>
<tr><th>시간</th><th>유아다례
다도활동내용</th><th colspan="5">유아다례 세부교육활동</th><th>자료</th></tr>
<tr><td rowspan="2">10:00
~
15:00</td><td>녹차나무
이야기</td><td colspan="5">"달마스님이 참선을 하다 졸음이 너무 와서 마당에 나가 속눈썹을 뽑아 던져 졸음을 쫓고 다시 참선에 들었는데, 시간이 흐른 뒤에 마당에 버린 속눈썹 자리에 나무가 자라서, 그 나무의 잎을 다려 마셨더니 정신이 맑아져 무슨 나무인가 하여 보니 차나무였다."라는 이야기를 해주었다.</td><td rowspan="2">차나무,
말차,
요구르트</td></tr>
<tr><td>말차 격불하여
마시기</td><td colspan="5">- 요구르트에 말차를 격불하여 그 모양과 색, 맛을 보았다.
- 일본에서는 말차를 즐겨 마신다고 설명하였다.
- 차를 많이 마시면 남자들은 힘이 세지고, 여자들은 예뻐진다고 설명해 주었다.</td></tr>
<tr><th rowspan="3">교사의
조언</th><td colspan="7">〈6세 동백반〉
마지막 유아다례교육, 수고 많으셨습니다. 유아들에게 보여 주려고 차나무도 직접 공수해서 가져오시고, 첫날에 주기로 약속한 차 씨도 주셔서 유아들이 차 씨, 차나무를 가까이에서 접해 볼 수 있었던 기회가 되었다. 그동안 감사했습니다.</td></tr>
<tr><td colspan="7">〈6세 튤립반〉
중국과 한국의 찻잎을 이용한 차와 일본의 가루인 말차를 이용한 차의 종류와 맛, 특성을 이해할 수 있는 시간이 되었고, 과자와 함께 먹음으로써 차의 맛을 한층 더 느껴보는 시간이 되었던 것 같다. 선생님께서 차나무와 씨앗을 실물로 보여주셔서 유아들에게 더욱 더 큰 도움이 되었고, 우리 유아들이 씨앗을 심어 새싹이 나올 수 있게 연계 지도할 예정이다. 우리 유아들에게 좋은 가르침을 주셔서 감사합니다.</td></tr>
<tr><td colspan="7">〈7세 백합반-6세 혼합반〉
마지막 수업까지 유아들이 재미있게 잘 들은 것 같다. 오늘은 유아들이 평소 보던 것과 다른 차로 흥미도 끌었던 것 같다. 매회 다른 주제로 유아들이 다양하게 듣고 보고 배운 것 같아 매우 유익한 수업이 되었다. 감사합니다.</td></tr>
<tr><th>실습 후
느낀 점</th><td colspan="7">마지막 시간으로 수업을 마쳤다. 유아들에게 짧은 시간에 많은 것을 알려주려고 하다 보니 전달되지 않는 부분이 많았고, 서툰 점도 많아 아쉬웠다. 다음에 다시 할 기회가 된다면 준비를 잘해서 유아들에게 잘 전달할 수 있도록 공부를 많이 해야겠다.</td></tr>
</table>

일화 기록지

<table>
<tr><th>날짜</th><th>관찰유아
(성별, 나이)</th><th>관찰시간
및 장면</th><th>행동관찰</th><th>분석</th></tr>
<tr><td rowspan="8">11월
07일</td><td>남, 6세</td><td>10시 15분</td><td>- 일본의 말차를 소개하고 격불하여 보여줌.
선생님 각시탈, 일본에서 봤어요.</td><td rowspan="8">유아들이 말차 모양과 색을 보고 어떤 유아는 녹즙 같아서 먹기 싫다고 하고, 먹으면서 배 아플 것 같아 안 먹는다는 유아도 있었다. 선입견을 먼저 갖는 것 같았다. 그러나 먹어본 후에는 맛있다며 더 달라는 유아들이 많았다.

차 씨를 보고 크다며 신기해 하였다. 더 달라는 유아들도 많았다. 심으면 정말 싹이 나올까 의심하는 유아도 있었다.</td></tr>
<tr><td>여, 6세</td><td>10시 35분</td><td>비누 거품 같아요.</td></tr>
<tr><td>여, 6세</td><td>10시 40분</td><td>메론 바 같아요.</td></tr>
<tr><td>남, 6세</td><td>14시</td><td>비눗방울 같아요.</td></tr>
<tr><td>남, 6세</td><td>10시 40분</td><td>녹즙 같아요. 안 먹을래요.</td></tr>
<tr><td>남, 6세</td><td>10시 50분</td><td>- 차 씨를 받고서
새싹 나오면 선생님께 사진으로 보여줄게요.</td></tr>
<tr><td>여, 7세</td><td rowspan="2">14시 30분</td><td>초콜릿 같아요.</td></tr>
<tr><td>남, 7세</td><td>먹어도 돼요?</td></tr>
</table>

유아다례교육활동 관련자료

수업 자기평가서

일시	2012년 11월 07일(수요일)	장소	○○어린이집
영역		지도교사	○○○
주제	일본 말차를 만들어 마셔보고 느낌 이야기하기		

자기평가					
수업준비를 충실히 하였다.	①	2	3	4	5
수업목표가 무엇인지 명확히 인식하고 있었다.	1	②	3	4	5
계획한 내용대로 수업을 진행하였다.	1	②	3	4	5
모든 유아들이 수업에 참여할 수 있도록 유도하였다.	①	2	3	4	5
유아들에게 적절하게 칭찬과 격려를 하였다.	①	2	3	4	5
수업에 적절한 질문을 하고 유아의 요구에 성실히 반응하였다.	1	2	③	4	5
평가를 하고 수업 뒷정리를 하였다.	1	②	3	4	5

잘된 점	흔히 접하지 못하는 차나무를 실제로 보여줌으로써 유아들이 차에 대해 좀 더 익숙해질 수 있었다. 차 씨를 심고 물도 주고 정성들여 키워 새싹을 보고 싶어 하는 유아들의 눈망울을 잊을 수가 없다. 오늘 차 씨가 인기 최고였다. 또 처음 마셔보는 말차에 요구르트를 섞었더니, 익숙한 맛이라 유아들이 아주 좋아했다.
부족한 점	유아들의 호기심을 유도하기 위하여 매번 다른 프로그램으로 했는데, 흥미는 있었으나 며칠 동안 자주한 탓에 만족스러운 결과는 얻지 못했다. 또한 짧은 시간에 준비하는 데 어려움도 많았다.
특이사항	

11 실습사례 ⑪

유아교육기관 현장참여 실습일지

날짜	요일	날씨	등원	하원	실습생	지도교사	원장
09월 03일	월	맑음	13시	17시	○○○	○○○	○○○
생활주제	세계 속의 우리나라						
주제	우리나라의 생활 전통예절						
목표	한복 바르게 입기						

시간	교육활동명	세부교육활동	자료
13:00 ~ 15:00	대·소 집단활동 우리나라 전통의상 한복을 바르게 입기	- 한복 바르게 입기 우리나라 전통의상인 한복을 바르게 입는 방법에 대해 친구들과 이야기를 나누어본다. 순서에 맞게 한복을 입어 보게 한다. - 한복 입는 방법 • 여자 : 속바지-버선-속치마-치마-저고리 • 남자 : 바지-저고리-버선-조끼-마고자-두루마기 * 두루마기는 외출을 하거나 예를 갖추어야 할 때 입어야 한다.	유아 개별 한복
시간	유아다례 다도활동내용	유아다례 세부교육활동	자료
15:10 ~ 17:00	자유선택활동 (역할 영역)	- 유아들의 한복을 유치원에 비치해 두고, 한복을 입고 자유롭게 역할놀이를 해 볼 수 있도록 이야기를 나누고 활동하였다. - 한복을 입고 세배를 하거나 다기 세트로 차 따르는 놀이를 하며 다양한 활동을 하였다.	다양한 역할놀이 소품
교사의 조언	유아들이 전통 한복을 입고 활동하는 것을 무척 즐거워했다. 우리의 전통에 흥미를 갖기 시작함으로써 전통문화를 이해하기 시작하였다.		
실습 후 느낀 점	대체적으로 한복 입기를 좋아하면서도 입는 데 조금 불편해 하는 모습을 보았다. 옷고름 매는 것은 편리함에도 불구하고 유아들이 힘들어해서 도와주면서 설명해 주었다. 오후 시간에 유아들과 한복을 입고 여러 역할놀이를 하면서 너무 즐거워하는 모습에 행복했다. 잠시지만 유아들과 정도 들고 시간만 된다면 더 놀고 싶었다.		

유아다례교육활동 관련자료

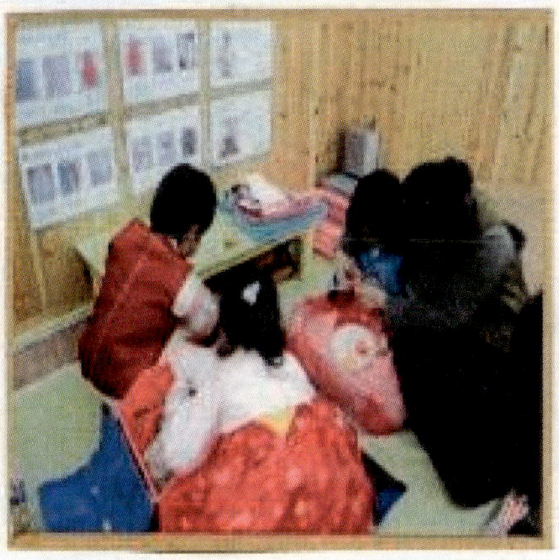

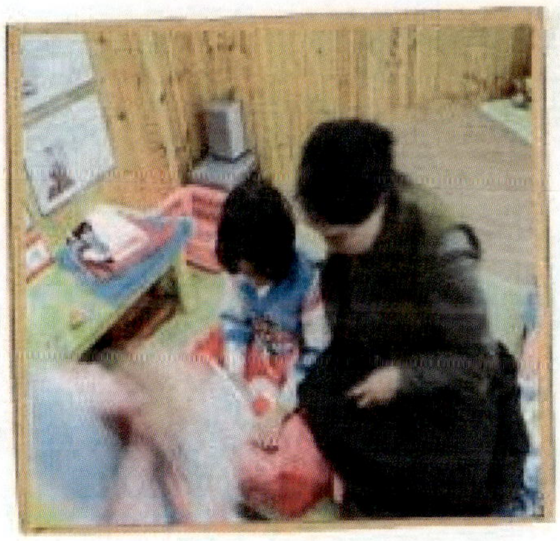

유아교육기관 현장참여 실습일지

<table>
<tr><th>날짜</th><th>요일</th><th>날씨</th><th>등원</th><th>하원</th><th>실습생</th><th>지도교사</th><th>원장</th></tr>
<tr><td>09월
05일</td><td>수</td><td>맑음</td><td>13시</td><td>17시</td><td>○○○</td><td>○○○</td><td>○○○</td></tr>
<tr><th>생활주제</th><td colspan="7">세계 속의 우리나라</td></tr>
<tr><th>주제</th><td colspan="7">전통문화</td></tr>
<tr><th>목표</th><td colspan="7">다구 명칭과 쓰임에 대해 알아본다.</td></tr>
<tr><th>시간</th><th>교육활동명</th><th colspan="5">세부교육활동</th><th>자료</th></tr>
<tr><td>13:00
~
15:00</td><td>대·소집단
활동

다구 명칭
알아보기</td><td colspan="5">- 다구 세트를 보며 명칭 알아보기
준비된 다구 세트를 보며 이름을 알고 있는 유아들이 있는지 이야기 나눠보고 정확한 명칭을 이야기해 주었다. 유아들과 한 번씩 이름을 불러보며 어떤 용도로 쓰이는지 유아들에게 먼저 자유롭게 이야기를 나누어 보게 하였다.
- 다구 세트의 명칭과 쓰임에 대해 알아보기
유아들의 이야기를 들어보고 용도에 대해 이야기하고 다구 이름과 쓰임에 대해 유아들끼리 자유롭게 이야기를 나누는 시간을 가지며 활동해 보았다.
*다관 : 차 우릴 때 사용
*숙우 : 물 식힐 때 사용
*찻잔 : 차 마실 때 사용
*차호 : 차 담을 때 사용
*다건 : 물 닦을 때 사용
*다포 : 찻상 덮을 때 사용</td><td></td></tr>
<tr><th>시간</th><th>유아다례
다도활동내용</th><th colspan="5">유아다례 세부교육활동</th><th>자료</th></tr>
<tr><td>15:10
~
17:00</td><td>자유선택활동
(언어 영역)</td><td colspan="5">- 그림 자료를 보며 다구의 명칭에 대해 유아들과 자유롭게 이야기를 나누기도 하고, 이름과 쓰임에 대해 글이나 그림을 적어보며 다양하게 활동하였다.</td><td>다양한 도구</td></tr>
<tr><th>교사의
조언</th><td colspan="7">차와 관련한 용어는 한자어로 되어 있어 유아들이 쉽게 이해하기에는 어려운 단어들이다. 즐겨 부를 수 있는 동요로 개사해 함께하니 효과가 좋았다.</td></tr>
<tr><th>실습 후
느낀 점</th><td colspan="7">다구의 명칭과 쓰임을 좀 더 쉽게 설명해 주려고 하였으나 단어 선택이 다소 어려웠다. 유아들 수준에 맞게 설명하지 못해 아쉬움이 남았다. 자료 준비도 중요하지만 유아들이 흥미 있게 활동할 준비가 매우 중요하다는 것을 실감할 수 있었다.</td></tr>
</table>

유아다례교육활동 관련자료

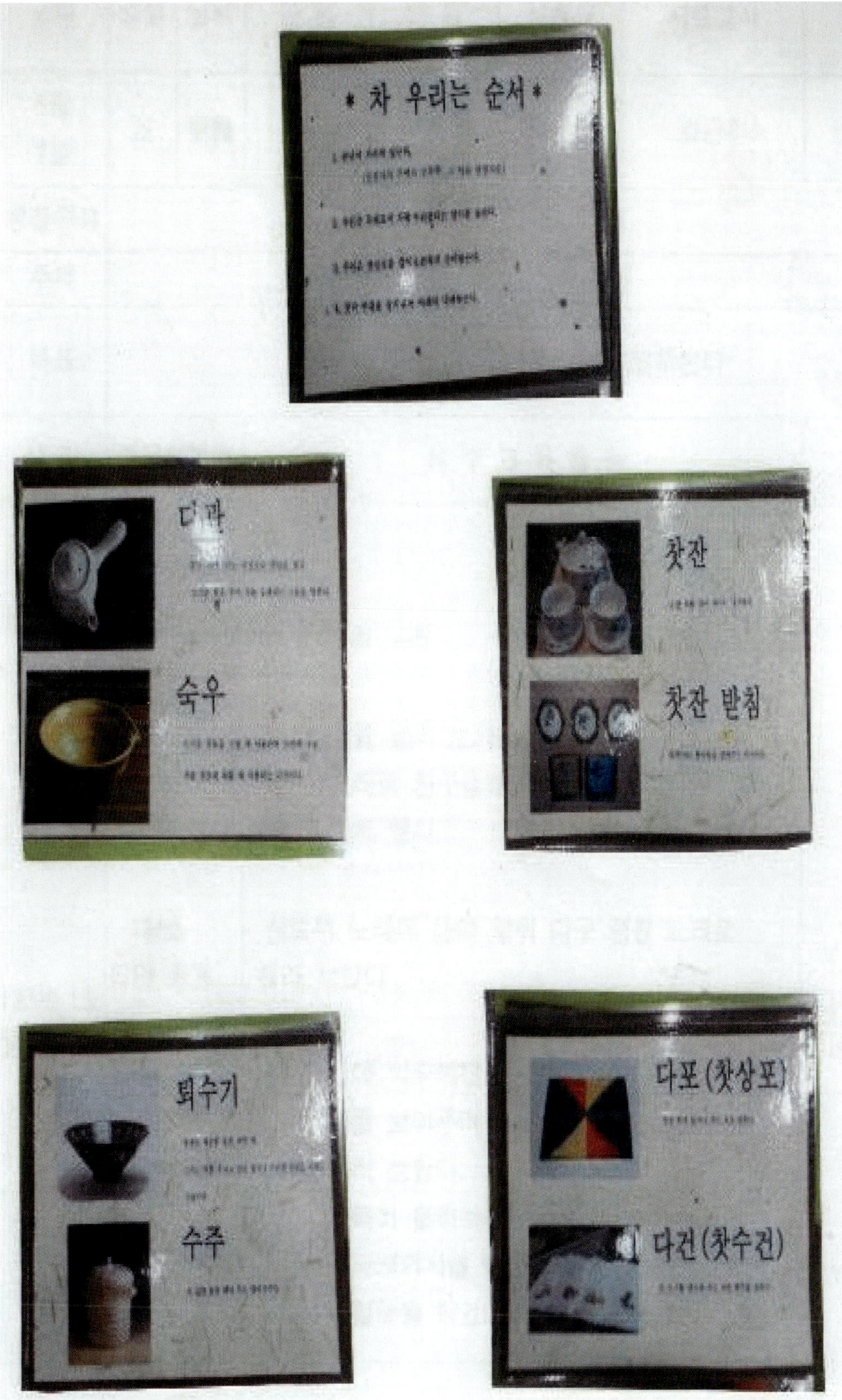

유아교육기관 현장참여 실습일지

<table>
<tr><th>날짜</th><th>요일</th><th>날씨</th><th>등원</th><th>하원</th><th>실습생</th><th>지도교사</th><th>원장</th></tr>
<tr><td>09월
03일</td><td>월</td><td>맑음</td><td>13시</td><td>17시</td><td>○○○</td><td>○○○</td><td>○○○</td></tr>
<tr><th>생활주제</th><td colspan="7">세계 속의 우리나라</td></tr>
<tr><th>주제</th><td colspan="7">우리나라의 전통문화</td></tr>
<tr><th>목표</th><td colspan="7">우리나라의 전통문화에 대해 알아본다.</td></tr>
<tr><th>시간</th><th>교육활동명</th><th colspan="5">세부교육활동</th><th>자료</th></tr>
<tr><td>13:00
~
15:00</td><td>대 · 소집단
활동

다구 명칭 노래</td><td colspan="5">- 다구 명칭 노래
다구 노래를 불러 보기 전 유아들이 알고 있는 산토끼 노래를 유아들과 먼저 불러 보며 율동도 함께했다.
- 산토끼 노래의 음에 맞춰 다구 명칭 노래를 불러 보았다.
노래의 음에 익숙해진 유아들과 다구 명칭을 넣은 가사를 보여주며 음을 붙여 한 소절씩 불러 보았다. 가사를 반복해 불러보며 노래에 익숙해지자 유아들이 노래 가사를 한 소절씩 번갈아 불러보며 활동을 하였다.</td><td>다구 명칭
노래 가사</td></tr>
<tr><th>시간</th><th>유아다례
다도활동내용</th><th colspan="5">유아다례 세부교육활동</th><th>자료</th></tr>
<tr><td>15:10
~
17:00</td><td></td><td colspan="5">〈다구 명칭 노래〉
물 끓일 때 탕관 / 차 우릴 때 다관
물 식힐 때 숙우 / 차 마실 때 찻잔
물 닦을 때 다건 / 차 담을 때 차호
다구 차리는 찻상 / 찻상 덮는 다포</td><td>다양한
역할놀이
소품</td></tr>
<tr><th>교사의
조언</th><td colspan="7">다구 명칭과 용어가 다소 어려운 한자어로 되어 있어 쉽게 이해시키려고 적절한 단어로 바꾸고 설명하니 공감하였다.</td></tr>
<tr><th>실습 후
느낀 점</th><td colspan="7">다구 세트의 명칭이 유아들에게는 어려웠다. 나름 쉽게 한다고 잘 알고 있는 노래에 가사를 붙여 불러보면서 유아들이 쉽게 이름을 알 수 있도록 음률 영역에서 활동을 해보았다. 유아들의 적극적인 모습을 볼 수 있었다. 다양한 방법의 활동을 통해 유아들의 참여도를 높이고 높은 효과를 볼 수 있다는 점을 알았다.</td></tr>
</table>

유아다례교육활동 관련자료

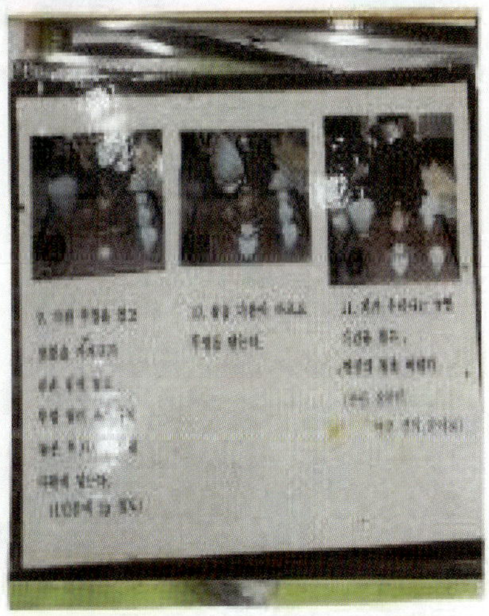

유아교육기관 현장참여 실습일지

<table>
<tr><th>날짜</th><th>요일</th><th>날씨</th><th>등원</th><th>하원</th><th>실습생</th><th>지도교사</th><th>원장</th></tr>
<tr><td>09월
10일</td><td>월</td><td>맑음</td><td>13시</td><td>17시</td><td>○○○</td><td>○○○</td><td>○○○</td></tr>
<tr><th>생활주제</th><td colspan="7">세계 속의 우리나라</td></tr>
<tr><th>주제</th><td colspan="7">우리나라의 전통문화</td></tr>
<tr><th>목표</th><td colspan="7">국화차 색, 향, 미 알아보기</td></tr>
<tr><th>시간</th><th>교육활동명</th><th colspan="4">세부교육활동</th><th colspan="2">자료</th></tr>
<tr><td>13:00
~
15:00</td><td>집단활동
차 마시기</td><td colspan="4">- 국화차 맛과 향 느껴 보기
먼저 생 국화와 마른 국화를 비교하고, 만져보기도 하고 국화 향을 맡아보기도 했다. 유아들과 국화 향에 대해 자유롭게 이야기를 나눠보았다.

- 유아들과 말린 국화 우려 보고 맛보기
직접 국화를 우려내는 과정에서 마른 국화의 변화 과정을 관찰해 보았더니 유아들이 신기해하면서 너무 좋아했다. 따뜻한 물속에 핀 국화꽃 모양을 보고 하나를 건져내어 생 국화와 비교도 하면서 마셔보는 시간을 가졌다. 유아들이 국화차가 너무 맛있다고 하면서 향기도 좋다고 했다.</td><td colspan="2">생 국화,
마른 국화</td></tr>
<tr><th>시간</th><th>유아다례
다도활동내용</th><th colspan="4">유아다례 세부교육활동</th><th colspan="2">자료</th></tr>
<tr><td>15:10
~
17:00</td><td>자유선택활동
(역할 영역)</td><td colspan="4">역할 영역에 비치해 둔 소품으로 유아들이 오늘 국화차의 맛과 꽃모양의 변화를 관찰한 내용을 종이 위에 그림으로 표현해 보게 했다. 다양한 그림이 나왔다. 오늘 맛본 국화차의 맛을 기억해 보며 유아들의 의견을 들었다. 어떤 유아는 물 안에 있는 국화를 보고는 똥색이라고 표현하기도 했다.</td><td colspan="2">다양한
역할놀이
소품
(하얀 종이,
연필, 색연필)</td></tr>
<tr><th>교사의
조언</th><td colspan="7">국화 향이 퍼지는 차를 마시면서 새로운 경험을 갖고 관심과 흥미가 높아짐을 느꼈다.</td></tr>
<tr><th>실습 후
느낀 점</th><td colspan="7">국화차를 마시기 전 국화의 색을 보고 향을 맡아보게 하고 우려서 맛을 보면서 유아들이 국화차의 맛과 향, 색을 다양하게 표현하는 모습을 볼 수 있었다. 평소에 경험해 보지 못한 국화의 맛을 보며 다양한 미각 경험을 한 시간을 가졌다. 국화꽃 모양을 그림으로 표현하는 여러 역할놀이 활동을 하였다.</td></tr>
</table>

유아다례교육활동 관련자료

일화 기록지

날짜	관찰유아 (성별, 나이)	관찰시간 및 장면	행동관찰	분석
9월 10일	여, 7세	15:10 ~ 17:00 자유선택 활동 (역할 영역)	생 국화, 마른 국화꽃을 비교하며 활동을 하였다. 유아들 모두 마른 국화에 신기해하며 적극적인 참여가 이루어졌다. 유아들과 마른 국화꽃에 따듯한 물을 부어 꽃이 피는 과정을 보고 차 맛을 보는 시간을 가졌다. 국화차 맛을 보고는 신기해하기도 하고, 맛있다 하기도 했다. 또 국화꽃을 건져 만져보기도 하였는데, 어떤 유아는 똥 같다고 표현하여 한바탕 웃기도 했다. 유아들이 하얀 종이 위에 국화 그림을 그리며, 그린 그림을 서로 이야기해 주는 모습을 볼 수 있었다.	한 가지 주제나 소재를 가지고 여러 번 반복 활동을 하며, 다양한 활동으로 전개해 나가는 모습을 보며 유아들이 반복 활동을 함으로써 인식의 범위가 넓어짐을 알 수 있었다.

수업 자기평가서

일시	2012년 09월 10일(월요일)	장소	○○어린이집
영역	대・소집단활동	지도교사	○○○
주제	국화차 색, 향, 미 알아보기		

자기평가					
수업준비를 충실히 하였다.	1	2	3	4	⑤
수업목표가 무엇인지 명확히 인식하고 있었다.	1	2	3	4	⑤
계획한 내용대로 수업을 진행하였다.	1	2	3	④	5
모든 유아들이 수업에 참여할 수 있도록 유도하였다.	1	2	3	④	5
유아들에게 적절하게 칭찬과 격려를 하였다.	1	2	3	④	5
수업에 적절한 질문을 하고 유아의 요구에 성실히 반응하였다.	1	2	3	4	⑤
평가를 하고 수업 뒷정리를 하였다.	1	2	3	4	⑤

잘된 점	국화차를 두 가지 준비해서 유아들이 쉽게 이해할 수 있도록 직접 만져보게 하고 향기도 맡아 보게 한 후, 따뜻한 물로 우려 국화의 변화를 관찰하고 색, 향, 미를 직접 체험하도록 하였다. 국화꽃 모양을 그림으로 그리며 유아들의 적극적인 활동이 이루어질 수 있었다.
부족한 점	유아들은 국화차를 마신다는 것이 친숙하지 않았다. 마른 국화의 쓰임에 대한 설명을 하였지만 이해시키기 조금 어려운 부분도 있었다.
특이사항	유아들의 관심도는 너무 놀라울 정도로 좋았다. 자유선택활동 시간에 미술 영역이나 역할 영역에서 그림으로 그리기나 차 마시기 활동을 하며, 다양한 활동이 이루어지는 모습을 볼 수 있었다.

12 실습사례 ⑫

유아교육기관 현장참여 실습일지

<table>
<tr><th>날짜</th><th>요일</th><th>날씨</th><th>등원</th><th>하원</th><th>실습생</th><th>지도교사</th><th>원장</th></tr>
<tr><td>12월
11일</td><td>화</td><td>맑음</td><td>10시</td><td>15시</td><td>○○○</td><td>○○○</td><td>○○○</td></tr>
<tr><th>생활주제</th><td colspan="7">우리나라의 전통문화 생활</td></tr>
<tr><th>주제</th><td colspan="7">차의 기원</td></tr>
<tr><th>목표</th><td colspan="7">차의 기원과 우리 몸에 좋은 음식과 나쁜 음식 알아보기</td></tr>
<tr><th>시간</th><th>교육활동명</th><th colspan="5">세부교육활동</th><th>자료</th></tr>
<tr><td>10:00
~
12:00</td><td>의사소통
영역</td><td colspan="5">- 차의 기원인 신농설화를 동화로 만들어 보여주면서 이야기해 주었다. 독초를 먹어 배탈이 났는데, 찻잎을 씹어 먹고 배탈이 나아서 그 이후 차를 만들어 마셨다는 신농설화와 더불어 우리 몸에 좋은 음식과 나쁜 음식에 대해 이야기해 보았다.
• 좋은 음식 : 당근, 생선, 야채, 밥, 김치, 수박 등
• 나쁜 음식 : 초콜릿, 사탕, 케이크, 햄버거, 쿠키, 딸기잼, 콜라 등
- 유아들이 튼튼하고 건강하게 자라기 위해 좋은 음식을 편식하지 말고 골고루 먹을 수 있도록 이야기 해주었다.</td><td>동화 카드</td></tr>
<tr><th>시간</th><th>유아다례
다도활동내용</th><th colspan="5">유아다례 세부교육활동</th><th>자료</th></tr>
<tr><td>13:00
~
15:00</td><td>다구 명칭
노래</td><td colspan="5">차를 우리는 다구들을 보여주면서 다구 명칭을 이야기해 주었다. ○○유치원에서는 산토끼 노래에 다구 명칭을 넣어 개사하여 쉽고 재미나게 다구 이름을 외울 수 있게 자료가 만들어져 있었으며, 다구 사진들도 설명과 더불어 준비해 두어서 유아들이 적극적으로 참여하며 즐거워하였다.
〈다구 명칭 노래〉
물 끓일 때 탕관 / 차 우릴 때 다관
물 식힐 때 수구 / 차 마실 때 찻잔
물 닦을 때 다건 / 차 담을 때 차호
다구 차리는 찻상 / 찻상 덮는 다포
유아들이 여러 번 수업을 받아봐서인지 아주 자연스럽고 적극적으로 잘해서 박수를 쳐 주었다. 다구 명칭이 어려운 편인데도 사진과 설명이 잘 되어 있는 카드를 보여주면서 명칭과 쓰임을 알려주고, 또 다르게 쓰일 수 있는지도 이야기 나누어 보았다. 다구의 모양을 그림으로 그려보기도 하였다.</td><td>다구 명칭
노래 가사</td></tr>
<tr><th>교사의
조언</th><td colspan="7">다도 수업에서 예절을 너무 중점으로 두다 보니까 유아들이 불편해하고 힘들고 어려워했다. 다구 명칭을 개사해서 동요처럼 부르니 아주 효과가 좋았다.</td></tr>
<tr><th>실습 후
느낀 점</th><td colspan="7">어린이집 원장님이 유아다례를 영역별로 할 수 있게끔 준비해 주셔서 재미있게 할 수 있었다. 차의 기원은 유아들에게 어려울 수 있는 내용이었는데, 그림 카드를 보여주면서 동화를 들려주듯하니, 쉽게 이해하는 것 같았다. 다구 명칭도 노래와 악기를 곁들여서 유아들이 재미있고 쉽게 암기를 할 수 있었다.</td></tr>
</table>

유아다례교육활동 관련자료

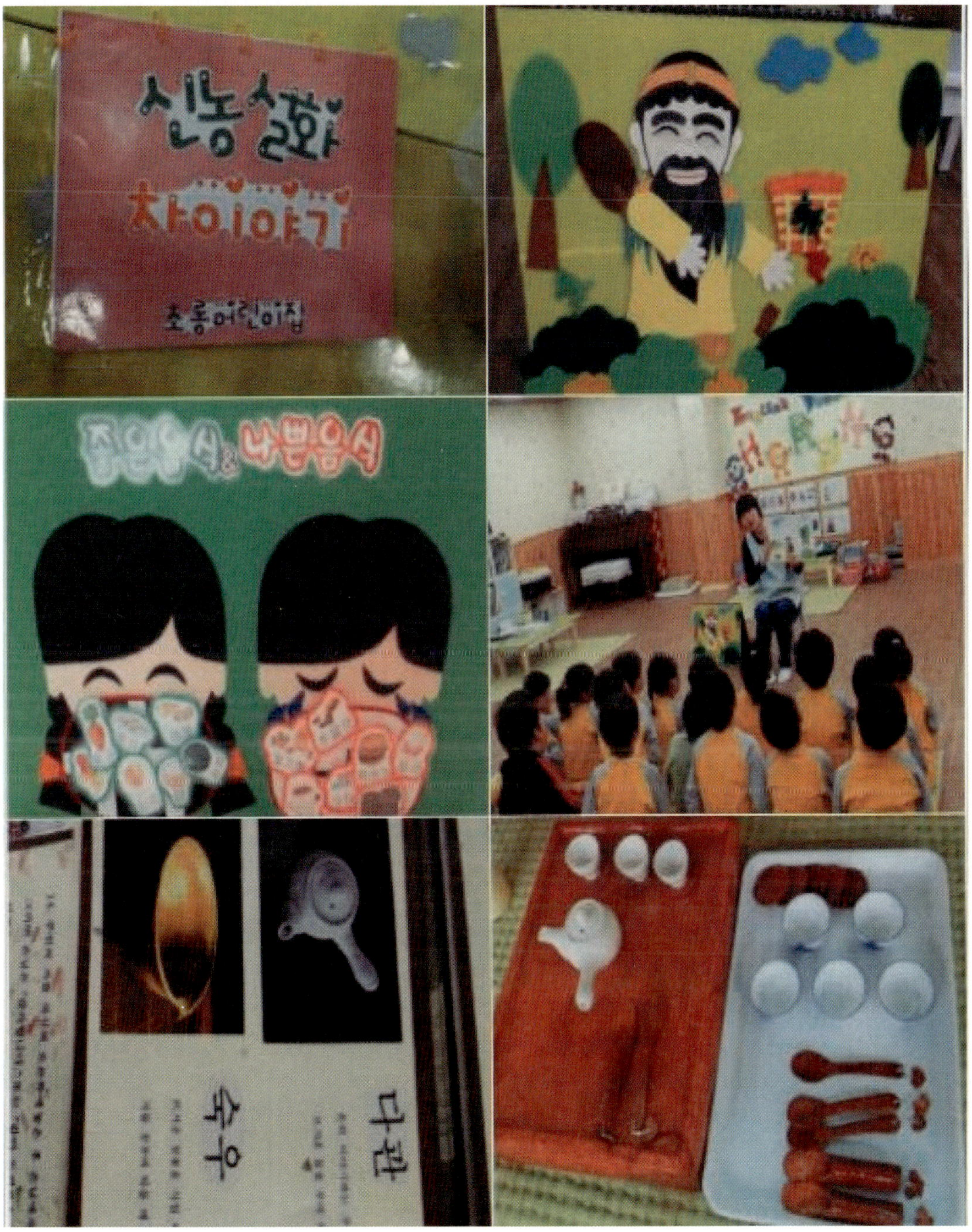

유아교육기관 현장참여 실습일지

<table>
<tr><th>날짜</th><th>요일</th><th>날씨</th><th>등원</th><th>하원</th><th>실습생</th><th>지도교사</th><th>원장</th></tr>
<tr><td>12월
13일</td><td>목</td><td>맑음</td><td>10시</td><td>15시</td><td>○○○</td><td>○○○</td><td>○○○</td></tr>
<tr><th>생활주제</th><td colspan="7">우리나라의 전통문화 생활</td></tr>
<tr><th>주제</th><td colspan="7">찻잎의 변화</td></tr>
<tr><th>목표</th><td colspan="7">마른 찻잎이 물과 만나면 어떻게 변하는가를 알아본다.</td></tr>
<tr><th>시간</th><th>교육활동명</th><th colspan="5">세부교육활동</th><th>자료</th></tr>
<tr><td>10:00
~
12:00</td><td>자연탐구
영역</td><td colspan="5">찻잎의 변화를 알아본다.
유리 다관에 마른 국화꽃 차와 뜨거운 물을 준비하고 국화꽃 차가 뜨거운 물속에서 펴지는 것을 보여주었다. 국화꽃이 펴지는 것을 유아들이 신기해하면서 호기심을 가졌다. 또 국화꽃에 대해 이야기하면서 어느 계절에 피는지, 가을에 피는 꽃은 어떤 꽃이 있는지 알아보았다. 유아들이라서 아직은 계절에 피는 꽃을 잘 모르는 것 같았다. 마른 국화꽃을 물에 불리면 생화 꽃 모양이 되는 것을 신기해하고, 차향도 맡아보고, 색도 보고 맛도 보며 서로 이야기를 나눈 후 그림으로 표현하기도 하였다. 또 물과 만나면 변화하는 것이 무엇이 있는지 이야기하고 찾아보기도 하였다. 물과 만나 변하는 것은 비누거품, 라면, 얼음 등이 있었다. 국화꽃의 물기를 빼고, 도화지에 크레파스로 나뭇가지를 그려서 국화꽃을 붙여보는 놀이를 하며 재밌어 하였다.</td><td>국화꽃 차</td></tr>
<tr><th>시간</th><th>유아다례
다도활동내용</th><th colspan="5">유아다례 세부교육활동</th><th>자료</th></tr>
<tr><td>13:00
~
15:00</td><td>퍼즐 맞추기</td><td colspan="5">다포, 차꽃, 다구 등을 사진이나 그림으로 확대, 인쇄하여 두꺼운 종이에 붙여 여러 조각으로 나누어 퍼즐을 만들었다. 유아들과 퍼즐 놀이를 하고, 다구 명칭 복습도 하면서 퍼즐 조각을 맞추어 보았다. 처음에는 유아들이 어려워해서, 조각 뒷면에 번호를 적어 놓고 순번대로 맞추기 놀이를 유도하였다. 자연스럽게 숫자 놀이도 같이 할 수 있어 좋았다. 또한 판 뒷면에 완성된 그림을 부착해서 그림을 보면서 완성하게 함으로써 성취감을 느끼게 해주었다. 퍼즐 맞추기가 익숙해지면 유아들끼리 가위바위보를 하면서 누가 먼저 완성하는지 게임도 하였다. 가위바위보를 할 때, 이긴 유아에게 만세를 한 번 부르게 하여 웅크린 몸을 쭉 늘려 주는 스트레칭 효과도 곁들여 주었다.</td><td>퍼즐</td></tr>
<tr><th>교사의
조언</th><td colspan="7">마른 국화꽃이 물속에서 예쁘게 피는 것을 유아들이 아주 재미있어 했다. 그림으로만 보다가 사물이 변하는 것을 직접 체험하면서 흥미로워하였다.</td></tr>
<tr><th>실습 후
느낀 점</th><td colspan="7">친구들이 퍼즐 맞추기 게임을 아주 재미있어 하였다. 의욕이 강한 유아들은 빨리 하려고 판을 그대로 뒤집어 놓고 하나씩 완성하기도 하여서 재미있었다. 역시 유아들은 놀이로 학습을 쉽게 유도하는 것이 바람직한 것 같다. 기존 다례법으로 유아들에게 교육하였던 것이 얼마나 크게 잘못된 방법이었는지 새삼 알 수 있었다.</td></tr>
</table>

유아다례교육활동 관련자료

유아교육기관 현장참여 실습일지

<table>
<tr><th>날짜</th><th>요일</th><th>날씨</th><th>등원</th><th>하원</th><th>실습생</th><th>지도교사</th><th>원장</th></tr>
<tr><td>12월
17일</td><td>월</td><td>맑음</td><td>10시</td><td>15시</td><td>○○○</td><td>○○○</td><td>○○○</td></tr>
<tr><th>생활주제</th><td colspan="7">우리나라의 전통문화 생활</td></tr>
<tr><th>주제</th><td colspan="7">다식 만들기</td></tr>
<tr><th>목표</th><td colspan="7">밀가루 반죽으로 여러 모양의 다식 만들기</td></tr>
<tr><th>시간</th><th>교육활동명</th><th colspan="5">세부교육활동</th><th>자료</th></tr>
<tr><td>10:00
~
12:00</td><td>예술 영역</td><td colspan="5">- 밀가루 반죽을 이용해 다양한 모양의 다식 만들기
밀가루 반죽을 준비해 유아들이 다양한 모양의 다식을 찍어 볼 수 있도록 준비해 주었고, 다식 모양을 보면서 연관되는 사물이 어떤 것이 있는지 이야기해 보았다. 또 만들고 싶은 모양이 어떤 것인지 이야기해 보았다.
- 우리의 명절을 이야기해 보고 명절날 먹는 음식 알아보기
밀가루 반죽으로 가까워 오는 동짓날에 먹는 새알 빚기를 해보았다. 새알을 빚어 준비해 둔 검은 깨, 흰 깨에 버무려 경단을 만들고 송편도 만들었다. 유아들과 찻상을 내어 놓고 차 마시는 법, 다식 먹는 법을 자연스럽게 인식시켰다.</td><td>밀가루
반죽과 다식
모양 틀</td></tr>
<tr><th>시간</th><th>유아다례
다도활동내용</th><th colspan="5">유아다례 세부교육활동</th><th>자료</th></tr>
<tr><td>13:00
~
15:00</td><td>한복 바르게
입기</td><td colspan="5">우리나라 전통 의상인 한복을 입는 방법에 대해 유아들과 이야기를 나누어 본 후 순서에 맞게 한복을 입어 보았다. 어린이집에 여러 벌의 한복이 준비되어 있어서 각자가 좋아하는 색의 한복을 가져와 치마도 입고 저고리 고름도 바르게 맬 수 있도록 가르쳐 주며 한복을 입어 보았다. 한복에 여러 가지 색이 들어 있어 유아들이 한복 입는 것을 매우 좋아하였다. 또 한복을 입고 바른 자세로 방석에 앉는 방법을 이야기해 주고 다시 한 번 유아들과 예쁘게 방석에 앉아 보았다.</td><td>한복, 방석</td></tr>
<tr><th>교사의
조언</th><td colspan="7">밀가루 다식 만들기는 유아들이 많이 좋아하는 놀이이다. 주변을 정리해 가며 함께하는 모습이 좋았다.</td></tr>
<tr><th>실습 후
느낀 점</th><td colspan="7">밀가루 반죽을 이용한 다식 만들기는 유아들이 많이 좋아하였고, 의욕적으로 참여하는 모습이 매우 보기 좋았다. 또 유아들에게 다양한 경험을 체험하게 해주는 것이 중요함을 알 수 있었다.</td></tr>
</table>

유아다례교육활동 관련자료

유아교육기관 현장참여 실습일지

<table>
<tr><th>날짜</th><th>요일</th><th>날씨</th><th>등원</th><th>하원</th><th>실습생</th><th>지도교사</th><th>원장</th></tr>
<tr><td>12월
18일</td><td>화</td><td>맑음</td><td>10시</td><td>15시</td><td>○○○</td><td>○○○</td><td>○○○</td></tr>
<tr><th>생활주제</th><td colspan="7">우리나라의 전통문화 생활</td></tr>
<tr><th>주제</th><td colspan="7">전통놀이</td></tr>
<tr><th>목표</th><td colspan="7">우리나라의 전통놀이에 대해 알아보기</td></tr>
<tr><th>시간</th><th>교육활동명</th><th colspan="5">세부교육활동</th><th>자료</th></tr>
<tr><td>10:00
~
12:00</td><td>신체 운동 건강 영역</td><td colspan="5">우리나라의 전통놀이에 대해 알아보고 이야기를 나누었다. 유아들은 우리의 전통놀이를 잘 모르고 있었다. 전통놀이를 하기 위한 도구를 만들어 보았다.
- 딱지 만들기 : 딱지를 만들어서 좋아하는 그림이나 친구를 그려 넣기도 하고, 좋아하는 색으로 색칠도 하고, 스티커를 붙여 꾸미기도 하며 유아들이 자기만의 딱지를 만들어 보았다.
- 딱지치기 놀이 : 딱치를 쳐서 이기는 유아에게 사탕을 선물로 주었다.
- 제기 만들기 : 신문지를 말아서 막대를 만들어 끝에 끈을 달아 제기를 매달아 두었다. 유아들과 막대를 들고 누가 많이 제기를 차는지 게임을 해서 많이 찬 유아에게 고깔모자를 씌워 주었다.
- 투호 놀이 : 신문지를 말아서 예쁜 끈으로 고정시킨 후 끝에 술을 달아 화살을 준비해 둔다. 둥근 원통 안에 화살을 많이 넣는 유아에게 고깔모자를 씌워 주었다. 모든 유아들이 다 잘할 수 있게 거리를 좁혀서 성취감을 느낄 수 있도록 해주었다.</td><td>신문지,
스티커,
고깔모자</td></tr>
<tr><th>시간</th><th>유아다례
다도활동내용</th><th colspan="5">유아다례 세부교육활동</th><th>자료</th></tr>
<tr><td></td><td></td><td colspan="5">놀이를 하고 난 후에 이야기도 나누고 도화지에 그림으로 표현해 보기도 하였다.</td><td></td></tr>
<tr><th>교사의
조언</th><td colspan="7">유아들은 몸으로 하는 놀이를 너무 좋아한다. 전통놀이에 대해 설명도 해주고 같이 만들기도 해서 재미있게 놀아주셔서 감사했다.</td></tr>
<tr><th>실습 후
느낀 점</th><td colspan="7">역시 유아들은 뛰어 놀고 움직이는 놀이에 적극적으로 참여하였다. 내가 생각했던 것보다 유아들이 놀이를 잘 해주어 아주 고마웠고, 열심히 참여하고 활동하는 모습이 매우 좋았다. 무엇보다도 어린이집에 도구가 잘 갖춰져 있어 수업하기가 쉽고 재미있었다.</td></tr>
</table>

유아다례교육활동 관련자료

수업 자기평가서

일시	2012년 12월 17일(월요일)	장소	○○어린이집
영역	예술 영역	지도교사	○○○
주제	밀가루 반죽으로 여러 다식 만들어 보기		

자기평가					
수업준비를 충실히 하였다.	1	2	3	4	⑤
수업목표가 무엇인지 명확히 인식하고 있었다.	1	2	3	④	5
계획한 내용대로 수업을 진행하였다.	1	2	3	④	5
모든 유아들이 수업에 참여할 수 있도록 유도하였다.	1	2	3	4	⑤
유아들에게 적절하게 칭찬과 격려를 하였다.	1	2	3	4	⑤
수업에 적절한 질문을 하고 유아의 요구에 성실히 반응하였다.	1	2	3	④	5
평가를 하고 수업 뒷정리를 하였다.	1	2	3	4	⑤

잘된 점	유아들이 쉽게 우리의 명절이나 전통음식을 학습할 수 있도록 사진이나 그림 등을 준비해서 설명해 주었다. 밀가루 반죽으로 직접 만져보고 만들어 보면서 체험할 수 있어 호응도 높은 학습을 할 수 있었다.
부족한 점	유아들에게 어려운 단어를 설명하기가 쉽지 않았고, 유아들을 통제하기가 어려웠다.
특이사항	유아들은 다구에도 관심이 많았고, 밀가루 반죽으로 만들기를 할 때 상상력이 풍부함을 느낄 수 있었다.

13 실습사례 ⑬

유아교육기관 현장참여 실습일지

날짜	요일	날씨	등원	하원	실습생	지도교사	원장
01월 07일	월	맑음	10시	14시 40분	○○○	○○○	○○○

생활주제	계사년 새해
주제	남의 물건을 가져오지 않아요.
목표	– 2013년 새해에 관심을 가진다. – 2013년은 어떤 동물의 해인지 알게 한다.

시간	교육활동명	세부교육활동	자료
10:00	이야기 나누기	새해를 맞아 어떤 어린이가 되고 싶은지 재미있게 동화 구현으로 발표하기	
11:00	그림 그리기	방학 동안 있었던 재미있는 일들을 그림으로 표현하고 설명하기	
12:00	동네 한바퀴	점심식사 후 찬바람 속을 가르며 햇볕을 쬐며 몸 튼튼 마음 튼튼 활동하기	

시간	유아다례 다도활동내용	유아다례 세부교육활동	자료
13:00 ~ 14:00	딱지 접기, 차탁 만들기, 예쁜 손, 공수하는 법, 절하는 법, 녹차 마시는 예절	① 먼저 딱지접기를 하며 처음 만나는 어색함을 지우기 위해 딱지에 예쁘게 색칠을 한 유아에게 준비해간 과자를 선물로 주며 가까워지기를 시도하였다. ② 예쁜 손, 공수하는 법을 익히게 한 후, 설날이 가까워짐을 상기시키며 남아에게는 숙배, 여아에게는 평절과 숙배를 가르쳤다. 25명의 어린이가 모인 관계로 다소 시끌벅적했지만 진지하게 따라하는 모습에서 교육의 중요성을 인지했다. ③ 큰 다관으로 유아들이 보는 앞에서 차를 우렸다. 유아들은 딱지 차탁 위에 찻잔을 얹어 두고 얌전히 공수한 채 차를 기다리는 훈련과 차를 따라 주며 받고나서의 감사인사와 두 손으로 찻잔을 들어 색을 보고 향을 맡고 맛을 보는 순서를 익히게 했다.	

교사의 조언	유치원 교사가 다소 가르치기 어려운 부분을 다도 선생님이 훌륭하게 교육시키는 모습이 인상적이었다. 유아들은 스펀지처럼 모든 것을 잘 받아들인다. 다도 교육을 통해 다소 부족한 예절이 유아들의 몸에 익혀지기를 기대한다.
실습 후 느낀 점	유아들과 처음 만나는 순간이 기대되었다. 원장님과 대화 시 요즘 유아들에게 필요한(절대 필요한) 예절의 중요성을 말씀하시며 한복 입고 차 마시는 모습을 보여 주실 것을 말씀하셨다. 첫날부터 율동하고 노래 부르는 게 부담스럽지 않을까 하여 한복을 예쁘게 입고 갔더니 치마를 들추고, 치마 속으로 파고들며 애정을 표하는 애들이 너무 사랑스러워 울고 싶을 지경이었다. 절하는 모습, 열심히 따라 하려는 모습은 밝은 우리의 미래를 보는 듯하였다. 유아들은 우리의 미래, 무럭무럭 밝고 건강하게, 그리고 자리 잡길 기대해 본다.

유아교육기관 현장참여 실습일지

날짜	요일	날씨	등원	하원	실습생	지도교사	원장
01월 08일	화	맑음	10시	14시 40분	○○○	○○○	○○○

생활주제	계사년 새해
주제	남의 물건을 가져오지 않아요.
목표	–2013년의 새해에 관심을 가진다. –2013년은 어떤 동물의 해인지 알게 한다.

시간	교육활동명	세부교육활동	자료
10:00	동시	새해 소망을 복주머니 안에 써보기	
11:00	바깥 놀이	–신나는 바깥놀이 말타기 놀이, 자치기 놀이, 달리기, 줄넘기	
12:00	산책	점심식사 후 달력 만들기	

시간	유아다례 다도활동내용	유아다례 세부교육활동	자료
13:00 ~ 14:20	포크 장식하기, 잎차 우리기, 차 대접하기, 절하기 복습, 찻잎 감상하기	① 먼저 책상에 앉아 나무 포크를 하나씩 나누어 주고 손잡이 부분에 예쁜 스티커를 붙여 개성 있게 장식하게 했다. ② 둥근 큰 다포를 깔고 14명이 둥글게 앉아서 작은 개인 다포 위에 딱지 차탁, 다식 접시, 개인 나무 포크를 앞에 두고 친구가 우려주는 차를 공수한 채 조용히 기다리는 훈련을 했다. ③ 두 명씩 앞에 나와서 3인기에 차를 우려, 친구에게 교대로 대접하고 공손히 차를 마시며 준비해 간 송편, 경단, 바람떡을 즐기게 했다. ④ 차를 우리기 전에 공손하게 하는 인사법, 차를 우리고 난 후의 얌전한 인사법을 숙지시켰다. ⑤ 다 마시고 난 감상과 우리기 전 마른 찻잎을 보여주며 자연에 감사하고, 이러한 차를 마실 수 있게 된 것에 감사함을 느끼도록 하였다.	

교사의 조언	가끔씩 원장님께서 유아들에게 차에 대한 지식을 말씀하셨으나 실제로 마셔 본 적은 거의 없었다. 이렇게 실습하여 차를 마실 수 있게 해 주신 것에 감사했다. 앞으로도 지속적인 강의가 절실하다.
실습 후 느낀 점	첫날 접은 딱지 차탁을 소중하게 간직하고 있는 모습에서 다도 선생님의 한마디, 한 동작이 유아들에게 각인되고 있는 걸 실감했다. 두 손을 벌려 나를 반기는 모습, 어제 마신 차에서 "자연의 냄새가 났다."는 표현을 해서 깜짝 놀랐다. 자연의 냄새, 난 감동 받았다. "선생님! 선생님 이름 알아요!"라는 말에 감동 받았다. "선생님 자연의 냄새가 너무 좋아요."라고 한 그 말은 다도가 너무 재미있다는 것이겠지? 더 열심히 가르치며 사랑해야겠다.

유아교육기관 현장참여 실습일지

<table>
<tr><th>날짜</th><th>요일</th><th>날씨</th><th>등원</th><th>하원</th><th>실습생</th><th>지도교사</th><th>원장</th></tr>
<tr><td>01월
09일</td><td>수</td><td>맑음</td><td>10시</td><td>14시 40분</td><td>○○○</td><td>○○○</td><td>○○○</td></tr>
<tr><th>생활주제</th><td colspan="7">계사년 새해</td></tr>
<tr><th>주제</th><td colspan="7">설날에 관심을 가지고 설날에 하는 놀이와 음식 종류를 안다.</td></tr>
<tr><th>목표</th><td colspan="7">2013년은 어떤 동물의 해인지 안다.</td></tr>
<tr><th>시간</th><th>교육활동명</th><th colspan="5">세부교육활동</th><th>자료</th></tr>
<tr><td>10:00</td><td>동물 관심
가지기</td><td colspan="5">2013년 동물에 관심 가지기, 12띠 동물 색칠하기</td><td>활동지,
색칠 도구</td></tr>
<tr><td>11:00</td><td>명화감상</td><td colspan="5">모네의 해돋이 동영상 보기, 모네의 작품과 비교하기, 활동지로 내가 그린 해돋이 작품 그리기</td><td>활동지</td></tr>
<tr><td>12:00</td><td>산책</td><td colspan="5">점심식사 후 겨울 동요 부르며 산책</td><td></td></tr>
<tr><th>시간</th><th>유아다례
다도활동내용</th><th colspan="5">유아다례 세부교육활동</th><th>자료</th></tr>
<tr><td>13:00
~
14:20</td><td>노래 부르기,
장기자랑,
오방 다포
활용,
찻잎 감상,
신농설화,
찻잎 보며
그림 그리기</td><td colspan="5">① 먼저 다 같이 노래 부르기를 했다. 한 명씩 시작하면 같이 부르고 칭찬해 주기로 했다.
② 장기 자랑 : 춤추기, 구르기, 노래하기 등
③ 긴 사각 다포를 깔고 다섯 명씩 마주보고 앉게 했다. 딱지 차탁을 올리고 제법 큰 잔을 올려놓고 오방 다포를 덮었다.
④ 한 사람씩 오방 다포를 훑으며 자신에게 칭찬을 하게 했다. 생각이 나지 않는다는 유아에게는 반성의 시간을 주었다. 7세반 유아들이어서 곧잘 표현을 하였다.
⑤ 찻잔에 마른 찻잎을 넣어주며 자연에서 온 녹차의 다법을 설명해주고 물을 부어 찻잎이 퍼지는 모양을 감상하게 했다. 서서히 우러나오는 차색을 감상하게 하고 향을 맡게 했다. 이구동성으로 자연의 냄새라고 소리쳤다. 한 모금 마신 후 신농이 처음 차를 마시게 된 신농 설화를 구연동화식으로 들려주었다.
⑥ 퍼진 찻잎을 씹어 먹기도 하고, 도화지에 찻잎의 모양을 그리게 했다. 각자 개성 있는 그림들이 나왔다.</td><td></td></tr>
<tr><th>교사의
조언</th><td colspan="7">오방 다포도 처음 보았고 찻잎이 물에서 퍼지는 모양을 감상하는 수업법이 너무 좋았다. 유아들이 다도 수업을 너무 기다리고 좋아한다. 오방 다포를 만지며 자기를 칭찬하고 자기를 반성하는 수업법도 참 특이하고 좋았다. 유치원 교사들도 다도 교육이 절실하다.</td></tr>
<tr><th>실습 후
느낀 점</th><td colspan="7">다도 수업이 있은 후부터 유아들의 유행어가 '자연의 냄새'이다. 처음 자연의 냄새라고 표현한 유아에게 과자를 한 봉지 더 준 것 때문일까? 집에 돌아가서 부모님께도 다도 교육을 시킨다고 한다. 두 손으로 찻잔을 들고 ① 색을 본다. ② 냄새를 맡는다. ③ 조금씩 맛을 보며 마신다의 형식으로 수업을 진행하였다. 수업이 끝나면 내일이 또 기다려진다. 내일은 더욱 더 예의 있고 차를 사랑하는 유아들이 기다리고 있길 기대해 본다.</td></tr>
</table>

유아교육기관 현장참여 실습일지

<table>
<tr><th>날짜</th><th>요일</th><th>날씨</th><th>등원</th><th>하원</th><th>실습생</th><th>지도교사</th><th>원장</th></tr>
<tr><td>01월
10일</td><td>목</td><td>맑음</td><td>10시</td><td>14시 40분</td><td>○○○</td><td>○○○</td><td>○○○</td></tr>
<tr><th>생활주제</th><td colspan="7">계사년 새해</td></tr>
<tr><th>주제</th><td colspan="7">남의 물건을 그냥 가져오지 않아요.</td></tr>
<tr><th>목표</th><td colspan="7">- 2013년 새해에 관심을 가진다.
- 2013년은 어떤 동물의 해인지 알게 한다.</td></tr>
<tr><th>시간</th><th>교육활동명</th><th colspan="5">세부교육활동</th><th>자료</th></tr>
<tr><td>10:00</td><td>이야기 나누기</td><td colspan="5">새해에는 어떤 활동을 하고 싶은지 생각해 보고 서로 이야기를 나누어 본다.</td><td></td></tr>
<tr><td>11:00</td><td>미술활동</td><td colspan="5">각자 새해 계획표를 만들고 꾸며보는 시간을 갖는다.</td><td>색지, 색연필</td></tr>
<tr><td>12:00</td><td>동네 한 바퀴</td><td colspan="5">점심식사 후 새해 계획을 어떻게 지킬 수 있는지 생각해 보며 동네 한 바퀴</td><td></td></tr>
<tr><th>시간</th><th>유아다례
다도활동내용</th><th colspan="5">유아다례 세부교육활동</th><th>자료</th></tr>
<tr><td>13:00
~
14:20</td><td>노래와 율동,
말차 행다,
절하기,
차 마시는 예절 익히기</td><td colspan="5">① 둥글게 원을 만들어서 손을 예쁘게(공수)하고 서로 인사
② 노래와 율동 : 손가락 체조 노래를 부르며 흥겹게 몸 풀기
③ 말차 행다 : 3명씩 앞에 차려진 찻상에서 꼬마 선생님이 되어 큰 선생님의 동작을 보며 말차를 우린다. 다식으로 준비된 초콜릿을 먼저 먹은 후 말차를 마시고, 말차가 만들어지는 과정을 익힌다. 교대로 돌아가며 꼬마 선생님이 되어, 17명 유아들의 진지한 말차 행다교육을 시킨 후 차를 마시는 예절과 우리기 전후 공손히 인사하는 법을 익히게 하였다.</td><td></td></tr>
<tr><th>교사의
조언</th><td colspan="7">우리 유아들에게 절실히 필요한 교육이었다. 이러한 교육 프로그램을 가지고 방문해 주신 선생님께 너무 감사하며, 다도 선생님을 기다리는 유아들에게 신비한 체험을 할 수 있게 해 주어서 너무 감사했다.</td></tr>
<tr><th>실습 후
느낀 점</th><td colspan="7">극도로 산만해서 잠시도 앉아 있지 못하는 유아가 5분간 자리에 앉아 말차 행다를 할 수 있었다는 것에 경이로움을 느꼈다. 정서적으로 이만큼 흥미롭고 인성에 도움이 되는 교육도 드물고, 너무 유익한 체험의 시간이었다는 극찬을 받으며 교육의 중요성을 절실히 실감할 수 있었다. 학부모들로부터 며칠 사이 아이가 달라졌다는 감동의 전화를 받았다. 시간을 들여 열정을 쏟은 보람을 느꼈다.</td></tr>
</table>

유아교육기관 현장참여 실습일지

날짜	요일	날씨	등원	하원	실습생	지도교사	원장
01월 11일	금	맑음	10시	14시 40분	○○○	○○○	○○○
생활주제	계사년 새해						
주제	남의 물건을 그냥 가져오지 않아요.						
목표	– 2013년 새해에 관심을 가진다. – 2013년은 어떤 동물의 해인지 알게 한다.						

시간	교육활동명	세부교육활동	자료
10:00	새해 달력	– 새해 달력 만들기(수와 미술 영역) 2013년 1월에 빠진 날짜를 적어보고 그림으로 1월 달력을 꾸며본다.	
11:00	독서활동	도서관에 가서 독서활동 체험	
12:00	동네 한 바퀴	점심식사 후 호호 입김 불며 동네 한 바귀	

시간	유아다례 다도활동내용	유아다례 세부교육활동	자료
13:00 ~ 14:20	노래, 율동, 오방 다포, 반성하기, 칭찬하기, 말차 행다, 명상	① 손가락 체조, 곰 세 마리 등 원을 돌며 노래 부르기 ② 오방 다포 마시며 오늘 하루 반성하기 ③ 자기 칭찬하기 ④ 세 명씩 꼬마 선생님이 되어서 친구들 앞에서 말차 행다하기 ⑤ 말차를 마시기 전 잠깐 눈을 감고 말차를 든 채 정신 집중하여 마음 모으기	

교사의 조언	7세반 유아들이어서 예절에 관심이 많을 때라 예의를 지키고 차를 우리고, 절을 하는 모습이 참 보기 좋았다. 유치원에서 유아들에게 할 꼭 필요한 교육이라고 생각한다. 고운 한복차림의 다도 선생님을 보는 것도 행복했다.
실습 후 느낀 점	이곳 아름다운 학교는 말 그대로 정말 아름답고 정서적으로도 모범이 되는 곳이라는 생각이 들었다. 4세에서 7세까지의 유아들이라 다소 산만할 수도 있었지만, 대체로 진지하게 수업에 임하는 자세를 볼 수 있었다. 다도 수업에 큰 관심을 보였다. 다도 수업을 받은 유아와 받지 못한 유아에 대한 차이점을 설명하며 5일간의 일정을 마무리하였다. 한 명 한 명 손을 잡고 눈을 바라보며 이별의 순간을 맞으며 꼭 다시 만날 것을 약속했다.

유아다례교육활동 관련자료

일화 기록지

날짜	관찰유아 (성별, 나이)	관찰시간 및 장면	행동관찰	분석
1월 11일	남, 7세	행다 시간	다른 유아와 비교해서 처음부터 조용하고, 인사성 밝고, 항상 내 곁에서 떨어지지 않고 나를 빤히 올려다보던 아이였다. 차분하게 수업에 임하는 자세가 또래의 유아들과는 다르게 느껴졌다. 차를 마셔본 첫 느낌을 물었을 때 "자연의 냄새가 나요."라고 했다. "그래. 차는 자연으로부터 왔단다. 자연의 냄새를 설명할 수 있겠니?"라고 묻자 "네. 자연의 냄새는 시골처럼 구수하고 아름다워요."라며 일곱 살짜리 유아답지 않은 대답을 하였다. 유아의 할머니는 부산에 사는데 다도 선생님이라고 했다. 역시 교육은 가정에서부터 이루어져야 함을 느꼈다. 아무리 학교 교육에 심혈을 기울여도 가정에서의 교육이 이루어지지 않는다면 더디고 힘들 수밖에 없다는 것을 부모와 어른들이 알아야 할 것 같다. 질을 하던 모습, 차를 우리고 마시던 모습, 서두르거나 설치지 않고 차분히 행동하던 그 모습은 다도 선생님의 마음에 쏙 드는 모습이었다. 아이는 아이다워야 하지만 다도를 배운 뒤 차분한 모습이 보기에 좋았다.	

수업 자기평가서

일시	2013년 01월 11일	장소	○○학교
영역		지도교사	○○○
주제			

자기평가					
수업준비를 충실히 하였다.	1	2	3	4	⑤
수업목표가 무엇인지 명확히 인식하고 있었다.	1	2	3	4	⑤
계획한 내용대로 수업을 진행하였다.	1	2	3	4	⑤
모든 유아들이 수업에 참여할 수 있도록 유도하였다.	1	2	3	4	⑤
유아들에게 적절하게 칭찬과 격려를 하였다.	1	2	3	4	⑤
수업에 적절한 질문을 하고 유아의 요구에 성실히 반응하였다.	1	2	3	4	⑤
평가를 하고 수업 뒷정리를 하였다.	1	2	3	4	⑤

잘된 점	〈담임선생님 의견〉 우리 유아들이 다도를 통해 내적으로 성장할 수 있는 좋은 계기였던 것 같다. 선생님의 모습은 천사 같았다. 유아들에게 소중한 기억으로 오래오래 남을 것이다. 정말 좋았다.
부족한 점	16시간이라는 실습시간이 짧았던 것 같다.
특이사항	진지한 모습으로 다도에 임하였다. 녹차를 잘 알고 있었고 아주 자연스럽게 잘 마셨다.

14 실습사례 ⑭

유아교육기관 현장참여 실습일지

<table>
<tr><th>날짜</th><th>요일</th><th>날씨</th><th>등원</th><th>하원</th><th>실습생</th><th>지도교사</th><th>원장</th></tr>
<tr><td>8/26~
12/16</td><td>일</td><td>맑음</td><td>09시</td><td>13시</td><td>○○○</td><td>○○○</td><td>○○○</td></tr>
<tr><th>생활주제</th><td colspan="7">천연비누 만들기</td></tr>
<tr><th>주제</th><td colspan="7">동물 얼굴 모양의 비누 만들기</td></tr>
<tr><th>목표</th><td colspan="7">- 색채 감각 익히기   - 수조작 공예
- 손가락 운동   - 향 익히기(허브향 종류)</td></tr>
<tr><th>시간</th><th>교육활동명</th><th colspan="5">세부교육활동</th><th>자료</th></tr>
<tr><td>09:00~</td><td>〈주의집중 영역〉
〈명상 영역〉
역할 나누기,
재료 분배,
목적 정하기,
비누 만들기</td><td colspan="5">- 기도하는 마음으로 합장하며 노래, 합창한다.
- 부처님 향해 예불 드리고 잠시 입정해서 자신을 반성하고 생각하도록 한다.
- 분단별로 나누어 앉는다.
- 비누 만들기 재료를 나열한다.
- 성탄절 선물을 준비한다.
- 이미 만들어져 있는 비누 베이스에 원하는 혼합 재료를 넣어 만드는 간단한 방법인 녹여 붓기 방법으로 만든다.
- 아주 쉬운 방법으로 모양도 예쁘게 나오고 금방 만들 수 있다.
- 비누 베이스를 중탕해서 녹인 다음 혼합재료(예 : 녹차, 허브 종류, 향, 어성초, 율피 등등)를 넣고 식힌 후 바로 사용하면 된다.
- 틀은 동물 얼굴 모양이 좋고 눈, 코, 입, 머리 등은 손으로 직접 따로 만들어 붙인다(예 : 당근즙, 홍화, 헤이즐넛 커피 등).</td><td></td></tr>
<tr><th>시간</th><th>유아다례
다도활동내용</th><th colspan="5">유아다례 세부교육활동</th><th>자료</th></tr>
<tr><td>8월 26일</td><td>우리 전통 녹차 준비

다화로
무궁화꽃 준비</td><td colspan="5">○○○에서 어린이 법회를 마치고 다도 수업을 시작하려고 찻상 배열 등 모든 준비를 끝냈다. 마지막으로 끓인 물을 주전자에 붓고, 유아들은 편의상 보온병을 준비하였다. 다식으로 떡을 접시에 담아내는 것으로 준비가 끝났다. 첫 수업이고 해서 선물로 가져온 조금 단 송편을 내었다. 유아들의 눈빛이 너무 총명하게 빛이 났고 생각보다 태도도 너무 좋았다. 간단하게 차란 무엇인가에 대해 설명을 하고 볶은 찻잎 모양도 보게 하였다. 그리고 옆 친구와 같이 사이좋게 마실 수 있는 다법으로 차를 우려서 차 예절에 맞게 마시게 하였다.</td><td>찻상, 다관,
숙우, 차호,
차시, 다건,
찻상보,
퇴수기, 탕관,
워머
(주전자)</td></tr>
</table>

교사의 조언	처음이라서 찻상을 조금 차린 것이 아쉬웠다고 했다. 교대로 자리를 바꿔가면서 하는 것도 좋겠다 싶어서 그랬는데, 생각 외로 유아들이 관심을 가져서 서로 하고자 하는 것이 내심 보기에 좋았다. 다음부터는 1인 1상을 준비해야겠다.
실습 후 느낀 점	생각보다 주의 집중이 잘 되어 있고, 다도에 관심을 가지고 열심히 하려는 것이 대견스러웠다. 무척이나 보람이 있었다.

유아다례교육활동 관련자료

시간	유아다례 다도활동내용	유아다례 세부교육활동	자료
9월 16일	녹차 준비	자신이 주인이 되어 차를 우려보고 손님이 왔을 때나 친구가 왔을 때를 생각해서 차를 대접하는 접빈 다례에 대해 설명해 주었다. 차를 우리는 사람을 팽주라고 하고 자세, 즉 허리를 쭉 펴서 앉고 손가락은 가지런히, 마음을 편하게 가라앉히고 정성껏, 청결하게 다구를 준비해서 우려야 된다는 것을 설명하였다. 차 예절에 맞게 차를 우려서 집에 가서도 부모님께 드리라고 말했다. 차나무에 대한 설명도 하였다. 차를 마셔보고 대다수의 아이들이 차 맛이 좋다는 의견을 냈다.	다관, 숙우, 차시, 다건, 다포, 주전자, 보온병, 다식, 다화
교사의 조언	한복이 있는 유아들은 입었으면 좋겠다고 하니까 스님께서도 그러면 좋겠다고 하셨다. 다음 시간부터는 그렇게 미리 말씀해 놓겠다고 하셨다.		
실습 후 느낀 점	유아들이 좀 더 건강을 위해서 앉은 자세, 허리를 펴고 고개를 바르게 하는 등 몸 자세를 제대로 했으면 하는 바람이 있다.		

유아다례교육활동 관련자료

시간	유아다례 다도활동내용	유아다례 세부교육활동	자료
10월 21일	명상 다법	낮에 낮잠시간 직전, 혹은 밤에 잠자리 들기 직전에 하는 명상 다례를 하였다. 발뒤꿈치를 세우고 1에서 10까지 세면서 팔을 어깨 높이까지 올리고 1에서 10을 세면서 내리고, 또 1에서 10을 세면서 머리 위까지 올려 손을 모아 멈춘 상태에서 1에서 10을 센다. 또 10에서 1을 세면서 손을 내린다. 편안하게 자세를 바꿔 앉는다(손은 참선 자세로 한다). 오방 다포를 들어서 각각 1에서 10을 센다(검정-파랑-빨강-흰-검정). 양쪽에 접어놓은 후 차를 넣고 우린다. 그리고 고깔이나 수건을 머리에 푹 쓰고, 머리를 숙여 1에서 30을 세고 다시 거꾸로 세어 내려온다. 수건을 어깨에 걸쳐 놓고 1에서 10을 세고 차를 마신다. 잔을 1번 헹구어 마신 후 오방 다포를 덮는다. 그런 다음 자리에 눕는다. 누운 상태에서 팔을 1에서 10까지 세면서 어깨까지 올리고 다시 1에서 10까지 세면서 내리고 다시 세면서 머리까지 올리고, 올린 상태에서 1에서 10을 센다. 다시 거꾸로 세면서 팔을 내리고 잠에 든다.	오방 다포, 머리두건, 보온병, 잔, 차호, 다건, 녹차(잎차)
교사의 조언	반성하는 마음가짐으로 앞으로의 각오를 다지고 긍정적인 마음가짐에 대한 중요성을 느끼는 시간이 되었으면 좋겠다고 하셨다.		
실습 후 느낀 점	아이들이 재미있게 차 공부를 하는 것이 무척이나 기특하고, 집에 가서도 해보는 아이들이 있다 하여 무척 대견스러웠다.		

유아다례교육활동 관련자료

시간	유아다례 다도활동내용	유아다례 세부교육활동	자료
11월 18일	명상 다법 차나무 관찰, 찻잎 관찰, 차 꽃 관찰	명상 유아다례 시간에는 머릿수건을 이용하여 지난 시간에 한 활동을 다시 한 번 복습하는 시간을 가졌다. 차나무 가지를 직접 끊어 가져와서 아이들에게 보여주었더니 무척 신기해하고 좋아하였다. 차 꽃을 직접 보고, 만져도 보고, 향도 맡아 보았다. 노란 수술이 많은 데 비해 암술은 1개라고 말해 주었고, 찻잎의 모양도 자세히 보여주며 설명해 주었다. 보드라운 찻잎을 따서 차를 만든다고 설명하였다. 우리고 나서의 찻잎도 비교하면서 설명해 주었다. 그러고 나서 유아들에게 고루고루 차 가지와 꽃을 나누어 주었다.	오방 다포, 잔, 차호, 보온병, 머릿수건, 다화(차꽃)
교사의 조언	한결 적극적이고 많이 발전하는 것 같다고 하였다.		
실습 후 느낀 점	한복까지 입고 와서 예쁜 모습으로 수업에 임하는 아이들도 있어서 너무 고마운 생각이 들었다. 앞에 나와 시켜 봐도 씩씩하게 열심히 잘해서 기뻤다. 보온병이 아이들에게 너무 큰 것 같아 다음 시간에는 작은 것으로 바꿔야겠다고 생각했다.		

유아다례교육활동 관련자료

시간	유아다례 다도활동내용	유아다례 세부교육활동	자료
12월 16일	접빈 다례	유아 접빈 다례를 복습하는 의미에서 한 번 더 수업을 하였다. 보온병을 작은 것으로 바꾸었더니 보기에도 훨씬 마음이 가벼웠다. 오늘은 좀 더 구체적으로 다건 잡는 방법, 잔 잡는 법, 마시는 자세 등에 대해 설명해 주었다. 마실 때는 허리를 쭉 펴고 머리를 많이 숙이지 않으며, 잔을 입으로 가져가면서 마시라 했더니 제법 잘 따라하였다. 행다도 좀 더 발전된 것 같아 보였다. 손가락도 모두 모아 가지런히 하여서 도구들을 만지라 하였고, 청결에 마음 쓰라고 설명하였다.	찻상, 다포, 다건, 차시, 숙우, 다관, 차호, 녹차, 주전자(탕관), 워머, 보온병, 다식(떡)
교사의 조언	손님 역할을 하면서 차를 마신 뒤 잘 우렸다고 팽주를 한 유아를 칭찬하였다. 찻상이 좀 더 있어서 모두 같이 1인 1상이었으면 하는 바람이 들었다.		
실습 후 느낀 점	보온병을 작은 것으로 바꾸니 좋았고, 의상도 한복을 좀 더 많이 입었으면 하는 바람이 있다.		

유아다례교육활동 관련자료

수업 자기평가서

일시		장소	○○○
영역		지도교사	○○○
주제			

자기평가					
수업준비를 충실히 하였다.	①	2	3	4	5
수업목표가 무엇인지 명확히 인식하고 있었다.	①	2	3	4	5
계획한 내용대로 수업을 진행하였다.	①	2	3	4	5
모든 유아들이 수업에 참여할 수 있도록 유도하였다.	1	②	3	4	5
유아들에게 적절하게 칭찬과 격려를 하였다.	1	②	3	4	5
수업에 적절한 질문을 하고 유아의 요구에 성실히 반응하였다.	1	②	3	4	5
평가를 하고 수업 뒷정리를 하였다.	1	②	3	4	5

잘된 점	생각보다 유아들의 참여도가 높았다.
부족한 점	교실이 조금만 더 넓었으면 하는 마음이 들었다.
특이사항	

15 실습사례 ⑮

유아교육기관 현장참여 실습일지

날짜	요일	날씨	등원	하원	실습생	지도교사	원장
12월 24일	월	맑음	09시	13시	○○○	○○○	○○○
생활주제	겨울 날씨 알기						
주제	따뜻하게 해 주세요						
목표	추운 날씨에 적절한 옷차림이 있다는 것을 안다.						

시간	교육활동명	세부교육활동	자료
09:00 ~ 10:40	등원 및 자유선택 활동 (오전)	교실 창문을 열고 환기를 시킨다. 교사와 유아가 함께 인사를 나눈다. 소지품 정리 정돈을 스스로 할 수 있도록 유도한다. - 언어 영역 : 겨울에 볼 수 있는 것 - 수조작 영역 : 도형으로 겨울 풍경 꾸미기 - 과학 영역 : 소금과 얼음이 만났어요. - 음률 영역 : '겨울바람'을 악기로 연주해 보기 - 미술 영역 : 따뜻한 색, 차가운 색 - 역할 영역 : 붕어빵 팔아요 - 쌓기 영역 : 벽난로 꾸미기	수첩, 놀이판, 겨울 그림카드, 모양 조각
10:40 ~	대·소집단 활동	- 이야기 나누기 : 따뜻하게 해주세요. - 목표 : 추운 날씨에 적절한 옷차림이 있음을 안다.	
11:30 ~ 12:00	실외활동	- 얼음땡 놀이 목표 : 얼음의 특징을 알고, 게임의 규칙에 따라 안전하게 활동할 수 있다.	
12:00 ~	점심식사 및 이 닦기	- 식단표에 맞는 식사 - 식사 후 이 닦기	칫솔, 치약
12:30 ~ 13:30	낮잠 및 휴식	편안한 분위기를 느낄 수 있도록 조용한 음악을 틀어 낮잠 분위기를 조성한다.	이불, 베개, 매트

시간	유아다례 다도활동내용	유아다례 세부교육활동	자료
	녹차 마시기 찻잎 그리기	녹차를 마시고 녹차가 어떻게 생겼을지 알아보기로 했다. 아이들이 제법 잘 앉아서 차를 마셨다. 처음엔 녹차를 우리지 않고 그리기를 했다. 모두 벌레 같은 모양으로 그림을 그렸다. 녹차를 조금씩 마시면서 녹차색을 표시하기로 했는데, 엉뚱하게 이야기하는 유아도 있었다. 녹차를 마신 후에 우린 찻잎을 그리기로 하였다.	녹차, 다화, 다식

		나뭇잎처럼 잘 그린 유아들이 있었다. 녹차에 대한 이야기를 서로 주고받으며, 녹차를 집에서도 마시기로 약속하면서 수업을 마쳤다.	
교사의 조언	어린이집에서 다구 세트가 없어서 죄송하다고 했다. 아직 이런 일을 접해보지 못했다고 하였다. 앞으로 기회가 된다면 유아다례를 접해 보고 싶다고 하였다.		
실습 후 느낀 점	어린이집에 들어서자 유아들이 처음이라 친근하게 다가오지 못하였지만 바구니에 무엇이 있는지를 물었다. 앞으로 유아다례가 정착이 된다면 좋겠다는 생각이 들었다. 차를 우려 마시면서 이야기를 하자 모두들 내일도 차를 마실 수 있느냐고 물어 보았다.		

유아다례교육활동 관련자료

유아교육기관 현장참여 실습일지

날짜	요일	날씨	등원	하원	실습생	지도교사	원장
12월 26일	수	맑음	09시	13시	○○○	○○○	○○○

생활주제	겨울 날씨 알기
주제	얼음이 꽁꽁
목표	1. 얼음의 특징에 대해 알아본다. 2. 얼음이 만들어지는 물질의 변화 과정에 대해 이해한다.

시간	교육활동명	세부교육활동	자료
09:00 ~ 10:40	등원 및 자유선택 활동 (오전)	유아의 건강상태를 확인한다. - 언어 영역 : '겨울'에 볼 수 있는 것, 읽고, 쓰기 - 수조작 영역 : 도형으로 겨울 풍경 꾸미기 - 과학 영역 : 소금과 얼음이 만났어요. - 음률 영역 : '겨울바람'을 악기로 연주해 보기 - 미술 영역 : 따뜻한 색, 차가운 색 - 역할 영역 : 붕어빵 팔아요. - 쌓기 영역 : 벽난로 꾸미기	얼음, 소금, 접시, 실
10:40 ~	대·소집단 활동	- 이야기 나누기 : 얼음이 꽁꽁 얼음의 특징에 대해 알아보고 얼음이 만들어지는 물질의 변화 과정에 대해 이해한다.	
11:30~ 12:00	실외활동	- 실외활동 : 약물 오남용, 안전교육으로 대체 부모님이 주시는 약만 먹어요.	
12:00 ~	점심식사 및 이 닦기	점심식사 전 반드시 손을 깨끗이 씻는다.	
12:30~ 13:30	낮잠 및 휴식	편안하게 낮잠과 휴식을 취한다.	개인 침구, 카세트, 음악 CD

시간	유아다례 다도활동내용	유아다례 세부교육활동	자료
	녹차 마시는 법 투호놀이	다화는 예쁜 꽃을 말린 것을 사용했다. 나비와 잠자리 팀으로 유아들을 나누었다. 유아들과 함께 투호 준비를 하였는데, 유아들이 많이 해본 듯하였다. 처음에 세 발짝 멀리서 던졌더니 잘 들어가지 않았다. 두 번째는 두 발짝 멀리서 던졌는데 들어가는 유아도 있었다. 투호놀이	녹차, 다화, 투호

		를 하는 동안 녹차를 우렸다. 투호를 잘 던지는 유아에게는 녹차를 한 잔씩 마시게 하였더니, 모두 잘 던지려고 노력하는 모습을 보였다. 인사하는 법도 다시 복습하였다. 집에 가서 어머니, 아버지께도 인사를 했다며, 녹차를 같이 마시자고 말씀드렸다 하였다. 교육이라는 것이 이렇게 모두 배워 가는 것인가 보다.	
교사의 조언	녹차를 마시는데 투호놀이까지 하니, 좀 의아한 느낌이 들었다고 했다.		
실습 후 느낀 점	놀이 학습과 차를 접목시켜 보니 유아들이 재미있어 하였다.		

유아다례교육활동 관련자료

유아교육기관 현장참여 실습일지

<table>
<tr><th>날짜</th><th>요일</th><th>날씨</th><th>등원</th><th>하원</th><th>실습생</th><th>지도교사</th><th>원장</th></tr>
<tr><td>12월
27일</td><td>목</td><td>흐림</td><td>12시</td><td>16시</td><td>○○○</td><td>○○○</td><td>○○○</td></tr>
<tr><th>생활주제</th><td colspan="7">사랑을 나누어 주세요.</td></tr>
<tr><th>주제</th><td colspan="7">어려운 이웃을 도와요.</td></tr>
<tr><th>목표</th><td colspan="7">주변에 어려운 이웃을 돕기 위해 내가 할 수 있는 일을 알고 실천한다.</td></tr>
<tr><th>시간</th><th>교육활동명</th><th colspan="5">세부교육활동</th><th>자료</th></tr>
<tr><td>12:30
~
14;30</td><td>대·소집단
활동</td><td colspan="5">아이짐 순환 운동
- 체육 선생님과 인사를 한 후, 스트레칭과 율동을 한다.
- 체육 선생님의 설명을 듣고 체육활동을 한다.
- 마무리 운동을 하고 선생님과 인사한다.</td><td></td></tr>
<tr><td>14:30
~
15:40</td><td>자유놀이</td><td colspan="5">- 음률 영역 : 크리스마스 캐럴 듣기
- 수학 영역 : 리스를 꾸며요
- 조형 영역 : 크리스마스카드
- 역할 영역 : 선물을 배달해요
- 쌓기 영역 : 구세군이 있는 영역
- 과학 영역 : 겨울나무 관찰하기
- 언어 영역 : 할머니, 할아버지께 편지 쓰기, 우리 주변 어려운 이웃에 대해 이야기 나누기</td><td></td></tr>
<tr><td>15:40
~
16:00</td><td>오후 간식</td><td colspan="5">- 간식을 먹기 전에 손을 깨끗이 씻는다.
- 간식 노래를 한 후 간식을 먹는다.
- 바르게 앉아 간식을 먹은 후, “잘 먹었습니다.” 인사하고 그릇을 스스로 정리한다.
- 양치질을 한다.</td><td></td></tr>
<tr><th>시간</th><th>유아다례
다도활동내용</th><th colspan="5">유아다례 세부교육활동</th><th>자료</th></tr>
<tr><td></td><td>녹차</td><td colspan="5">각종 열매와 낙엽으로 다화를 대신하였다. 다식으로는 양갱을 별 모양으로 만들었는데, 유아들이 예쁘다며 먹어도 되냐고 물었다. 한 번도 녹차를 마셔 본 일이 없었던 유아들이 신기한 눈으로 유심히 살폈다. 우선은 인사하는 법을 배웠다. 유아들한테도 정중히 인사하고 웃어른들께도 인사하는 방법을 배웠다. 녹차는 나무에서 잎을 따 말려 만든 차라고 하자, 아무 잎이나 써도 되냐고 물었다. 녹차는 녹차 나무에서 잎을 따서 만든다고 대답</td><td>녹차, 다화,
다식</td></tr>
</table>

		하자 유아들도 만들어 보고 싶다고 하였다. 녹차를 우려서 마시자 맛도 신기하단다. 녹차를 마시고 난 다음 느낀 점을 서로 이야기하면서 수업을 마쳤다.	
교사의 조언	외부인이 와서 예절을 가르치니 재미있어 하였다. 다화가 참 멋있었다.		
실습 후 느낀 점	어린이집에 들어서니 예쁜 것들이 많았다. 모두 유아들이 좋아하는 것이었다. 다화로 나무 열매와 낙엽으로 장식하길 잘했다는 생각이 들었다.		

유아다례교육활동 관련자료

유아교육기관 현장참여 실습일지

날짜	요일	날씨	등원	하원	실습생	지도교사	원장
12월 28일	금	눈	09시	15시	○○○	○○○	○○○
생활주제	이웃을 돌아봐요						
주제	어려운 이웃을 생각하며 도와주기						
목표	주변에 어려운 이웃을 생각하며 도와줄 수 있는 일을 실천한다.						

시간	교육활동명	세부교육활동	자료
09:00 ~ 10:00	등원지도	- 등원 후 친구들에게 반갑게 인사한다. - 혼자서 가방, 겉옷, 수첩을 정리한다. - 용의검사를 한다. - 오늘의 날씨와 요일을 알고 수첩에 기록한다.	
10:00 ~ 12:00	자유선택활동	영역을 계획하고 스스로 선택한다. - 언어 영역 : 어머니, 아버지께 편지 쓰기 목표 : 자신의 생각을 글로 표현하고 읽는다. - 수학 영역 : 리스를 꾸며요 목표 : 간단한 수를 세는 경험을 한다. - 조형 영역 : 크리스마스카드 목표 : 색종이를 접어 크리스마스카드를 만든다. - 역할 영역 : 선물을 배달해요 목표 : 산타 할아버지가 되어 선물을 배달하는 즐거움을 느껴본다. - 과학 영역 : 겨울나무 관찰하기 목표 : 겨울이 되어 변한 나무를 관찰한다.	
12:00~ 13:00	오전 간식	- 바르게 앉아 간식 기도 후 흘리지 않고 먹기 - 간식 후 먹은 자리 정리하기	
시간	**유아다례 다도활동내용**	**유아다례 세부교육활동**	**자료**
	황차 마시는 법	다화는 예쁜 꽃을 말린 것을 사용했다. 다식으로 예쁜 떡을 준비하였다. 고무 흙으로 떡을 만들어 보기로 하였다. 고무 흙이 말랑거려서 유아들이 만들기에 쉬웠다. 모양을 여러 가지로 만들어보았다. 고무 흙 떡에 무늬도 찍어보았다. 그러는 사이에 황차를 우렸다. 색이 예쁘게 우려지니 유아들이 신기해하였다. 우선 한 모금 마시면서 어떤 맛이 나는지 물어 보았더니 모두들 냄새가 좋다	

		고 하였다. 녹차와 같이 만드는데 발효시킨 것이 황차라고 했더니, 발효가 무엇인지 궁금해 했다. 호기심이 많은 것 같았다.	
교사의 조언	황차가 부드러워서 마시기에 좋았다. 유아들도 좋아하였다.		
실습 후 느낀 점	고무 흙으로 떡을 만들었더니, 유아들이 어린이집에서 만든 것이라고 말했다고 한다. 너무 예쁘게 만들어서 칭찬을 많이 해 주었더니, 모두들 집에 가져간다고 하였다.		

유아다례교육활동 관련자료

일화 기록지

날짜	관찰유아 (성별, 나이)	관찰시간 및 장면	행동관찰	분석
10월 28일	여, 만 4세	09:00	집에서 차를 마시냐는 질문을 하니 집에서는 주스를 마신다고 하였다. 앞으로 집에서 이런 녹차를 마시면 어떨지를 물어보았다. 집에서 실천이 될지 안 될지는 모르겠지만, 유아들은 대답만큼은 녹차를 마시겠다고 하였다. 보온병의 스티커를 보고 신기하다며 보온병을 달라고 해, 다른 이야기로 돌려서 말하였다.	
	남, 만 4세	11:00	유아들은 호기심이 매우 많았다. 녹차는 어디에 있는 것이냐고 물어, 녹차는 나무에서 자란 잎이라고 답했다. 그랬더니 그 나무를 보여 달라고 하였다. 나무는 지금 없지만 녹차 우리고 난 잎을 보여 주었더니, 집에 있는 감나무 잎과 비슷하다고 말했다. 관찰하는 눈이 매우 세심하였다.	

수업 자기평가서

일시	2012년 12월 29일(금요일)	장소	○○어린이집
영역	녹차	지도교사	○○○
주제	녹차를 올바르게 알고 마시기		

자기평가					
수업준비를 충실히 하였다.	1	2	3	④	5
수업목표가 무엇인지 명확히 인식하고 있었다.	1	2	3	④	5
계획한 내용대로 수업을 진행하였다.	1	2	3	4	⑤
모든 유아들이 수업에 참여할 수 있도록 유도하였다.	1	2	3	4	⑤
유아들에게 적절하게 칭찬과 격려를 하였다.	1	2	3	4	⑤
수업에 적절한 질문을 하고 유아의 요구에 성실히 반응하였다.	1	2	3	4	⑤
평가를 하고 수업 뒷정리를 하였다.	1	2	3	4	⑤

잘된 점	유아들이 차를 처음 접해 보는 것이라 호기심이 많았고, 모든 것을 신기해하였다. 차 우려 마시기를 잘 따라 하였다. 유아들의 정서생활에도 좋은 것 같았다.
부족한 점	원내에 준비물이 없어 모든 것을 가지고 가서 실시하는 것이 조금 힘들었다. 앞으로 유아다례가 정착이 되어, 모든 유아가 실시할 수 있도록 물품이 구비되었으면 좋겠다.
특이사항	

16 실습사례 ⑯

유아교육기관 현장참여 실습일지

날짜	요일	날씨	등원	하원	실습생	지도교사	원장
11월 05일	월	맑음	07시 30분	15시	○○○	○○○	○○○
생활주제	우리가 사는 지구						
주제	지구의 모습 구성하기						
목표	우리 주변에서 볼 수 있는 자연의 모습에 관심을 가지고 인간이 살아갈 수 있는 좋은 환경을 가꾸어야 함을 안다.						

시간	교육활동명	세부교육활동	자료
07:30 ~ 09:30	등원 및 자유선택 활동	- 출석 카드 및 가방 정리 - 유아 기분, 건강 상태 점검 - 선생님과 친구에게 인사 - 유아들이 스스로 자유활동선택을 할 수 있게 한다. - 결석한 유아가 있으면 전화, 확인한다. - 교사는 출근하자마자 창문을 열어 환기시켜 준다.	
09:30 ~ 11:30	오전 자유선택 활동	〈쌓기 영역〉 - 지구 모습 구성 - 목표 : 주변에서 볼 수 있는 자연 모습을 잘 표현해 보는 경험 - 재료 : 꽃, 나무, 풀 등 - 방법 : 소품을 이용하여 지구의 자연을 구성한다.	
		〈역할 영역〉 - 지구 탐험대 놀이 - 목표 : 지구 탐험대 놀이 - 재료 : 의상 및 소품 - 방법 : 탐험대가 되어 극놀이를 한다.	
		〈과학 영역〉 - 지구본 만들기 - 목표 : 지구본 만들기 - 재료 : 흙, 종이컵, 가위, 풀, 색종이 - 방법 : 지구를 구성하는 구성물에 대해 알아본다.	
		〈조작 영역〉 - 하늘, 땅, 바다에서 볼 수 있는 것 - 목표 : 하늘, 땅, 바다를 이루는 구성물에 대해 관심 갖는다. - 재료 : 비커, 물이 담긴 수저, 비닐봉지, 숟가락 - 방법 : 하늘, 땅, 바다에서 볼 수 있는 것을 꾸민다.	

시간	유아다례 다도활동내용	유아다례 세부교육활동	자료
11:30 ~ 12:30	점심식사, 양치질 지도 및 휴식	– 유아들이 가방에서 도시락을 꺼낼 수 있게 한다. – 포크나 젓가락으로 장난치지 않게 한다. – 골고루 잘 먹도록 지도한다.	
12:30 ~ 14:30	차란 무엇인가? 차에 대한 흥미와 관심을 생각과 느낌으로 표현하기	– 다도할 준비를 하고 유아들을 맞이하였다. – 오늘 처음 하는 수업이라서 서로가 어색하지만, 처음 보는 다구와 선생님에 대한 호기심으로 신기해 하는 모습이었다. – 가을에 보기 좋은 감과 노란 국화꽃을 준비하였다. (감, 감잎, 국화꽃) – 차란 차나무에서 아주 어린 잎을 따서 볶거나, 쪄서 우려 마시는 것임을 설명하였다. 발효가 많은 홍차, 반 발효시킨 반 발효차, 그밖에 대추차, 유자차, 현미차, 오미자차 등 곡물이나 열매로 만든 차를 대용차라 한다는 것을 알려주었다. – 녹차는 아주 어린 싹을 따서 만들기 때문에 잎은 연하고 푸르스름한 녹색을 띤다. – 차나무의 유래, 차나무 품종 및 효능에 대해 설명하고 마지막으로 차를 마시며 생각과 느낌을 서로 이야기하면서 즐겁게 마무리하였다.	녹차, 5인용 다기 세트, 다포, 오방 다포
교사의 조언	– 녹차의 향과 잎이 이렇게 아름다운 줄은 처음 알았다. – 유아들이 처음 접하는 수업이라 집중력이 떨어져서 아쉬웠다. – 다음에 기회가 되면, 다도와 예절을 자주 하는 것이 도움이 될 것 같다.		
실습 후 느낀 점	원장님의 말씀대로 이 어린이집은 다도를 처음 하는 곳이라, 물품들이 하나도 갖추어져 있지 않아 조금은 당황스러웠다. 그래도 선생님과 유아들이 차를 마시는 모습은 정말 보기 좋았다. 원장님께서 앞으로 다도가 참 좋은 수업이 될 것이라고 생각하여, 내년부터는 다도 수업을 할 수 있도록 고려하시겠다고 말해 주셨다.		

유아교육기관 현장참여 실습일지

날짜	요일	날씨	등원	하원	실습생	지도교사	원장
11월 06일	화	맑음	07시 30분	15시	○○○	○○○	○○○

생활주제	우리가 사는 지구
주제	지구의 모습 구성하기
목표	우리 주변에서 볼 수 있는 자연의 모습에 관심을 가지고 인간이 살아갈 수 있는 좋은 환경을 가꾸어가야 함을 안다.

시간	교육활동명	세부교육활동	자료
07:30 ~ 09:30	등원 및 자유선택활동	- 출석 카드 및 가방을 정리한다. - 등원한 유아들이 자유롭게 활동할 수 있게 한다. - 선생님과 친구들에게 인사한다.	
09:30 ~ 11:30	오전 자유선택활동	〈쌓기 영역〉 - 지구 모습 구성하기 - 목표 : 다양한 블록과 소품을 이용하여 지구의 자연을 구성한다. - 재료 : 블록, 소품, 꽃, 나무, 풀, 동물 - 방법 : 자연의 모습을 표현한다.	우주 사진, 탐험대 의상, 흙, 물, 비커 2개, 수자, 비닐봉지, 물감, 켄트지, 물, 넓은 용기, 가위, 풀 등등
		〈조형 영역〉 - 지구본 만들기 - 여러 가지 재료를 이용하여 지구의 모양을 만든다. - 만들어진 지구본의 무게 중심을 잡을 수 있다.	
		〈언어 영역〉 - 지구에 있는 것 - 지구를 이루고 있는 구성물에 대해 관심을 갖는다. - 구성물의 이름을 글로 적어 볼 수 있다.	
		〈음률 영역〉 - 베토벤 〈월광 소나타〉 감상 - 달빛의 느낌이 음악으로 표현됨에 흥미를 가진다. - 달빛 그림자를 음악을 통해 상상하며 감상한다.	
11:30~ 12:30	정리 정돈 및 화장실 지도	- 질서를 지켜 화장실에 다녀온 후, 손을 깨끗이 씻는다.	

시간	유아다례 다도활동내용	유아다례 세부교육활동	자료
12:30 ~ 14:30	차란 무엇인가? 차에 대한 생각과 느낌 표현하기	– 자유 활동 후에 자연스럽게 수업을 시작한다. – 둘째 날이라서 유아들이 다소 편안한 얼굴로 인사를 하며 맞아 주었다. – 다포를 깔고 다구를 준비하는 동안, 자연스럽게 둘러앉았다. – 오늘 다화로는 열매를 놓았다. 유아들이 열매를 보고 매우 신기해 하였다. – 오늘 마실 차는 황차라고 설명하며, 색은 황색을 띠고 녹차보다는 발효 과정을 하나 더 거치며, 뜨거운 물을 넣어 황색이 우러나면 마시는 것이라 설명하였다. – 집에서 마시는 인삼차, 유자차 등은 대용차라 한다는 것을 알려주었다. – 차의 성분과 효능에 대해 설명하며 차도 마시고, 생각과 느낌으로 말하기를 하여 각자의 생각을 들었다.	황차, 다포, 오방 다포, 5인 다기 세트
교사의 조언	– 지금까지 녹차를 티백으로 우려서만 마셨는데, 예쁜 다관에 우려 마시는 법을 알았다. – 향과 맛이 너무 좋았다. – 아쉬운 것은 유아들 한 명 한 명 모두 각자 차를 우려 봤으면 좋은 경험이 되지 않았을까 하는 점이다. – 다관이 여러 개가 있었으면 좋았을 것 같다.		
실습 후 느낀 점	– 다도실이 없어서 불편했지만, 유아들이 많은 관심을 보였으며, 선생님들 또한 다도에 적극적이었다. – 앞으로 유아들의 인성 교육으로 좋겠다고 평하는 것을 보고 마음이 흐뭇했다.		

유아교육기관 현장참여 실습일지

날짜	요일	날씨	등원	하원	실습생	지도교사	원장
11월 07일	수	맑음	07시 30분	15시	○○○	○○○	○○○
생활주제	우리가 사는 지구						
주제	지구의 모습 구성하기						
목표	우리 주변에서 볼 수 있는 자연의 모습에 관심을 가지고 인간이 살아갈 수 있는 좋은 환경을 가꾸어가야 함을 안다.						

시간	교육활동명	세부교육활동	자료
07:30 ~ 09:30	등원 및 자유선택 활동	- 출석 카드 및 가방을 정리한다. - 등원한 유아들이 자유롭게 활동할 수 있게 한다. - 선생님과 친구들에게 인사한다.	
09:30 ~ 10:30	오전 자유선택 활동	- 쌓기 영역 : 지구 모습 구성하기 - 역할 영역 : 지구 탐험대 놀이 - 조작 영역 : 하늘, 땅, 바다에서 볼 수 있는 것 - 과학 영역 : 지구본 만들기 - 수 영역 : 지구 구성물 빙고 게임	꽃, 나무, 풀, 동물, 활동지, 필기도구, 흙, 물, 비커
10:30 ~ 11:00	주말 지낸 이야기 나누기	- 주말 지낸 이야기를 발표한다. - 서로의 이야기를 듣고 자유롭게 이야기한다.	
11:00 ~ 12:00	실외 활동	- 돌탑 쌓기 - 돌탑 돌기 놀이 - 마무리	돌
12:00 ~ 12:30	점심식사 및 양치질 지도	- 유아들이 가방에서 도시락을 꺼낼 수 있게 한다. - 포크나 젓가락으로 장난을 치지 않게 한다. - 개별적인 식습관에 맞추어 적당한 양을 조절한다.	도시락, 휴지, 양치 컵, 칫솔
12:40~ 13:00	휴식	- 유아들이 자유롭게 휴식을 취할 수 있도록 지도한다.	조용한 음악
시간	**유아다례 다도활동내용**	**유아다례 세부교육활동**	**자료**
12:30 ~ 14:30	차란 무엇인가? 차에 대한 생각과 느낌 말하기	- 당일은 셋째 날이라서 그런지 유아들이 먼저 나를 반겨 주었다. - 차를 우리는 모습을 보여 주면서 자리에 자연스럽게 앉게 하였다. - 다식은 꿀떡으로 준비하였다. - 어제 마셨던 황차를 우려 주었더니 마셔 본 차라면서 너무 좋아하였다. - 황차에 대해 다시 한 번 설명해 주었다. - 황차에 대해 설명할 때에 다식을 함께 먹도록 하였다. - 당일 차를 마시면서 차에 대한 생각이나 느낌을 떠올려 보게 하였다. - 각자의 생각과 느낌들을 말하고 서로 이야기 나누는 시간을 가졌다.	황차, 다포, 오방 다포, 5인 다기 세트
교사의 조언	- 차 마시는 모습은 너무 보기가 좋았다. - 차와 다도보다는 다식을 너무 많이 먹다 보니 다도 수업이 조금 산만하다는 느낌이 조금 들었다.		
실습 후 느낀 점	- 다도를 한 번도 접하지 않았던 유아들이었기 때문에 유아들을 집중시키기가 쉽지 않아 다식을 많이 준비하였다. 그러나 다식 먹는 것에 너무 집중을 하다 보니 주위가 산만하다는 느낌이 들었다. - 다식의 양을 적절히 조절하여, 다례 수업을 진행해야겠다는 생각이 들었다.		

유아교육기관 현장참여 실습일지

<table>
<tr><th>날짜</th><th>요일</th><th>날씨</th><th>등원</th><th>하원</th><th>실습생</th><th>지도교사</th><th>원장</th></tr>
<tr><td>11월
08일</td><td>목</td><td>맑음</td><td>07시 30분</td><td>15시</td><td>○○○</td><td>○○○</td><td>○○○</td></tr>
<tr><th>생활주제</th><td colspan="7">우리가 사는 지구</td></tr>
<tr><th>주제</th><td colspan="7">지구의 모습 구성하기</td></tr>
<tr><th>목표</th><td colspan="7">우리 주변에서 볼 수 있는 자연의 모습에 관심을 가지고
인간이 살아 갈 수 있는 좋은 환경을 가꾸어야 함을 안다.</td></tr>
<tr><th>시간</th><th>교육활동명</th><th colspan="5">세부교육활동</th><th>자료</th></tr>
<tr><td>07:30
~
09:30</td><td>등원 및
자유선택 활동</td><td colspan="5">- 유아들의 기분 상태와 건강 상태를 점검한다.
- 투약 의뢰서 유무를 확인한다.
- 출석 카드 및 가방을 정리한다.</td><td></td></tr>
<tr><td>09:30
~
10:30</td><td>오전
자유선택 활동</td><td colspan="5">- 쌓기 영역 : 다양한 블록과 소품을 이용하여 지구의 자연을 구성한다.
- 언어 영역 : 지구에 있는 것
- 음률 영역 : 베토벤 〈월광 소나타〉 감상
- 조형 영역 : 지구본 만들기</td><td>꽃, 나무, 풀, 동물, 활동지, 필기도구, 흙, 물, 비커</td></tr>
<tr><td>10:30~
11:00</td><td>주말 지낸
이야기 나누기</td><td colspan="5">- 주말을 지낸 이야기를 발표한다.
- 서로의 이야기를 듣고 자유롭게 이야기한다.</td><td></td></tr>
<tr><td>11:00
~
12:00</td><td>실외 활동</td><td colspan="5">- 주변에서 구할 수 있는 돌을 찾아, 돌의 모양을 관찰한다.
- 돌탑을 쌓아본다.
- 쌓은 돌탑을 충분히 관찰해 본다.</td><td>돌</td></tr>
<tr><td>12:00
~
12:30</td><td>점심식사 및
양치실 시도</td><td colspan="5">- 유아들이 가방에서 도시락을 꺼낼 수 있게 한다.
- 포크나 젓가락으로 장난을 치지 않게 한다.
- 개별적인 식습관에 맞추어 적당한 양을 조절한다.
- 정리 정돈 후에 양치를 실시한다.</td><td>도시락, 휴지, 양치 컵, 칫솔</td></tr>
<tr><td>12:40~
13:00</td><td>휴식</td><td colspan="5">- 유아들이 자유롭게 휴식을 취할 수 있도록 지도한다.</td><td>조용한 음악</td></tr>
<tr><th>시간</th><th>유아다례
다도활동내용</th><th colspan="5">유아다례 세부교육활동</th><th>자료</th></tr>
<tr><td>12:30
~
14:30</td><td>차란
무엇인가?

차에 대한
생각과 느낌을
말하기</td><td colspan="5">- 다도 수업 마지막 날, 아이들과 헤어진다는 생각에 조금은 섭섭하였다.
- 유아들은 며칠 동안 새로운 수업으로 얼굴이 밝아졌고, 다도 수업을 좋아하는 모습이었다.
- 가을에 좋은 감을 살짝 말려서 다식으로 준비했다.
- 따뜻한 물에 우려 마시는 것과 발효를 많이 하는 홍차가 있음을 다시 한 번 알려주었다.
- 그밖에 우리가 집에서 많이 마시는 현미차, 대추차, 유자차 등은 곡물이나 열매로 만든 대용차임을 다시 한 번 더 알려주었다.
- 차의 효능에 대해 서로 이야기를 나누었다.
- 마지막 수업임을 아이들과 공유하고, 즐겁게 마무리하였다.</td><td>녹차, 다포, 오방 다포, 5인 다기 세트</td></tr>
<tr><th>교사의
조언</th><td colspan="7">- 처음과는 달리 몇 번의 다도 수업을 하고 나니, 유아들 모두 차분해지는 느낌이 들었다.
- 집중력도 이전보다 늘어가는 것 같아서 좋았다.
- 마지막이라서 많이 아쉬웠다.
- 기회가 된다면, 다도 수업을 유아들에게 꼭 다시 실시해 보고 싶다.</td></tr>
<tr><th>실습 후
느낀 점</th><td colspan="7">- 우리 또래 어린이집은 다도 수업을 처음 해보는 곳이라, 수업하는 내내 조금 산만하였지만, 시간이 갈수록 좋아지는 느낌을 받았다.
- 앞으로 꾸준히 할 수만 있다면 유아들에게는 아주 좋은 교육이 될 것이라 생각한다.</td></tr>
</table>

유아다례교육활동 관련자료

일화 기록지

날짜	관찰유아 (성별, 나이)	관찰시간 및 장면	행동관찰	분석
11월 05일	여, 7세	다도시간	이 유아는 유난히 기분이 좋아보였다. 차에 대한 관심도 많았다. 집에서도 자주 차를 마시며, 찻잔도 예쁘고, 차도 맛있다고 옆 친구들에게 자랑하였다. 차를 마시는 모습이 아주 예뻤다.	
11월 06일	남, 5세		아직 어려서 그런지 집중을 하지 못하고 옆 친구에게 자꾸만 장난을 쳤다. 준비해 간 사탕을 하나 주며 예쁘게 차를 마시면 하나 더 주겠다고 하자, 너무도 귀엽게 앉아서 차를 마시는 모습을 보였다.	
11월 07일	여, 7세		차를 마시며 좋아하는 모습을 보였지만, 다식에 욕심을 부려 너무 많이 먹는 모습을 보였다. 친구와도 다투는 모습을 보여 안타까웠다. 옆 친구와 나누어 먹을 수 있도록 이야기해 주며, 그렇게 먹는 모습이 예쁘다고 칭찬해 주었다.	
11월 08일	남, 7세		다도가 어려웠냐는 질문에 큰소리로 "재미있었어요, 매일 해 주세요."라고 외쳤다. 선생님과 유아들이 모두 아이의 반응에 박수를 치며 즐거워하고 좋아하였다.	

수업 자기평가서

일시	2012년 11월 8일(목요일)	장소	○○어린이집
영역		지도교사	○○○
주제			

자기평가					
수업준비를 충실히 하였다.	1	2	3	④	5
수업목표가 무엇인지 명확히 인식하고 있었다.	1	2	3	④	5
계획한 내용대로 수업을 진행하였다.	1	2	3	4	⑤
모든 유아들이 수업에 참여할 수 있도록 유도하였다.	1	2	3	4	⑤
유아들에게 적절하게 칭찬과 격려를 하였다.	1	2	3	4	⑤
수업에 적절한 질문을 하고 유아의 요구에 성실히 반응하였다.	1	2	3	④	5
평가를 하고 수업 뒷정리를 하였다.	1	2	3	④	5

잘된 점	
부족한 점	
특이사항	

17 실습사례 ⑰

유아교육기관 현장참여 실습일지

날짜	요일	날씨	등원	하원	실습생	지도교사	원장
11월 07일	수	맑음	09시 50분	12시 20분	○○○	○○○	○○○
생활주제	우리나라의 전통예절				차 생활 예절		
주제	예절이란 무엇인가?				차의 기원과 역사		
목표	– 예절의 개념을 이해하고 실천할 수 있다. – 모든 행동은 공손한 자세로부터 시작함을 알게 한다. – 차의 기원과 역사에 대하여 앎으로써 친근감을 느낄 수 있도록 한다.						

시간	교육활동명	세부교육활동	자료
10:00 ~ 11:20	한복 입기 인사 나누기	– 교사의 도움으로 원에서 준비한 한복을 입는다. – 바른 자세로 앉아 교사와 공손히 인사를 나눈다.	그림 교구, 사진 교구
	바르게 앉는 방법	– 어른 앞에서 바르게 앉는 예절을 배운다. – 어른 앞에서 자리에 앉을 때에는 우선 두 무릎을 꿇고 앉는다. – 어른이 편히 앉으라 말씀하시면 편히 앉는다.	
	공수하는 법	– 공수란 무엇인지 알아본다. – 바르게 손을 맞잡는 방법이 있다는 것을 안다. (남자 : 왼손이 위로 가도록 하여 포개어 잡는다.) (여자 : 오른손이 위로 가도록 하여 포개어 잡는다.)	
	공수 자세	– 서 있을 때의 바른 자세를 알게 한다. – 두 발을 모으고 두 손은 배꼽 주위에 바르게 얹는다. – 입은 살포시 다물고 얼굴은 단정하게 한다.	
	노래와 율동 (수용공)	– 공수 방법을 노래와 율동으로 바르게 배워본다.	
	예절이란 무엇일까	– 예절이란 무엇인지 쉽게 이해할 수 있게 풀이해 준다. – 예절이란 여러 사람이 함께 살아갈 때 반드시 지켜야 하는 도리와 질서인데, 이것을 지키기 위해 약속한 생활 방식이다.	
	이야기 나누기	– 공자님이 말씀하신 '논어'에 있는 예절 이야기를 들려준다.	
	회상	– 예절이란 글자 교구와 그림 교구를 바르게 연결한다. – 그림과 글자를 섞어 놓은 후 서로 맞게 연결시켜 바르게 익힌다.	
	노래와 율동 (예절이란)	– 예절이란 무엇인지 노래와 율동을 배워본다. – "예절이란 무엇일까? 무엇일까? 비례물시, 비례물청, 비례물언, 비례물동, 나는 나는 예절 바른 어린이"	
	휴식	– 화장실 다녀오기, 비누로 손 씻기	

시간	유아다례 다도활동내용	유아다례 세부교육활동	자료
11:20 ~ 12:00	바르게 앉기	- 바른 자세로 앉는다(남녀가 마주보며 앉는다). • 남 : 교사의 왼쪽(동) 아버지 다리를 하고 앉는다. • 여 : 교사의 오른쪽(서) 어머니 다리를 하고 앉는다.	명상 음악 테이프 (타이슨의 명상곡)
	인사 나누기	- 말 없이 조용히 인사를 나눈다.	
	생각 가다듬기 (명상)	- 교사의 지도하에 명상하는 자세로 앉는다. - 아버지 다리를 하고 양손을 무릎 위에 얹는다. - 자세를 바르게 한 후 고르게 숨을 쉰다. - 음악을 들으며 조용히 눈을 감고 명상한다.	
	이야기 나누기	- 명상을 한 후 이야기를 나눈다. - 명상을 하고 나니 기분이 어떤가요? - 명상할 때 가장 힘든 것은 무엇이었나요?	
	전통차 이야기 (우리나라)	- 차에 대한 생각을 나눈다. - 우리나라 전통차를 본 적이 있나요? - 차를 마셔 본 경험이 있나요? - 언제부터 마셨을까요? - 부모님은 어떤 차를 마시나요?	
	차 마시기	- 차 마시는 방법을 소개하고 바르게 마신다. - 준비해 놓은 찻상에 두 사람이 마주 앉는다. - 미리 준비해 놓은 찻잔과 다식을 얹어둔다. - 교사가 우려낸 차를 각각의 찻잔에 붓는다. - 찻잔 잡는 방법(두 손)을 일러준다. - 녹차는 색, 향, 미를 즐기며, 3번에 나누어 마심을 이야기한다.	신농 동화, 녹차, 찻상, 찻잔, 다식, 찻잔 받침, 다화
	동화 감상 동화 회상	- 신농 할아버지의 신기한 풀 - 동화를 들으며 흥미를 유발한다. - 전설 속의 신농 할아버지는 어떤 분인가요?	
	다식 먹기 (콩다식)	- 다식 먹는 법에 대하여 이야기한다. - 한 손으로 입을 가리고 다식을 입 안에 넣는다. - 다식을 먹을 때는 조용히 소리 나지 않게 먹는다. - 욕심 내지 않고 먹을 만큼만 먹는다. - 차를 한 잔 마신 후에 먹는다.	
	인사 나누기	- 바르게 앉아 공손히 인사를 나눈 후 방석을 제자리에 정리 정돈한다.	
교사의 조언	- 유아들이 소란스럽지 않게 지도한다. - 유아들의 눈높이에 맞게 흥미롭게 다양한 정보로 교수한다. - 칭찬을 아끼지 않는다.		
실습 후 느낀 점	평소에 한복을 자주 입지 않으므로 여아들은 한복과 당의를 입고 머리에 족두리를 쓰는 것을 조금은 힘들어 하는 모습이었지만, 자신의 예쁜 모습에 잘 참고 따라하는 것 같았다.		

유아교육기관 현장참여 실습일지

<table>
<tr><th>날짜</th><th>요일</th><th>날씨</th><th>등원</th><th>하원</th><th>실습생</th><th>지도교사</th><th>원장</th></tr>
<tr><td>11월
08일</td><td>목</td><td>맑음</td><td>10시</td><td>12시</td><td>○○○</td><td>○○○</td><td>○○○</td></tr>
<tr><th>생활주제</th><td colspan="7">우리의 옷 한복</td></tr>
<tr><th>주제</th><td colspan="7">한복 입기와 명칭 알기</td></tr>
<tr><th>목표</th><td colspan="7">– 한복이 우리 고유의 의상임을 알리고 명칭도 익힌다.
– 한복을 올바르게 입는 방법을 익힌다.</td></tr>
<tr><th>시간</th><th>교육활동명</th><th colspan="5">세부교육활동</th><th>자료</th></tr>
<tr><td rowspan="7">10:00
~
11:20</td><td>바른 자세</td><td colspan="5">– 바르게 줄을 맞춰 앉는다.
– 바른 자세와 공손한 자세로 인사를 나눈다.</td><td rowspan="7">남, 녀
한복 입은
마네킹</td></tr>
<tr><td>이야기 나누기</td><td colspan="5">– 한복을 입어 본 경험에 대하여 이야기를 나눈다.
– 한복을 입어 본 적이 있나요?
– 언제 많이 입나요?
– 혼자서도 입을 수 있나요?</td></tr>
<tr><td>한복의 명징</td><td colspan="5">– 한복 입은 마네킹을 보면서 각 부분의 명칭을 알아본다.
– 남자 한복 : 바지, 저고리, 조끼, 마고자, 버선, 점복, 술띠, 복근
– 여자 한복 : 치마, 저고리, 버선, 속치마, 속바지, 댕기 족두리</td></tr>
<tr><td>한복 바르게
입기</td><td colspan="5">– 한복을 바르게 입는 순서를 알아본다.
– 여자 한복은 무엇부터 입어야 할까요?
속바지 → 속치마 → 버선 → 치마 → 저고리 → 댕기 → 족두리
– 남자 한복은 무엇부터 입어야 할까요?
바지 → 저고리 → 버선 → 조끼 → 마고자 → 전복 → 술띠 → 복끈</td></tr>
<tr><td>한복을 입었을
때 지켜야
할 것</td><td colspan="5">– 한복을 입었을 때 우리가 지켜야 할 것을 알아본다.
– 평상복에 운동화를 신듯, 한복에는 고무신을 신는대요.
– 남자는 외출 시 두루마기를 입어야 한답니다.
– 여자의 저고리 고름 코는 왼쪽으로 가게 한다.
– 여자의 치마 여밈은 왼쪽으로 가게 한다.
– 남자가 전복을 입을 때 술띠는 가슴에 맨다.
– 술띠는 성인은 파란색, 어린이는 빨간색으로 구분하여 맨다.</td></tr>
<tr><td>한복 입은
몸가짐</td><td colspan="5">– 한복을 입고 있을 때 우리는 어떤 몸가짐을 해야 할지 알아본다.
– 뛰어다니지 않도록 한다.
– 친구와 장난을 심하게 치지 않아야 한다.
– 소매를 마구 걷거나 고름이 풀리지 않게 조심한다.
– 계단을 오르내릴 때 치맛자락이 밟히지 않게 조심한다.</td></tr>
<tr><td>휴식</td><td colspan="5">– 화장실에 다녀오고 비누로 깨끗이 손 씻기</td></tr>
</table>

시간	유아다례 다도활동내용	유아다례 세부교육활동	자료
11:20 ~ 12:00	평절로 인사하기	- 남녀 각각 2인 1조가 되어 서로 마주보며 평절로 인사를 나눈다.	
	생각 가다듬기	- 고요한 마음으로 명상할 수 있게 준비한다. - 음악과 함께 교사가 나직한 목소리로 유아들의 예절바른 모습들을 들려준다.	CD
	다구도 이름이 있어요.	- 다구의 그림을 보며 이름과 쓰임에 대해 알아본다. - 유아들이라 전문용어가 아닌 쉬운 우리말로 설명한다. - 다관(차 주전자), 숙우(물 식힘 사발), 차호(차 항아리), 차칙(차 숟가락), 다건(차 행주), 차탁(찻잔 받침), 잔	그림 교구
	찻상 차리기	- 다구마다 각자의 자리가 있음을 안다. - 2인 1조 앞에 준비해 둔 찻상을 차린다. - 다구의 위치는 조금씩 변할 수 있음을 안다.	
	다구 사용법	- 다구 사용 시 유의 방법을 알아본다. - 다구를 조심하지 않으면 어떤 일이 일어나는지를 이야기한다.	
	시범 보이기	- 바르게 앉은 후 교사가 각각의 잔에 차를 따라 마셔본다. - 예절을 지키며 손으로 입을 가리고 다식을 어떻게 먹는지 보여준다.	
	찻상 정리 인사 나누기	- 다구를 정리 정돈하고 앞사람과 말 없이 인사 나누기를 한다. - 차를 마실 수 있게 해준 모든 분들께 감사한 마음을 갖는다.	
교사의 조언	- 소란스러우면 위험하다는 것을 꼭 설명해 준다. - 예절의 중요성을 깨닫게 해 준다.		
실습 후 느낀 점	- 유아들은 금방 싫증을 내는 것 같다. - 손놀림이 계속 되는 것 같다(대부분의 유아들이 술띠를 풀어버린다). - 칭찬해 주면 얼굴이 환해지며 밝아진다. - 칭찬은 힘인 것 같다. 많은 칭찬을 해주어야겠다.		

유아교육기관 현장참여 실습일지

날짜	요일	날씨	등원	하원	실습생	지도교사	원장
11월 14일	수	맑음	10시	12시	○○○	○○○	○○○
생활주제	우리나라 인사 예절						
주제	바르게 인사해 봐요						
목표	- 우리나라 고유의 인사인 절을 바르게 할 수 있다. - 여자 절과 남자 절의 다른 점을 알고 스스로 할 수 있다. - 서서 할 때 지켜야 할 예절과 절을 할 때 지켜야 할 예절이 있음을 안다.						

시간	교육활동명	세부교육활동	자료
10:00 ~ 11:20	한복 입기	- 교사의 도움 하에 한복을 바르게 입는다.	사진 교구판
	인사 나누기	- 바르게 서서 인사를 나눈다. - 여자가 당의를 입었을 때는 공수한 손을 당의 안으로 넣는다.	
	이야기 나누기	- 인사는 왜 하는 것일까요? - 인사는 반가움을 나타내려고 하는 것임을 안다. - 선물이나 상을 받았을 때 감사한 마음으로 인사한다.	
	인사하는 마음	- 인사할 때의 마음가짐에 대하여 알아본다. - 인사는 공손한 마음과 공손한 자세로 한다. - 찡그리고 화난 얼굴로 인사하지 않고 미소 띤 얼굴로 인사한다. - 뛰거나 걸어가다가도 바른 자세로 멈추어 인사한다.	
	인사하는 방법	- 밖에서 어른을 만났을 때 인사하는 방법을 알아본다. ① 목례(15도) : 하루에 계속 만나는 어른께 말 없이 고개를 조금 숙여 인사 ② 경례(30도) : 가장 많이 하는 인사 방법. 어른을 만났을 때, 헤어질 때, 집에 돌아와서 하는 인사 ③ 큰 경례(45도) : 상 받을 때, 발표할 때, 신랑 신부 결혼식장에서	
	인사말 배우기	- 인사말을 바르게 할 줄 안다. - 인사말을 때에 따라서 다르게 한다. - 상황에 맞는 인사말을 먼저 한 다음 몸을 숙여 인사한다. - 교사가 시범 후 2~3번 따라하게 한다. - 남녀 서로 마주보게 하고 바르게 인사한다.	
	이야기 나누기	지금까지 우리들이 해왔던 절과 비교, 이야기한다.	

<table>
<tr><th>시간</th><th>유아다례
다도활동내용</th><th>유아다례 세부교육활동</th><th>자료</th></tr>
<tr><td rowspan="6">11:20
~
12:00</td><td>큰절, 평절
반복</td><td>- 평절과 큰절은 언제, 어떻게 하는지 복습한다.
- 큰절과 평절의 쓰임을 정확히 알게 한다.</td><td></td></tr>
<tr><td>손님과
주인 역할
정하기</td><td>- 손님과 주인의 역할에 대하여 알아본다.
- 주인은 누구이며, 차 우릴 때의 마음가짐을 알게 한다.
- 손님은 누구이며, 손님이 해야 할 마음가짐과 행동을 안다.</td><td></td></tr>
<tr><td>손님과
주인의 위치</td><td>- 주인은 어떤 자리에 앉을까요?
- 손님의 자리는 어디일까요?</td><td></td></tr>
<tr><td>찻잔의 위치</td><td>- 찻상 위의 찻잔 중 어느 위치에 있는 것이 누구의 것인지를 알아본다.
- 손님이 두 분일 때 어른의 찻잔은 어느 것일까요?
- 아랫사람의 찻잔은 어느 것일까요?</td><td></td></tr>
<tr><td>차 우려
대접하기</td><td>- 찻잔을 드릴 때는 어른께 먼저 드린다는 것을 안다.
- 주인이 손님께 찻잔을 드릴 때는 오른손으로 드려야 한다.
- 손님께는 꼭 찻잔 받침에 받쳐서 드리며, 손님과 주인은 인사를 나누며 마신다.</td><td></td></tr>
<tr><td>역할 분담</td><td>- 주인은 손님이 되고, 손님은 주인이 되어 역할을 분담한다.
- 차를 우려 서로 대접해 보고, 차의 색, 향, 미를 음미하며 마신다.</td><td></td></tr>
<tr><th>교사의
조언</th><td colspan="3">- 주인은 정성을 다하여 차를 우리고 공경하는 마음으로 손님께 차를 대접해야 함을 설명한다.
- 우리가 차를 마실 수 있게 해준 분들에게 감사의 마음을 갖게 한다.</td></tr>
<tr><th>실습 후
느낀 점</th><td colspan="3">현대 사회를 살아가면서 전통문화 예절 교육을 잘 접해 보지 못하는 유아들을 대상으로 다례 수업을 진행하다 보니 즐거움과 많은 보람을 느낄 수 있었다. 예절과 다례에 대하여 아직 잘 모르는 유아들이 교사의 말에 따라 차도 마시고 절도 예쁘게 하는 모습이 보기에 좋았다.</td></tr>
</table>

유아교육기관 현장참여 실습일지

날짜	요일	날씨	등원	하원	실습생	지도교사	원장
11월 16일	금	맑음	10시	12시	○○○	○○○	○○○

생활주제	예절의 필요성	명상 차
주제	공공장소에서 지켜야 할 예절	명상 차 우리기
목표	공공장소에서 우리는 어떤 예절을 지켜야 하는지를 안다.	– 명상 차 우리기를 통해 올바른 자세와 마음가짐을 가질 수 있다. – 명상을 통해 집중력을 키우고 정서적 안정감을 얻는다.

시간	교육활동명	세부교육활동	자료
10:00 ~ 11:20	한복 입기	– 자신의 힘으로 한복을 바르게 입는다.	
	친구 사귀기	– 친구를 사귈 때 어떤 마음이 되어야 하는지 안다. – 친구들 앞에서 잘난 척하지 않고 겸손해야 함을 안다. – 자기보다 못한 친구를 무시하고 놀리지 않아야 한다는 것을 안다. – 어려움에 처했을 때 도와주는 친구가 멋진 친구임을 안다. – 친구 간에도 약속을 잘 지킬 줄 안다. – 친구의 의견을 존중하고 양보할 줄 아는 친구가 된다.	
	공연장과 백화점에서 지킬 예절	– 백화점, 공연장에서 지켜야 할 예절을 안다. – 줄을 서서 에스컬레이터를 탄다는 것을 안다. – 화장실 사용법, 씻을 때 물이 튀지 않게 함을 안다. – 부모님께 물건을 사 달라고 떼쓰지 않는 사람이 되도록 한다. – 진열장 물건을 함부로 만지지 않아야 한다. – 공연장에서 조용히 말하며 뛰어다니지 않아야 한다.	
	음식점에서의 예절	– 외식 때 음식점 예절은 어떻게 지키는지 안다. – 음식을 먹을 때나 그렇지 않을 때 돌아다니지 않는다. – 음식 먹을 때 쩝쩝 소리를 내지 않는다. – 음식을 젓가락으로 뒤적거리지 않는다. – 주인께 맛있게 먹었다는 인사를 하고 나올 줄 안다. – 신발을 함부로 벗거나 밟지 않는다.	
	교통안전	– 우리가 지켜야 할 교통안전 예절을 안다. – 길거리에서 놀면 위험하다는 것을 안다. – 인도를 걸을 때는 차도와 멀리 떨어진 곳으로 걸어가야 한다. – 반드시 횡단보도로 건너야 한다. – 신호등을 정확히 보고 건너는 습관을 들인다. – 차를 타고 내릴 때 주위를 잘 살피도록 한다.	
	휴식	– 화장실에 다녀오기와 손 씻기	

<table>
<tr><th>시간</th><th>유아다례
다도활동내용</th><th>유아다례 세부교육활동</th><th>자료</th></tr>
<tr><td rowspan="7">11:20
~
12:00</td><td>바른 자세와 인사</td><td>- 바르게 앉아 인사를 나눈다.</td><td rowspan="7"></td></tr>
<tr><td>생각 가다듬기</td><td>- 생각 가다듬기를 한다(명상).
- 아버지 다리를 하고 양손은 무릎에 편안히 올려놓는다.
- 자세를 바르게 하고 고르게 숨을 쉰다.
- 눈을 감고 음악을 들으며 명상한다.</td></tr>
<tr><td>명상 차 우리는 순서 알기
(교사 시범)</td><td>- 명상 차 우리는 순서를 안다.
- 좌우 전후로 몸을 흔들면서 근육을 이완시키고 호흡을 정리한다.
- 다포를 편다.
- 명상 다구를 순서대로 둔다.
(차 주전자-차 항아리-차 수저-차 행주)
- 바르게 앉아 명상한다.
- 공수하고 다섯을 센다.
- 차를 우린다.
- 차 주전자에 알맞게 우려진 차를 찻잔에 따른다.
- 차의 색과 향, 맛을 음미하며 천천히 세 번에 나눠 마신다.
- 찻잔을 내려놓고 1~7까지 마음속으로 세면서 숨을 가다듬는다.
- 다구를 정리하고 다포를 접는다.</td></tr>
<tr><td>주의해요</td><td>- 유아들이 명상 차를 우릴 때 주의할 점에 대해서 이야기 나눈다.
- 명상 차 도구와 뜨거운 물 사용 시 유의해야 할 사항을 안다.</td></tr>
<tr><td>차 우리기</td><td>- 유아들이 직접 명상 차를 우려 본다.
- 유아들이 차를 우릴 때의 명상 시간에 교사는 숫자를 세어준다.
- 차를 세 번에 나누어 마실 때도 명상을 할 수 있다.</td></tr>
<tr><td>다식 먹기
(팥 양갱)</td><td>- 다식을 예절 바르게 먹는다.</td></tr>
<tr><td>정리 정돈을 한다.</td><td>- 바르게 앉아 인사를 나눈 후, 각자 방석을 제자리에 둔다.</td></tr>
<tr><td>교사의 조언</td><td colspan="3">- 명상 시 처음에는 교사가 숫자를 세어 줄 수 있으며, 차츰 스스로 마음속으로 숫자를 세면서 할 수 있도록 지도한다.
- 공공장소 예절 수업 시 교사는 다양한 표현 방법을 시도해 재미있게 진행한다.</td></tr>
<tr><td>실습 후 느낀 점</td><td colspan="3">명상 시간을 갖는다는 것은 바람직한 것 같다. 명상 시간에 집중을 잘 못하는 모습을 보니 유아들에게는 조금 힘든 것 같다. 명상 시간은 단편적이고 일시적인 수업이 아니라 꾸준히 연습하면서 차분함을 키울 수 있을 것 같다.</td></tr>
</table>

유아교육기관 현장참여 실습일지

날짜	요일	날씨	등원	하원	실습생	지도교사	원장
11월 21일	수	맑음	10시	12시	○○○	○○○	○○○
생활주제	우리나라의 음식 예절						
주제	어른과 함께하는 식사 예절			차 우리는 순서와 유의할 점			
목표	- 어른과 함께 식사를 할 때 예절 바른 식사법이 있음을 안다. - 청결한 생활의 중요성을 안다.			- 전통차 우릴 때의 마음가짐과 차 우리는 순서와 태도를 안다. - 다구의 바른 사용법을 안다.			

시간	교육활동명	세부교육활동	자료
10:00 ~ 11:20	한복 입기	- 기쁜 마음으로 준비된 한복을 바르게 입는다.	그림 교구
	예절의 방위와 앉아야 할 자리	- 각각(남, 여) 정해진 예절 방위에 맞게 바르게 앉는다. - 남자는 동쪽에 놓인 파란색 방석에 앉는다. - 여자는 서쪽에 놓인 빨간색 방석에 앉는다.	
	상황에 맞는 인사말	- 바른 자세와 공손한 마음으로 교사와 유아가 인사를 나눈다. - 가끔 상황에 맞는 인사말을 바꾸어가며 인사한다.	
	손 씻기	- 식사 전 우리가 왜 손을 깨끗이 씻어야 하는지에 대해 안다. - 청결하지 않으면 자신이나 남에게 피해가 된다는 것을 안다.	
	식탁 예절	- 어른이 먼저 자리에 앉은 후에 앉는다. - 어른이 드신 후에 먹는다. - 소리를 내지 않고 감사한 마음으로 조용히 먹는다.	
	식당에서의 예절	- 식당에 갔을 때 어떤 예절을 지켜야 하는지 안다. - 식당에서는 조용히 해야 하며, 물건을 함부로 만지지 않는다. - 소란 피우지 않고 주인에게 맛있게 먹었다고 인사하고 나온다.	
	휴식	- 화장실 사용 시 질서 지키기와 깨끗이 손 씻기	

시간	유아다례 다도활동내용	유아다례 세부교육활동	자료
11:20 ~ 12:00	차 우리기	- 무대를 만들어 모둠별로 차 우리기 발표를 한다. - 교사는 미리 각자의 역할을 알려준다. - 팽주는 준비해 온 찻상에 순서에 맞게 차를 우린다.	녹차, 다구

	차 마시기	- 모두 함께 차를 마시면서 다식도 같이 먹는다. - 먼저 주인은 손님께 차를 권하는 인사를 한다. - 감사한 마음으로 함께 인사를 나눈 후 바르게 찻잔을 잡고 마신다. - 다식도 배운 예절대로 바른 모습으로 먹는다.	
	찻상 정리 정돈	- 다동은 손님의 찻잔과 다식 접시를 가져온다. - 다동은 선생님께 드릴 찻잔과 다식 접시, 젓가락을 가져 온다. - 주인은 다구를 반듯하게 정리 정돈한 후, 찻상보를 덮는다.	
	이야기 나누기	- 발표가 끝난 후 잘된 점과 잘못된 점에 대해서 서로 이야기한다. - 다음번에는 어떻게 하면 더 잘할 수 있을지에 대해 이야기한다.	
교사의 조언	- 연관 활동으로 각 가정에서도 역할을 정하여 해본다. - 칭찬을 아끼지 말고 유아들에게 자신감을 심어 주도록 한다.		
실습 후 느낀 점	- 조그마한 손으로 찻잔을 드는 모습이 귀엽고 예뻤다. - 저 아이들이 컸을 때, 우리의 전통차도 제 자리를 지킬 수 있지 않을까 생각해 보았다. - 가끔 차 수업을 받는 것보다 정기적으로 수업 받는 것이 더 좋을 듯하다.		

유아교육기관 현장참여 실습일지

날짜	요일	날씨	등원	하원	실습생	지도교사	원장
11월 22일	목	맑음	10시	12시	○○○	○○○	○○○

생활주제	예절의 필요성	다구의 쓰임
주제	바른 마음가짐과 바른 몸가짐	찻상 차리기
목표	– 예절 바른 사람은 어떤 몸가짐과 마음가짐을 가져야 할지 안다. – 다구의 이름과 쓰임새를 정확히 안다.	

시간	교육활동명	세부교육활동	자료
10:00 ~ 11:20	한복 입기	– 등원 후 교사의 지도 하에 유치원에 준비된 한복을 입는다.	그림 교구 노래판
	바르게 앉기	– 남자는 동쪽에 여자는 서쪽에, 그리고 남자는 파란색 방석에, 여자는 빨간색 방석에 각각 정해진 자리에 앉는다.	
	인사하기	– 공손한 자세와 마음가짐으로 교사와 인사를 나눈다.	
	바른 마음가짐	– 바른 마음가짐은 어떤 것인지 안다. – 생각 가다듬기 감정과 욕구의 조절에 대하여 생각한다. – 어른 공경하기에 대하여 안다. 안마 해드리기, 존댓말 쓰기, 출입 시 일어서서 인사하고, 어른 뒤로 돌아서 가기 – 친구와 사이좋게 지내는 방법을 이야기한다. 서로 사랑하며 어려운 일이 있을 때 도와주며, 양보하며 협력하고 배려하는 마음을 안다. – 잘못한 일이 있을 때 사과하는 마음을 배운다.	
	바른 몸가짐	– 청결한 몸에 대하여 알아본다. – 외출 후, 식전 항상 비누로 손 씻는 습관을 가진다. – 공수에 대하여 알아본다. – 바르게 앉기와 서기에 대하여 알아본다.	
	노래와 율동	– 공수하는 방법을 수용공 노래를 부르며 율동과 함께 복습한다. – 남녀를 마주보게 하여 팀별로 노래와 율동을 해보면서 바르고 예쁜 모습을 알게 한다.	
	휴식	– 질서 있게 화장실에 다녀오고 비누로 깨끗이 손 씻기	

시간	유아다례 다도활동내용	유아다례 세부교육활동	자료
11:20 ~ 12:00	인사 나누기	- 두 사람씩 마주보고 평절로 인사 나누기를 한다.	
	명상	- 생각 가다듬기를 한다(명상 자세를 한다).	명상 음악 CD
	평절 반복	- 한복 입고 절하기를 반복한다. - 잘못된 부분은 교사가 수정한다.	녹차, 다구, 방석
	뜨거운 물 사용법	- 뜨거운 물 사용 시, 유의해야 할 사항을 알아본다. - 조심하지 않으면 어떤 일이 일어날 수 있나요? - 물을 흘리면 어떻게 될까요?	
	다구 사용법	- 다구는 무엇으로 되어 있나요? - 교사는 다관, 차호의 사용법을 시범 후 따라하게 한다.	
	차 우리기 시범	- 교사가 차 우리기 시범을 보여준다. - 알맞게 우려진 차를 두세 번에 나눠 찻잔에 골고루 따른다. - 차의 색, 향, 미를 음미하면서 세 번에 나누어 마신다.	
	차 우리기	- 교사의 지시에 따라 유아가 스스로 차를 우려 본다.	
	차 마시기	- 유아가 스스로 우린 차를 다식과 함께 마셔본다. - 찻잔 잡는 방법을 바르게 한다.	
	정리 정돈 및 인사	- 다구를 정리 정돈하고 바르게 앉아 조용히 인사를 나눈다.	
교사의 조언	- 차 마실 사람의 수에 따라 찻잔의 수가 달라질 수 있음을 알게 한다. - 알맞은 차의 양과 물의 양을 개량할 수 있는 방법을 알게 한다.		
실습 후 느낀 점	- 교육생의 수가 많아 뒤쪽 유아들은 잘 보이지 않고, 주위가 산만하여 학습 효과가 떨어진다. - 유아들의 실습은 눈을 마주칠 수 있을 만큼의 수가 적당한 것 같다.		

유아교육기관 현장참여 실습일지

날짜	요일	날씨	등원	하원	실습생	지도교사	원장
11월 28일	수	맑음	10시	12시	○○○	○○○	○○○

생활주제	우리나라의 명절	차와 명절의 관계
주제	설날과 추석은 우리의 명절	차 우려 대접하기
목표	– 우리 고유 명절 설날에 대해 안다. – 세배하는 방법을 정확히 안다. – 설날과 추석 명절에 할 수 있는 민속놀이를 안다.	– 차례 때 우리 조상들은 전통차를 올렸음을 안다. – 어른을 공경하는 정성스러운 마음으로 차를 우려 대접해야 함을 안다.

시간	교육활동명	세부교육활동	자료
10:00 ~ 11:20	인사 나누기	– 유치원에 준비된 한복을 입고 평절로 인사를 나눈다.	
	바르게 앉기	– 한복을 입었을 때 바르게 앉는 방법을 알아본다. – 방석에 바르게 앉고 서는 방법을 회상하며 앉는다.	
	설날의 의미 (이야기)	– 설날은 어떤 날이며 어떻게 준비해야 하는지 안다. – 왜 설이라고 이름 지었는지 안다. • 지난해를 버리고 새로 맞는 한 해의 첫날이라는 의미이다. • 익숙하지 않은 느낌이 들기 때문에 설날이라는 이름을 붙였다. – 설날이 지나면 한 살 더 많아진다는 것을 안다.	
	명절에 지킬 예절	– 차 밖으로 쓰레기 버리지 않아야 한다는 것을 안다. – 오랜만에 만난 어른께 반갑고 바르게 인사할 줄 안다.	
	몸가짐, 마음가짐	– 한복은 예로부터 입어 오던 전통 옷임을 안다. – 한복을 입고 우리가 지켜야 할 몸가짐, 마음가짐을 기억한다.	
	차례 지내기	– 차례는 왜 지내는지 안다. – 돌아가신 조상님께 감사함을 보답하기 위함임을 안다. – 차례 때는 어떻게 절하는지 안다. • 차례는 두 번 절하며 큰절을 한다. • 세배는 한 번 절하며 평절을 한다. – 차례 때는 우리의 전통차도 조상님들이 올렸다는 것을 안다.	
	명절 음식	– 설날에 집집마다 똑같이 먹는 음식이 무엇인지 안다. 설날에는 떡국을 먹으며, 둥근달처럼 일 년 동안 좋은 일만 생기길 바라는 마음에서 유래 – 추석에는 어떤 음식을 먹을 수 있는지 알아본다. 추석에는 햇곡식으로 송편을 빚어 먹으며, 햇과일을 먹을 수 있다.	

<table>
<tr><th>시간</th><th>유아다례
다도활동내용</th><th>유아다례 세부교육활동</th><th>자료</th></tr>
<tr><td rowspan="10">11:20
~
12:00</td><td>차 자리
정리하기</td><td>- 교사가 모둠별로 차 자리를 정리하면 바르게 앉는다.</td><td rowspan="10"></td></tr>
<tr><td>평절하기</td><td>- 일어서서 조용히 평절로 인사를 나눈다.</td></tr>
<tr><td>모둠별 다화</td><td>- 교사는 예쁘게 다화를 꽂아 각각의 차 자리에 놓는다.</td></tr>
<tr><td>마음 가다듬기</td><td>- 동그랗게 모둠별로 앉은 채 명상한다.</td></tr>
<tr><td>차 우리기</td><td>- 무대를 만들어 모둠별로 차 우리기 발표를 한다.
- 교사는 각자의 역할을 나누어 준다.
- 팽주는 준비해 둔 찻상에서 순서에 맞게 차를 우린다.
- 차가 알맞게 우려지면 주인은 차를 따르고 1번 다동의 다반에 담아준다.
- 1번 다동은 선생님께 가서 앉아서 인사드리고 차를 낸다.
- 2번 다동은 접시에 담아 놓은 다식을 손님께 낸다.</td></tr>
<tr><td>차 마시기</td><td>- 모두 함께 차를 마시면서 다식도 같이 먹는다.
- 먼저 주인은 손님께 차를 권하는 인사를 한다.
- 감사한 마음으로 함께 인사를 나눈 후, 바르게 찻잔을 잡고 마신다.
- 다식도 배운 예절대로 바른 모습으로 바르게 먹는다.</td></tr>
<tr><td>찻상 정리하기</td><td>- 다동은 손님의 찻잔과 다식 접시를 가져온다.
- 1번 다동은 선생님께 드린 찻잔과 다식 접시, 젓가락을 가져온다.
- 주인은 다구를 반듯하게 정리 정돈한 후, 찻상보를 덮는다.</td></tr>
<tr><td>이야기 나누기</td><td>- 발표가 끝난 후 잘된 점과 잘못된 점을 서로 이야기 나눈다.
- 발표에서 잘된 점은 무엇이었나요? 잘못된 점은 무엇이었나요?
- 다음에는 어떻게 하면 이번보다 더 잘할 수 있을까요?</td></tr>
<tr><td>노래</td><td>- 다례 노래를 배워서 불러 본다.
“마음을 고요히 고요히 하세요, 우리의 전통차 마시기 해봐요, 손을 받쳐 잔을 들고 조용 조용히 색과 향과 맛을 한번 느껴보세요, 마음을 고요히 고요히 하고요”</td></tr>
<tr><td>인사 나누기</td><td>- 공수자세로 미소 띤 얼굴을 하며 “감사합니다.”라고 먼저 말하고 몸 숙여 인사한다.</td></tr>
<tr><td>교사의
조언</td><td colspan="3">- 연관 활동으로 각 가정에서도 역할을 정하여 해보게 한다.
- 칭찬을 아끼지 말고 유아들에게 자신감을 심어 주도록 한다.</td></tr>
<tr><td>실습 후
느낀 점</td><td colspan="3">모둠별 다화 꽂이와 큰 접시에 다식을 따로 준비하여 발표 후 파티로 연결되면 유아들의 흥미 유발에 큰 도움이 될 것 같다.</td></tr>
</table>

유아교육기관 현장참여 실습일지

<table>
<tr><th>날짜</th><th>요일</th><th>날씨</th><th>등원</th><th>하원</th><th>실습생</th><th>지도교사</th><th>원장</th></tr>
<tr><td>11월
29일</td><td>목</td><td>맑음</td><td>10시</td><td>12시</td><td>○○○</td><td>○○○</td><td>○○○</td></tr>
<tr><th>생활주제</th><td colspan="4">어른 공경</td><td colspan="3">차 생활 예절</td></tr>
<tr><th>주제</th><td colspan="4">우리들의 어른 공경은 무엇일까요?</td><td colspan="3">우리들의 차 예절 발표</td></tr>
<tr><th>목표</th><td colspan="4">- 웃어른께 예절을 지키고 감사한 마음을 가질 줄 안다.
- 어른들께 우리들이 할 수 있는 예절에는 무엇이 있는지 안다.</td><td colspan="3">어른들께 차를 대접할 때의 바른 자세와 갖추어야 할 예절을 익힌다.</td></tr>
</table>

<table>
<tr><th>시간</th><th>교육활동명</th><th>세부교육활동</th><th>자료</th></tr>
<tr><td rowspan="7">10:00
~
11:20</td><td>한복 입기</td><td>- 등원하여 준비된 한복을 입는다(교사의 도움 필요).</td><td rowspan="7"></td></tr>
<tr><td>바르게 앉기</td><td>- 바른 방석 사용법을 기억하여 바른 자세로 앉는다.</td></tr>
<tr><td>인사 나누기</td><td>- 평상시 어른을 만날 때는 평절로 인사한다는 것을 알고 바르게 한다.</td></tr>
<tr><td>이야기 나누기</td><td>- 할아버지, 할머니는 나와 어떤 관계인지 안다.
• 친할아버지, 친할머니는 누구의 부모님일까요?
• 외할아버지, 외할머니는 누구의 부모님일까요?</td></tr>
<tr><td>바른말
고운 말</td><td>- 우리는 부모님께 어떤 호칭을 써야 하는지 안다.
- 엄마는 어머니, 아빠는 아버지라는 바른 호칭을 안다.
- 공손하게, 부드럽게, 또렷하게 존댓말을 써야 한다.</td></tr>
<tr><td>우리들이 할 수 있는 효도</td><td>- 우리가 할 수 있는 효도에 대하여 안다.
- 어른이 출입 시 서서 인사한다.
- 팔, 다리, 어깨 주물러 드리기
- 형제, 자매간에 사이좋게 지낸다.
- 어른 앞으로 지나가지 않고, 누워 계실 때 넘어가지 않는다.</td></tr>
<tr><td>휴식</td><td>- 질서 있게 화장실에 다녀오고 비누로 깨끗이 손 씻기</td></tr>
<tr><th>시간</th><th>유아다례
다도활동내용</th><th>유아다례 세부교육활동</th><th>자료</th></tr>
<tr><td>11:20
~
12:00</td><td>차 우리기</td><td>- 무대를 만들어 모둠별로 차 우리기 발표를 한다.
- 미리 교사는 각자의 역할을 나누어 준다.
- 팽주는 준비해 온 찻상에서 순서에 맞게 차를 우린다.</td><td>녹차, 다구</td></tr>
</table>

	차 마시기	- 모두 함께 차를 마시면서 다식도 같이 먹는다. - 먼저 주인은 손님께 차를 권하는 인사를 드린다. - 감사한 마음으로 함께 인사를 나눈 후 바르게 찻잔을 잡고 마신다. - 다식도 배운 예절대로 바른 모습으로 바르게 먹는다.	
	찻상 정리 정돈	- 다동은 손님의 찻잔과 다식 접시를 가져 온다. - 다동은 선생님께 드린 찻잔과 다식 접시, 젓가락을 가져 온다. - 주인은 다구를 반듯하게 정리 정돈한 후 찻상보를 덮는다.	
	이야기 나누기	- 발표가 끝난 후 잘된 점과 잘못된 점을 이야기 나눈다. - 다음번에는 어떻게 하면 잘할 수 있을지 생각한다.	
	전통차 (우리나라) 이야기	- 차에 대한 생각 나누기를 한다. - 우리나라의 전통차를 본 적 있나요? - 언제부터 마셨을까요? - 차를 마셔 본 경험이 있나요? - 부모님은 어떤 차를 마시나요?	
	동화 감상	- 신농 할아버지의 신기한 풀 동화를 들으며 흥미를 유발한다.	
	동화 회상	- 전설 속 신농 할아버지는 어떤 분인가요?	
	차 마시기 (방법)	- 차 마시는 방법을 소개하고 바르게 마신다. - 준비해 둔 찻상에 두 사람을 마주 앉게 한다. - 교사가 우려 둔 차를 각각의 찻잔에 붓는다. - 녹차는 색, 향, 미를 즐기며 세 번에 나누어 마심을 이야기한다.	
	다식 먹기	- 다식 먹는 방법에 대해 설명한다. - 한 손으로 입을 가리고 다식을 입 안에 넣는다. - 욕심 내지 않고 먹을 만큼만 먹는다. - 차를 한 잔 마신 후에 먹는다.	
	인사 나누기	- 바르게 앉아 공손히 인사를 나눈 후 방석은 제자리에 정리 정돈한다.	
교사의 조언	- 연관 활동으로 각 가정에서도 역할을 정하여 한다. - 칭찬을 아끼지 말고 유아들에게 자신감을 심어 주도록 한다.		
실습 후 느낀 점	- 조그만 손으로 찻잔을 드는 유아들의 모습에서 앞으로 우리나라의 전통차도 제자리를 다시 지켰으면 좋겠다는 생각을 해 보았다.		

유아다례교육활동 관련자료

일화 기록지

날짜	관찰유아 (성별, 나이)	관찰시간 및 장면	행동관찰	분석
11월 7일 ~ 11월 29일	여, 7세		유아는 처음 왔을 때 산만해 보여서 따라 할지 내심 걱정을 했었는데, 시간이 지날수록 관심을 가지고 잘 따라 주는 모습을 보여 왕관도 씌워 선생님이 되게 했더니 많이 얌전해졌다. 또 선생님과 눈을 맞추려고 수줍게 웃는 모습을 보고 칭찬을 했다. 많은 관심은 유아들을 바르게 자랄 수 있게 함을 깨달았다.	유아들은 낯선 강사에 대해서 호기심도 있고, 장난치고 싶어 하는 마음이 많이 들 수 있다. 이런 점에 대하여 담임교사가 미리 지도해 주고, 교사들도 함께 다례 수업에 적극적으로 참여한다면 수업진행이 훨씬 더 원활할 것이라 판단한다.

수업 자기평가서

일시	2012년 11월 7일(수요일)	장소	○○교육원
영역	사회생활 영역 (기본 생활습관)	지도교사	○○○
주제	예절이란 무엇일까?		

자기평가					
수업준비를 충실히 하였다.	1	2	3	4	⑤
수업목표가 무엇인지 명확히 인식하고 있었다.	1	2	3	4	⑤
계획한 내용대로 수업을 진행하였다.	1	2	3	④	5
모든 유아들이 수업에 참여할 수 있도록 유도하였다.	1	2	3	4	⑤
유아들에게 적절하게 칭찬과 격려를 하였다.	1	2	3	4	⑤
수업에 적절한 질문을 하고 유아의 요구에 성실히 반응하였다.	1	2	3	④	5
평가를 하고 수업 뒷정리를 하였다.	1	2	3	4	⑤

잘된 점	잊혀 가는 우리의 전통문화를 유아들이 조금이나마 경험할 수 있게 한 것에 많은 보람을 느낀다. 유아들에게 예절을 가르칠 수 있었다는 점도 큰 의미가 있었다.
부족한 점	단편적이고 일시적인 수업은 유아들의 행동 변화와 인식에 큰 영향을 줄 수 없다. 유아다례실습과 같은 교육을 이어가면 담임교사들의 예절과 관련된 수업의 효과는 더 높아질 것이라고 느껴진다.
특이사항	유아들을 지도해 본 경험이 없어 유아들을 가르치는 것에 많이 서투르고 힘들었지만 초롱초롱한 눈빛을 보여주며 밝게 대하는 유아들을 보니 이것이 가르치는 보람이라는 생각이 들었다.

18 실습사례 ⑱

유아교육기관 현장참여 실습일지

<table>
<tr><th>날짜</th><th>요일</th><th>날씨</th><th>등원</th><th>하원</th><th>실습생</th><th>지도교사</th><th>원장</th></tr>
<tr><td>12월
17일</td><td>월</td><td>맑음</td><td>○시 ○분</td><td>○시 ○분</td><td>○○○</td><td>○○○</td><td>○○○</td></tr>
<tr><th>생활주제</th><td colspan="7">유아다례</td></tr>
<tr><th>주제</th><td colspan="7">차란 무엇인가?</td></tr>
<tr><th>목표</th><td colspan="7">차를 대접하며 상대에게 예를 갖추고 공경과 감사하는 마음을 갖도록 한다.</td></tr>
<tr><th>시간</th><th>교육활동명</th><th colspan="5">세부교육활동</th><th>자료</th></tr>
<tr><td rowspan="5"></td><td>차의 유래</td><td colspan="5">신농 설화 이야기</td><td rowspan="5"></td></tr>
<tr><td>차 만드는 법</td><td colspan="5">차가 만들어지기까지의 설명과 차나무 보여주기</td></tr>
<tr><td>차의 효능</td><td colspan="5">- 마음을 즐겁게 한다.
- 살균 작용이 있어 식중독을 예방한다.
- 비타민 함유량이 많아 얼굴이 예뻐진다.
- 불소를 함유하고 있어 이가 튼튼해지고, 충치를 예방한다.
- 많이 마시면 건강을 해칠 수도 있으니, 많이 마시지는 않는다.</td></tr>
<tr><td>차를 이용한 음식</td><td colspan="5">녹차 아이스크림, 녹차 케이크, 녹차 멸치볶음, 녹차 삼겹살 등</td></tr>
<tr><td>차 마시는 예절</td><td colspan="5">두 손으로 찻잔을 들고 마시며 감사한 마음과 칭찬하는 마음을 갖는다.</td></tr>
<tr><th>시간</th><th>유아다례
다도활동내용</th><th colspan="5">유아다례 세부교육활동</th><th>자료</th></tr>
<tr><td></td><td>신농 설화,
찻잔 만지기,
차 향 느끼기,
차 맛보기</td><td colspan="5">- 신농 설화 이야기
스케치북에 그림을 그려 넘기면서 이야기한다.
- 차나무와 찻잎을 직접 본 후 이야기하기
- 녹차를 넣은 쿠키 맛보기
- 맛에 대해 서로 이야기하기
- 찻잔의 느낌 느끼기
- 차 맛보기와 느낌 이야기하기
- 감사하는 마음과 칭찬하기</td><td></td></tr>
<tr><th>교사의
조언</th><td colspan="7">유아들을 위해 다식을 직접 만들어 준비하고, 녹차를 유아들에게 나누어 주고 따르는 법도 알려주어서 너무 감사하다. 차나무와 꽃도 보면서 설명을 하니 유아들의 머릿속에 더욱 오랫동안 남아 있을 것 같다. 다음에도 시간이 된다면 또 다른 예법을 알려주면 좋겠다. 차 우려낸 물이 뜨거워서 유아들 스스로 따르지 못해 조금 아쉬웠다.</td></tr>
<tr><th>실습 후
느낀 점</th><td colspan="7">내 느낌에는 찻물이 미지근하였는데, 유아들은 민감하게 느꼈다. 온기가 있다는 것만으로도 유아들은 뜨겁다고 생각하고 있었다. 유아들의 눈높이를 맞추는 데 미숙함이 있었음을 스스로 느꼈다.</td></tr>
</table>

유아교육기관 현장참여 실습일지

<table>
<tr><th>날짜</th><th>요일</th><th>날씨</th><th>등원</th><th>하원</th><th>실습생</th><th>지도교사</th><th>원장</th></tr>
<tr><td>12월
18일</td><td>화</td><td>맑음</td><td>○시 ○분</td><td>○시 ○분</td><td>○○○</td><td>○○○</td><td>○○○</td></tr>
<tr><th>생활주제</th><td colspan="7">예절</td></tr>
<tr><th>주제</th><td colspan="7">공손한 자세와 남아, 여아 절하는 방법 배우기</td></tr>
<tr><th>목표</th><td colspan="7">웃어른들을 공경하는 마음과 예의 바른 생활습관을 가지도록 한다.</td></tr>
<tr><th>시간</th><th>교육활동명</th><th colspan="5">세부교육활동</th><th>자료</th></tr>
<tr><td rowspan="3"></td><td>공수하는 법</td><td colspan="5">– 두 손의 손가락을 가지런히 붙여서 편 다음 앞으로 모아 포갠다.
– 엄지손가락은 엇갈려 깍지 끼고, 네 손가락을 포갠다.
– 남아는 왼손이 위, 여아는 오른손이 위로 가게 한다.
– 공수한 손을 자연스럽게 내려 엄지가 배꼽 부위에 닿게 한다.</td><td rowspan="3"></td></tr>
<tr><td>공수하고
앉을 때</td><td colspan="5">– 남아 : 두 다리의 중앙이나 아랫배 부위에 공수한 손을 얹는다.
– 여아 : 오른쪽 허벅지 위에 얹는다.</td></tr>
<tr><td>큰절</td><td colspan="5">– 남아 : 공수한 손을 바닥에 짚고 두 무릎을 꿇어 엉덩이를 깊이 내린다. 팔꿈치를 바닥에 붙여 이마를 공수한 손등에 대고 잠시 머물렀다가 머리를 들고, 오른쪽 무릎을 세워 공수한 손을 오른쪽 무릎 위에 얹고 일어난다.
– 여아 : 공수한 손을 어깨높이로 올리고, 이마를 숙여 손등에 댄다. 왼쪽 무릎을 먼저 꿇고, 오른쪽 무릎을 꿇어 깊이 앉아 상체를 반쯤 숙여 절을 한다. 상체를 세우고 오른쪽 무릎을 세워 몸을 일으켜 일어난 후 공수한 손을 내린다.</td></tr>
<tr><th>시간</th><th>유아다례
다도활동내용</th><th colspan="5">유아다례 세부교육활동</th><th>자료</th></tr>
<tr><td rowspan="3"></td><td>어린이 예절</td><td colspan="5">6세, 7반의 다도 예절 수업을 하였다.</td><td rowspan="3"></td></tr>
<tr><td>공수</td><td colspan="5">먼저 6세 반 교실로 들어가 반갑게 인사를 건네니 유아들도 큰소리로 인사를 하며 반갑게 맞아 주었다. 인사예절을 배우며 아이들은 어른에게 예를 갖추는 기본이 형성되어 있었다. 공손한 손 모습을 가르칠 때 남아와 여아의 손 위치가 다른 점을 위로 올라오는 손등에 스티커를 붙여 설명하였다. 오른손, 왼손의 구별을 쉽게 기억하는 데 더 효과적이었다.</td></tr>
<tr><td>큰절, 평절</td><td colspan="5">큰절하는 법부터 설명하고 따라서 절을 하도록 하였다. 누가 더 예쁘게 잘하나 유도하면서 반복 연습을 하였다. 배운 것을 보여주고 싶어 서로 하겠다고 나서며 자랑하는 모습에서 예의 바르게 자랄 유아들이 상상되어 흐뭇하였다.</td></tr>
<tr><th>교사의
조언</th><td colspan="7">선생님께서 차분하게 유아들에게 큰절, 평절 방법과 남녀의 손 위치, 바른 자세를 잘 알려주어 유아들이 흥미를 갖고 예의 바르게 차근차근 할 수 있었다. 기간은 얼마 되진 않지만, 유아들과 다도를 하며 서로 마음으로 느끼는 시간이 되었으면 좋겠다.</td></tr>
<tr><th>실습 후
느낀 점</th><td colspan="7">차와 예절에 대해 원장 선생님과 다른 선생님들이 관심을 갖고 계셔서 어느 정도의 교육이 되어 있었다. 유아들도 예의 바른 모습을 보이고 있어 큰 어려움 없이 실습하였다. 잠시도 가만히 있지 않을 나이의 유아들이 조심스레 잘 따라하는 모습을 보면서 기특하다는 생각이 들었다. 평소 유치원의 예절 교육이 지속적으로 잘 되고 있었음을 느끼며 예절을 가르치는 한 사람으로서 기쁜 일이라 생각하였다.</td></tr>
</table>

유아교육기관 현장참여 실습일지

<table>
<tr><th>날짜</th><th>요일</th><th>날씨</th><th>등원</th><th>하원</th><th>실습생</th><th>지도교사</th><th>원장</th></tr>
<tr><td>1월
28, 29일</td><td>월, 화</td><td>맑음</td><td>○시 ○분</td><td>○시 ○분</td><td>○○○</td><td>○○○</td><td>○○○</td></tr>
<tr><th>생활주제</th><td colspan="7">감사하기, 자랑스럽게 생각하기</td></tr>
<tr><th>주제</th><td colspan="7">전통문화 경험</td></tr>
<tr><th>목표</th><td colspan="7">전통문화를 알고 지키는 어린이로 자랑스럽게 생각하기</td></tr>
<tr><th>시간</th><th>교육활동명</th><th colspan="5">세부교육활동</th><th>자료</th></tr>
<tr><td></td><td>특색 활동</td><td colspan="5">- 다기는 다루기가 힘들기 때문에 간단하게 행다한다.
- 찻잔 데우기를 생략하고 차를 우린다.
- 차를 마시고 잠시 명상한다(착한 일과 반성할 일).
- 차를 우리는 동안 명상하는 것도 좋은 방법이다.
- 차를 우리는 동안에는 찻잔을 그대로 두고 명상한다.
- 부모님에 대한 감사의 마음을 갖는 시간을 갖는다.</td><td></td></tr>
<tr><th>시간</th><th>유아다례
다도활동내용</th><th colspan="5">유아다례 세부교육활동</th><th>자료</th></tr>
<tr><td rowspan="2">1월 28일</td><td>찻상 준비</td><td colspan="5">다도실에 들어가니 아이들은 1인 1찻상에 다구들을 제자리에 놓고 앉아 있었다. 모든 다구가 1인 1찻상이 되도록 갖추어져 있어 담임교사와 함께 차를 차호에 넣고 물을 준비해 주었다.</td><td rowspan="3">다관, 숙우, 차호, 찻잔, 차시, 차건</td></tr>
<tr><td>다구 다루기, 차 우릴 때의 자세와 마음가짐</td><td colspan="5">유치원 졸업식 날 다도 시연을 하여 부모님께 차를 대접하는 행사를 준비하고 있었고, 그날은 첫 연습일이었다. 앞에서 담당교사가 천천히 설명을 하면서 행다 시연을 하였다. 유아들은 그대로 따라하면서 차 우리기 연습을 하고 있었다. 그동안 차 마시기를 해오던 유아들이라서 잘 따라하였다.</td></tr>
<tr><td>1월 29일</td><td>다도 활동을 배우며 예절 익히기, 우리 전통문화에 관심 가지기</td><td colspan="5">1. 다포를 건는다.
2. 예열한 후 다관에 차를 넣고 우려낸다.
3. 우려낸 물을 찻잔에 3번에 나누어 따른다.
4. 차를 대접한 사람에게 건네면서 “제가 끓인 차입니다. 드셔보십시오.”라고 말한다.
5. 빛깔, 향, 맛을 느끼면서 3번에 나눠서 마신다.
6. 대접이 끝난 후에 다기를 정리 정돈한다.</td></tr>
<tr><th>교사의 조언</th><td colspan="7">다구 준비와 유아들 수업에 적극 참여해 주셔서 유아들이 새로운 선생님에 대해 호기심을 갖고 좋아하였다.</td></tr>
<tr><th>실습 후 느낀 점</th><td colspan="7">원장 선생님께서 차에 많은 관심을 갖고 있어, 해마다 졸업식 날 부모님께 차를 우려 대접하는 행다 시연을 하고 있었다. 이런 행사를 통해 유아들은 부모님에 대한 공경과 감사의 마음을 자연스럽게 익히고, 예절과 전통문화를 경험하였다. 좋은 환경에서 유아들이 차를 접하고 있다는 생각이 들었다.</td></tr>
</table>

유아다례교육활동 관련자료

수업 자기평가서

일시	2012년 12월 28일(월요일)	장소	○○○유치원
영역	특별활동	지도교사	○○○
주제			

자기평가					
수업준비를 충실히 하였다.	①	2	3	4	5
수업목표가 무엇인지 명확히 인식하고 있었다.	1	②	3	4	5
계획한 내용대로 수업을 진행하였다.	①	2	3	4	5
모든 유아들이 수업에 참여할 수 있도록 유도하였다.	1	②	3	4	5
유아들에게 적절하게 칭찬과 격려를 하였다.	1	②	3	4	5
수업에 적절한 질문을 하고 유아의 요구에 성실히 반응하였다.	①	2	3	4	5
평가를 하고 수업 뒷정리를 하였다.	①	2	3	4	5

잘된 점	수업준비를 충실히 하였고, 유아들의 요구에 성실히 반응하였다.
부족한 점	크게 어려운 부분은 없었으나, 능숙하게 진행되지 못한 점들이 있었다.
특이사항	

19. 실습사례 ⑲

유아교육기관 현장참여 실습일지

날짜	요일	날씨	등원	하원	실습생	지도교사	원장
11월 16일	금	맑음	09시	13시	○○○	○○○	○○○
생활주제	환경과 생활						
주제	물과 우리 생활						
목표	- 요리 활동을 하며 집중력과 소근육을 발달시킬 수 있다. - 영어로 기분을 묻고 대답할 수 있다. - 그림책을 보며 상상력을 키울 수 있다.						

시간	교육활동명	세부교육활동	자료
09:10 ~ 09:50	책을 읽고 주먹밥을 만들어 본다. (요리 활동)	- 동화를 기억하며 욕심 많은 할아버지의 결말을 상상해 보고 친구들 앞에서 발표한다. - 데굴데굴 같은 반복적인 두 단어의 연결을 생각해보고 하나씩 표현한다. - 구멍에 떨어뜨린 데굴데굴 주먹밥 만들기 - 착한 할아버지, 욕심 많은 할아버지 2종류의 주먹밥을 만는다. - 요리 활동 과정 중 집중력과 소근육을 발달시키도록 한다.	데굴데굴 주먹밥 동화책
10:00 ~ 10:40	영어로 기분을 묻고 대답할 수 있다.	- 오늘 아침에 무슨 일이 있었는지 묻는다. - 어제 기분이 어땠는지 묻는다. - How are you today? 표현을 알려주고 노래 배운다. - 감정 카드를 보며 happy, sad, angry 단어를 배운다. - 카드와 단어를 연결시키는 게임을 짝과 함께한다. - 수업을 마칠 때 유아들이 "How are you today?"를 물어보도록 한다.	감정 카드, CD
11:10 ~ 11:50	책을 읽고 상상하며 친환경적 삶을 위해 유아들이 할 수 있는 실천 계획을 같이 생각한다.	- 책의 표지를 보며 친환경적인 방법으로 인쇄되었음을 이야기한다. - 책을 함께 읽고 난 후 다시 차근차근 그림과 글을 보며 어떤 느낌이 드는지 이야기 나눈다. - 책표지의 할머니 집과 다른 집을 비교한다. - 그림을 보며 계절을 안다. - 달이 녹아내리는 그림을 보며 드는 생각을 말한다. - 질문을 하며 상상력을 자극한다.	달 샤베트 그림책

시간	유아다례 다도활동내용	유아다례 세부교육활동	자료
들어가며 (5)	방석 사용법, 평절하기, 공수 자세	- 방석을 밟지 않고 일어선다. - 방석을 정돈하고 바르게 서서 평절로 예를 표한다. - 팽주는 무릎을 꿇고 앉고, 나머지 유아들은 가부좌를 하고 손은 공수해서 허리를 펴고 앉는다.	방석, 오디오
펼치며 (30)	차 우리기, 차 나누어 마시기, 다식 먹기	- 팽주는 순서에 맞게 상보를 접어 오른쪽에 두고 차를 우린다. - 우린 차를 차탁에 담아 옆 사람에게 전한다. - 차를 다 받으면 목례로써 예를 표하고 차를 마신다. - 차를 마실 때는 두 손으로 찻잔을 잡고, 오른손은 찻잔을 감싸고, 왼손은 찻잔 밑에 받친다. - 입 가까이에 가서 먼저 향을 맡고 한 모금 마시고 잔을 단전으로 내렸다가 다시 들고 마시기를 반복해서 세 번 만에 다 마신다. - 팽주는 순서에 맞게 차를 우려 두 번째부터는 우린 차를 숙우에 담아 돌리면 각자 잔에 부어 마시면서 다식을 먹는다.	다기, 녹차, 포트, 다식
마무리 (5)	차탁·찻잔 정리, 찻상 덮기, 담소 나누기, 서로 칭찬하기, 평절하기	- 차를 다 마시고 나면 차탁과 찻잔을 팽주가 받아 차례에 맞게 진열한다. - 상보를 들고 순서에 맞게 펼쳐서 찻상을 덮는다. - 차 맛은 어땠는지, 팽주인 유아는 차를 맛있게 우려서 차를 친구들에게 대접하니 어떤 느낌이 드는지에 대해 이야기를 나눈다. - 모두 방석을 밟지 않고 일어나 평절로 예를 표한다. - 팽주는 다시 상보를 접어 옆에 두고 다기를 깨끗이 씻어서 물기를 닦아 찻상에 정리한다.	세제, 수세미, 마른 행주
교사의 조언	방석을 밟지 않고 평절을 하도록 거듭 유아에게 주의를 일러 준다. 유아들이 찻잔을 오른손으로 잡고, 왼손으로 받쳐 흘리지 않고 마시게 지도하며, 차를 마실 때 소리를 내지 않게 교육한다. 팽주가 차를 따를 때 왼손으로 다관의 뚜껑을 잡아 바닥에 떨어지지 않게 한다.		
실습 후 느낀 점	다도 실습을 위해서 3인 1조로 다기를 준비했다. 유아들이 서로 하고 싶어 하였지만, 시간이 부족하여 1인 1조로 다기를 새롭게 준비하였다. 그래서 녹차 우리기를 할 때 유아들이 소란스럽지 않고 스스로 하는 것에 집중할 수 있어 수업 진행이 잘된 것 같다. 간혹 녹차 맛을 싫어하는 유아들이 녹차를 안 마신다고 했을 때, 선생님이 녹차를 마시면 머리가 맑아져 공부를 잘하게 된다고 했더니, 차를 마시는 모습을 볼 수 있었다. 다음에는 녹차에 유아들이 좋아하는 향이 나는 것을 가미하여 수업을 해봐야겠다는 생각이 들었다.		

유아교육기관 현장참여 실습일지

날짜	요일	날씨	등원	하원	실습생	지도교사	원장
11월 30일	금	맑음	09시	13시	○○○	○○○	○○○
생활주제	환경과 생활						
주제	바람과 우리 생활						
목표	- 색상, 명도, 채도에 대해 알 수 있다. - 음악을 듣고 자기만의 노래로 리듬을 바꾸고, 가사를 붙여 노래할 수 있다. - 교통 규칙을 알고 잘 지킬 수 있다.						

시간	교육활동명	세부교육활동	자료
09:10 ~ 09:50	색상, 명도, 채도, 색의 구체적 연상, 표현기법	- 색의 성질에는 세 가지 속성이 있다. 색상, 명도, 채도로 구분한다. • 색상 : 빨강, 노랑, 파랑 등으로 구분하게 하는, 색이 갖는 고유의 특성 • 명도 : 명색, 중명색, 암색 • 채도 : 순색, 청색, 탁색 - 색의 감정, 사람은 어떤 색을 보았을 때 그 색으로 부터 자극을 받아 여러 가지 감정을 일으킨다. 이런 감정은 사람의 연령 성별, 생활환경에 따라 다르게 나타난다.	PPT
10:00 ~ 10:40	유아 음악교육, 음악 만들기	- 유아는 스스로 노래의 멜로디를 흥얼거리면서 선율을 만들거나, 리듬을 바꾸어 부르거나, 가사를 새롭게 만들어 부르기도 한다. - 모든 유아는 음악을 만들 수 있는 능력이 있다. - 유아의 창의적인 음악활동에는, 유아가 경험한 음악에 창의적으로 반응하며, 유아가 원하는 음악적 표현이 되도록 한다. - 흥얼거리는 음에 가사를 만들어 본다. - 노래의 리듬을 바꾸어 부른다.	음악 CD, PPT
11:10 ~ 11:50	교통 놀이	- 교통 안내판을 보고 표시의 의미를 알 수 있다. - 횡단보도를 건너는 차례(5대 원칙)를 익힌다. - 교통규칙에 대해 알아보고, 안전한 생활을 위한 교통규칙을 알게 한다. - 손 유희, 동요 및 율동을 하고 이야기를 나눈다.	교통 안내판 모형

시간	유아다례 다도활동내용	유아다례 세부교육활동	자료
들어가며 (5)	재료 준비, 다식에 대해 설명하기	- 고구마, 잣, 꿀, 다식 틀, 비닐 팩, 스푼, 찜기, 절구, 요리 순서표, 앞치마, 머릿수건 등의 재료들을 준비한다. - 다식에 대한 이야기를 나눈다. - 언제 먹는지, 어떤 종류가 있는지, 왜 먹는지, 직접 다식을 만들어 먹으면 어떨지 등에 대하여 이야기를 나눈다.	다식 재료, 다식 틀
펼치며 (30)	다식 만드는 순서표를 나눠 들고 순서에 맞춰 다식을 만든다.	- 다식에 대해 이야기를 나눈 뒤, 순서표를 보며 만드는 방법에 대해 알아본다. - 앞치마, 머릿수건을 쓰고, 손을 씻고 모여 앉는다. 1. 고구마를 깨끗이 씻는다. 2. 씻은 고구마를 찜기에 넣어 물을 붓고, 익을 때까지 찐다. 3. 찐 고구마를 쟁반에 담고 껍질을 깐다. 4. 껍질을 깐 고구마를 절구에 넣고 으깬다. 5. 으깬 고구마에 기호에 따라 약간의 물을 섞는다. 6. 비닐 팩을 가로 7cm, 세로 7cm 크기로 자른다. 7. 자른 비닐 팩을 다식 틀 위에 깐다. 8. 스푼으로 으깬 고구마를 떠서 넣고 손가락을 꾹꾹 눌러 다식 틀의 무늬가 찍히도록 한다. 9. 비닐을 보기 좋게 접어, 끝마무리를 깔끔하게 한다.	다식 만드는 순서표, 재료, 찜기, 쟁반, 절구
마무리 (5)	평가하기, 맛보기	- 조별로 앉아 차와 다식을 먹는다. - 정리 정돈이 잘 되었는지 검사하고, 다식 무늬가 잘 찍혔는지 같이 본다. - 다식과 차를 같이 먹고 난 뒤 소감을 말한다.	준비된 차
교사의 조언	다식 재료로 고구마의 농도가 물러, 다식 틀로 모양을 잡아 찍어 냈을 때 문양이 뚜렷하지 않고, 모양이 쉽게 흐트러져서 유아들이 사용할 대상으로는 다소 힘들었던 것 같다. 그래서 유아에게는 양갱 다식 만들기 실습을 하면 더 좋을 것 같다.		
실습 후 느낀 점	고구마를 뜨거운 찜기에 찌는 과정을 유아들과 함께하다 보니 다소 위험하기 때문에, 간단한 과정으로 만드는 다식으로 실습하면 좋을 것 같다. 그리고 유아들은 예쁘고 새로운 것에 민감하기 때문에, 좋아하는 다식 틀이 특정 모양으로 몰리는 경우가 있었다. 수업 이전에 유아들이 좋아하는 모양을 미리 알아 숫자대로 넉넉히 준비하면 소란 없이 다식 틀 찍는 활동이 잘 진행될 것 같다.		

유아교육기관 현장참여 실습일지

날짜	요일	날씨	등원	하원	실습생	지도교사	원장
12월 07일	금	맑음	09시	13시	○○○	○○○	○○○
생활주제	환경과 생활						
주제	빛과 우리 생활						
목표	- 영어로 가족을 소개할 수 있다. - 느낌을 생생하게 하는 흉내말을 사용한다. - 배운 체육활동을 해낼 수 있다.						

시간	교육활동명	세부교육활동	자료
09:10 ~ 09:50	가족 구성원을 영어로 말할 수 있다.	- 유아들의 가족에 대해 물어본다. - 교사의 가족 사진을 보여주며 아빠, 엄마, 오빠, 언니, 할머니를 가르친다. - 스케치북에 가족 그림을 그리게 한다. - Father, mother, sister, brother, grandmother 등 단어를 가르친다. - 그림 옆에 써보게 한다. - 그림을 오려 역할극을 한다.	스케치북, 가위
10:00 ~ 10:40	그림책으로 활동하기	- 사과가 떨어질 듯한 그림을 보여주고 어떻게 될지에 대해 이야기한다. - 책을 소개하며 동물들이 사과를 먹는 소리를 기억하도록 지도하고 흉내를 낸다. - 친구들과 짝을 맞추어 사과 조각을 들고 먹는 모습과 소리를 흉내 내게 한다. - 사과 퍼즐을 맞추고, 소감을 이야기한다. - 의성어가 적힌 낱말 카드로 게임을 한다.	사과가 쿵 그림책, 낱말 카드
11:10 ~ 11:50	체육 활동	- 벽대고 물구나무 서기 - 뒤구르기 - 손 짚고 줄넘어 뒤돌리기 - 유니바 위 걷기 - 평균대 장애물 피해 걷기 - 장애물 피해 달리기 - 뜀틀 올라타기 - 뛰어서 앞으로 넘어지기 - 뒤로 넘어지기 - 줄에 매달리기, 흔들기 - 빙글빙글 돌고 반환점 돌아오기 - 높은 곳에서 뛰어내리기	공, 유니바, 평균대, 장애물, 뜀틀, 줄

시간	유아다례 다도활동내용	유아다례 세부교육활동	자료
들어가며 (5)	남아, 여아의 큰절이 다름을 설명한다.	- 남아와 여아의 큰절이 다르다는 것을 알려준다. - 큰절하는 때를 이야기해 준다.	방석

펼치며 (30)	여아의 큰절을 설명한 후 같이하기 남아의 큰절을 설명한 후 같이하기	〈여아의 큰절〉 1. 공수한 손을 어깨높이에서 수평이 되게 올린다. 2. 눈은 엄지 안쪽으로 바닥을 볼 수 있게 고개를 숙여 이마를 손등에 붙인다. 3. 왼쪽 무릎을 먼저 꿇는다. 4. 오른쪽 무릎을 왼쪽 무릎과 가지런히 꿇는다. 5. 오른발이 아래가 되게 발등을 포개며, 뒷꿈치를 벌리고 엉덩이를 내려 깊이 앉는다. 6. 윗몸을 반쯤(45도) 앞으로 조아린다(손은 이마에). 7. 잠시 머물러 있다가 윗몸을 일으킨다. 8. 오른쪽 무릎을 세운다. 일어나며 왼발을 가지런히 모은다. 9. 수평으로 올렸던 손을 내려 원래의 자세로 돌아간다. 〈남아의 큰절〉 1. 왼손이 오른손을 포개 잡은 후 바른 자세로 선다. 2. 허리를 굽혀 공수한 손을 바닥에 짚고, 왼쪽 무릎을 먼저 꿇고 오른쪽 무릎을 꿇는다. 3. 왼발이 아래가 되게 발등을 포개며 엉덩이를 내려 깊이 앉는다. 4. 팔꿈치를 바닥에 붙이고 이마가 손등에 닿도록 조아려 잠시 머문다. 5. 머리를 들며 팔꿈치를 바닥에서 떼고 오른쪽 무릎은 세워 오른손을 무릎 위에 올리고 일어나 두 발을 모은다. 6. 손을 포개 잡은 원래 모습의 자세로 돌아간다.	오디오, CD, 한복
마무리 (5)	큰절 숙제 내기	- 집에 가서도 큰절을 복습할 수 있게 부모님께 큰절하는 숙제를 낸다.	큰절하는 순서 프린트물
교사의 조언	여아와 남아의 절하는 방법이 다른데, 특히 손이 포개어지는 부분에서 남아들이 더 어려워했다. 그래서 남자 유아들에게는 설명을 더 자세히, 반복해서 해줄 필요가 있고, 오른손, 왼손을 유의하며 가르쳐야겠다.		
실습 후 느낀 점	옛날과 다르게 가정에서 큰절하는 경우가 많지 않고 올바른 교육이 이루어지지 않아 유아들이 순서를 익히고 절하는 데 많이 어려워했다. 대충 어디서 보고 들은 유아들은 정확한 순서를 따르지 않고 건너뛰어 절을 해서 교정하는 데 어려움이 많았다. 전통적인 큰절은 유치원에서도 배우지만 각 가정마다 생활 속에서 가르치면 유아들의 몸에 배고, 자주 하게 되면 예의범절이 잘 지켜져 더욱 화목한 가정이 이루어질 수 있다고 생각했다.		

유아교육기관 현장참여 실습일지

날짜	요일	날씨	등원	하원	실습생	지도교사	원장
12월 14일	금	맑음	09시	13시	○○○	○○○	○○○
생활주제	환경과 생활						
주제	소리와 우리 생활						
목표	- 겨울잠 자는 동물들은 어디서 겨울잠을 자는지 알 수 있다. - 체육 활동을 통해 몸의 근육을 발달시킬 수 있다. - 영어로 날씨를 묻고 대답할 수 있다.						

시간	교육활동명	세부교육활동	자료
09:10 ~ 09:50	그림책 놀이	- 오늘의 생활 나누기 - 날씨, 유치원의 행사와 같이 편안한 주제로 이야기를 나눈다. - 겨울잠 자는 동물을 말한다. - 책을 소개한다. - 표지 그림을 보며 이야기 중에 동물이 누가 나올지를 예상한다. - 동물들이 무엇을 하려고 하는지 이야기를 나눈다. - 각각의 동물들이 어디서 겨울삼을 사는지 주의해서 보게 한다. - 어떤 동물들이 겨울잠을 자는지 눈여겨 본다.	그림책 (코를 킁킁)
10:00 ~ 10:40	체육 활동	- 손수레 - 물구나무서서 구르기 - 높이 뛰어 선생님 손치기 - 손 짚고 공 넘어 앞돌기 - 뛰어서 뒤로 넘어지기 - 높은 유니바 뛰어넘기 - 반환점 돌아오기 - 평균대 뛰어오르기 - 꼬리잡기 - 뜀틀 다리 벌려 넘기	손수레, 유니바, 평균대
11:10 ~ 11:50	영어로 날씨를 묻고 대답할 수 있다. 날씨 노래를 부를 수 있다.	- 영어로 날씨 묻고 대답하기 - 오늘의 날씨가 어떤지 물어본다. - Sunny, rainy, cloudy 그림 카드를 보여 주며 날씨를 영어로 익힌다. - How's the weather, today?를 익힐 수 있게 노래로 접근한다(4~5번 율동과 함께 배우기). - 짝을 지어 날씨를 묻고 대답하는 연습을 한다. - How's the weather, today? - It's sunny, today.	날씨 카드, CD

<table>
<tr><th>시간</th><th>유아다례
다도활동내용</th><th>유아다례 세부교육활동</th><th>자료</th></tr>
<tr><td>들어가며
(5)</td><td>차 마실 준비,
명상하기,
차 우리기와
마시기</td><td>- 방석을 밟지 않고 바르게 서서 평절로 예를 표한다.
- 3분 동안 명상을 하면서 마음을 차분히 한다.
- 연꽃차에 대한 이야기를 나눈다.
- 팽주는 무릎을 꿇고 앉는다.</td><td>방석, 오디오,
CD</td></tr>
<tr><td>펼치며
(30)</td><td>차 우리기,
차 나누어
마시기,
다식 먹기</td><td>- 팽주는 순서에 맞게 상보를 접어 오른쪽에 두고 찻잔을 데운다.
- 표주박으로 뜨거운 물을 떠서 연꽃이 담겨 있는 연지에 담는다.
- 연꽃이 피면서 차가 우러난다(계속 물을 끼얹어 준다).
- 차가 우러나면 숙우에 담아서 찻잔에 따라 차탁을 받쳐 돌린다.
- 감사의 뜻으로 목례로 인사하고, 법도에 따라 마신다.
- 두 번째부터는 숙우에 담아서 돌리며, 각자 부어서 마시며 다식도 먹는다.</td><td>다기, 연꽃차,
포트, 표주박,
다식</td></tr>
<tr><td>마무리
(5)</td><td>정리 정돈하기,
활동 반성하기</td><td>- 차를 다 마시고 나면, 차탁과 찻잔을 팽주가 받아서 차례에 맞게 진열한다.
- 상보를 들고 순서에 맞게 펼쳐서 찻상을 덮는다.
- 차에 대한 이야기를 나눈다.
- 모두 방석을 밟지 않고 일어나서 평절로 예를 표한다.
- 팽주는 무릎을 꿇고 기다리고 다른 유아들은 가서 옷을 갈아입는다.
- 팽주는 다시 상보를 접어 옆에 두고, 다기들을 깨끗이 씻어 물기를 닦아 찻상에 정리한다.</td><td>수세미,
마른 행주</td></tr>
<tr><td>교사의
조언</td><td colspan="3">유아들에게 연꽃차 우리기를 할 때에는 연꽃이 예뻐서 서로 보려고 팽주 곁으로 다가와 소란스러웠다. 그래서 다음에는 각자 조별로 작은 연꽃을 준비해 소그룹으로 우려 나누어 마시면 더 좋을 것 같다.</td></tr>
<tr><td>실습 후
느낀 점</td><td colspan="3">유아들이 처음에는 꽃을 우려 먹는다는 것을 신기해 했다. 그래서 생소한 차를 마실 때는 차 우리기 전에 충분히 설명해 주면 좋을 것 같다. 그리고 녹차나 말차 같은 것보다 시각적으로 예쁘고 신기한 것을 수업하니, 유아들의 반응이 좋고 더 흥미가 유발되는 것 같았다. 앞으로 유아들의 다례 수업은 성인들과는 차별화를 두어 좀 더 사회적인 것을 많이 가미하여 수업하면 좋을 것 같다.</td></tr>
</table>

유아다례교육활동 관련자료

일화 기록지

날짜	관찰유아 (성별, 나이)	관찰시간 및 장면	행동관찰	분석
11월 30일	여, 6세	다식 만들기 활동 중	고구마 다식을 만드는 중에도 엄마, 아빠가 좋아하실 것 같다고 즐거워하던 유아는 수업이 끝나고 살짝 다가와 할머니와 아빠, 엄마에게 가져다 드리고 싶다며 다식을 더 많이 달라고 요청하였다.	자기만 생각하지 않고 가족을 생각하는 유아가 또래에 비해 성숙해 보임.
12월 07일	남, 6세	수업 중 큰절을 할 때	큰절을 할 때, 대체로 여자 아이들이 다소곳이 잘하고, 남아들은 제대로 서 있는 것조차 얼마 가지 않아 자세가 흐트러지기 쉽다. 처음에는 하고 싶어 하지도 않고 장난만 치던 남아가 가장 잘한다고 칭찬 받은 후 정말 가장 잘하는 모습을 보였다.	칭찬은 많은 유아들을 긍정적인 방향으로 발전하게 한다.

수업 자기평가서

일시	2012년 12월 14일(금요일)	장소	○○어린이집
영역	다도	지도교사	○○○
주제	연꽃차 만들기		

자기평가					
수업준비를 충실히 하였다.	1	2	3	4	⑤
수업목표가 무엇인지 명확히 인식하고 있었다.	1	2	3	4	⑤
계획한 내용대로 수업을 진행하였다.	1	2	3	4	⑤
모든 유아들이 수업에 참여할 수 있도록 유도하였다.	1	2	3	④	5
유아들에게 적절하게 칭찬과 격려를 하였다.	1	2	3	4	⑤
수업에 적절한 질문을 하고 유아의 요구에 성실히 반응하였다.	1	2	3	④	5
평가를 하고 수업 뒷정리를 하였다.	1	2	3	4	⑤

잘된 점	꽃을 차로 우려 마신다는 것을 생소해 했다. 연꽃과 줄기의 뿌리까지 먹을 수 있다는 점을 설명해 주니 유아들이 흥미로워 했다. 모든 유아들이 표주박으로 연꽃차를 퍼서 담을 수 있게 해서 좋았다.
부족한 점	유아들이 꽃을 좋아해서 서로 구경하려고 몰려들어 소란스러워졌다. 다음부터는 작은 꽃을 준비해서 유아들을 소그룹으로 나눠 가까이서 차를 보고 마실 수 있게 해야겠다.
특이사항	꽃을 차로 우려서 마실 수 있다는 것을 유아들이 신기해 했으며, 꽃이 예쁘고 향도 좋아서 유아들이 다른 시간보다 더 좋아했다.

20 실습사례 ⑳

유아교육기관 현장참여 실습일지

날짜	요일	날씨	등원	하원	실습생	지도교사	원장
11월 12일	월	비	12시	16시	○○○	○○○	○○○
생활주제	가을						
주제	가을 풍경 즐기기						
목표	- 가을에는 곡식과 열매가 익음을 안다. - 가을에는 곡식과 열매를 수확함을 알고 추수하는 기쁨과 보람을 느낀다. - 가을을 건강하고 안전하게 지낼 수 있는 방법을 알고 실천한다.						

시간	교육활동명	세부교육활동	자료
12:00 ~ 13:00	점심식사 및 자유선택 활동	- 점심식사 지도 - 양치질 지도 - 쌓기 영역 : 가을 숲 구성하기, 블록으로 숲길 만들기 - 역할 영역 : 가을 숲에서 놀이하기 - 언어 영역 : 나뭇잎 이야기책 만들기, 가을 곡식, 과일, 채소 단어 만들기 - 수조작놀이 영역 : 나뭇잎이 떨어져요, 랄랄라 다람쥐의 가을 소풍, 가을 꽃 잔치 - 과학 영역 : 계절을 알리는 색 이름, 잎맥 관찰하기 - 미술 영역 : 말린 나뭇잎으로 구성하기, 곡식 마라카스 만들기 - 음률 영역 : 10월 풍요의 들녘을 들으며 스카프로 춤추기, 해금, 생활연주 소리듣기	
13:00 ~ 13:30	이야기 나누기	- 주말에 어떻게 지냈는지 이야기할 수 있도록 한다. - 선생님이 지시할 때까지는 먼저 발표하지 않는다. - 친구들의 이야기를 주의 깊게 듣는다. - 발표할 때는 앞에 나와서 큰소리로 말한다.	
13:30 ~ 14:00	동화 듣기	- 단풍잎의 가을밤 이야기 보기(영상 동화) - 주인공이 누구일까? - 아기 단풍잎은 왜 떨어졌을까? - 아기 단풍잎은 무엇을 하러 다녔을까? - 단풍잎 가족들은 바람에 떨어져서 어떻게 되었어요? - 아기 단풍잎이 만난 동물들은 누구였어요? - 그 동물은 뭐라고 했어요? 그럴 때 아기 단풍잎의 마음은 어땠을까? - 우리가 동극을 하려면 무엇이 필요할까? - 숲속은 어떻게 꾸미면 좋을까?	

14:00 ~ 14:30	간식	- 화장실에 다녀온다(손 씻기). - 간식은 남기지 않고 모두 먹는다. - 노래를 함께 부르고 다 같이 먹는다. - 모둠별로 같이 앉아서 먹는다.		
시간	**유아다례 다도활동내용**	**유아다례 세부교육활동**		**자료**
14:30 ~ 16:00	오방 다포에 대해 알기	목표	- 오방 다포 이야기를 듣고 자신의 마음을 이야기할 수 있다. - 오방 다포를 색종이로 만들 수 있다.	활동지
		자료	오방 다포, 색종이, 가위, 풀	
		활동 영역	언어 영역	
		활동방법	- 오방 다포 이야기를 해준다(색깔의 의미). - 오방 다포 만들기(색종이를 잘라서 활동지에 붙여본다.) - 색깔별로 나와 자신의 마음을 이야기한다(반성 → 자랑).	
교사의 소견	유아들이 수업하면서 색종이를 잘라 붙이는 것을 다소 어려워하는 면이 있는 것 같다. 다음번에 이런 수업을 진행한다면 색종이가 아니라 다른 자료를 활용해 수업하는 것이 좋을 것 같다.			
실습 후 느낀 점				

유아다례교육활동 관련자료

수업 자기평가서

일시	2012년 11월 12일(월요일)	장소	○○○강당
영역	언어	지도교사	○○○
주제	오방 다포에 대해 알아보기		

자기평가					
수업준비를 충실히 하였다.	1	2	3	4	⑤
수업목표가 무엇인지 명확히 인식하고 있었다.	1	2	3	4	⑤
계획한 내용대로 수업을 진행하였다.	1	2	3	4	⑤
모든 유아들이 수업에 참여할 수 있도록 유도하였다.	1	2	③	4	5
유아들에게 적절하게 칭찬과 격려를 하였다.	1	2	3	④	5
수업에 적절한 질문을 하고 유아의 요구에 성실히 반응하였다.	1	2	3	④	5
평가를 하고 수업 뒷정리를 하였다.	1	2	3	4	⑤

잘된 점	- 활동지를 만들어 간 것 - 유아들에게 적절히 반응한 것 - 목표에 맞게 수업을 진행한 것
부족한 점	- 색종이로 수업 진행을 했지만 다소 어려웠던 점 - 수업 진행이 매끄럽지 않았던 점
특이사항	유아들마다 할 수 있는 정도가 달라서 잘하는 유아들은 금방 끝나고, 상대적으로 시간이 오래 걸리는 유아들도 있었음.

유아교육기관 현장참여 실습일지

날짜	요일	날씨	등원	하원	실습생	지도교사	원장
11월 13일	화	맑음	12시	16시	○○○	○○○	○○○
생활주제	가을						
주제	가을 풍경 즐기기						
목표	– 가을에는 곡식과 열매가 익음을 안다. – 가을에는 곡식과 열매를 수확함을 알고 추수하는 기쁨과 보람을 느낀다. – 가을을 건강하고 안전하게 지낼 수 있는 방법을 알고 실천한다.						

시간	교육활동명	세부교육활동	자료
12:00 ~ 13:00	점심식사 및 자유선택활동	– 점심식사 지도 – 양치 지도 – 쌓기 영역 : 가을 숲 구성하기, 블록으로 숲길 만들기 – 역할 영역 : 가을 숲에서 놀이하기 – 언어 영역 : 나뭇잎 이야기책 만들기, 가을 곡식, 과일, 채소 단어 만들기 – 수·조작놀이 영역 : 나뭇잎이 떨어져요, 랄랄라 다람쥐의 가을 소풍, 가을 꽃 잔치 – 과학 영역 : 계절을 알리는 색 이름, 잎맥 관찰하기 – 미술 영역 : 말린 나뭇잎으로 구성하기, 곡식 마라카스 만들기 – 음률 영역 : 10월 풍요의 들녘을 들으며 스카프로 춤추기, 해금, 생활연주 소리 듣기	
13:00 ~ 13:30	이야기 나누기	– 가을에 볼 수 있는 동물에 대해 이야기한다. – 선생님이 지시할 때까지는 먼저 발표하지 않는다. – 친구들의 이야기를 주의 깊게 듣는다. – 발표할 때는 앞에 나와서 큰소리로 말한다.	
13:30 ~ 14:00	동화 듣기	– 낙엽꼬리 이야기 보기(동극) – 곰은 왜 돌아다녔을까요? – 다람쥐의 꼬리를 보고 곰은 왜 투덜거렸을까요? – 곰은 어디를 찾아 돌아다녔을까요? – 곰은 결국 누구의 꼬리를 감싸고 잠이 들었니?	
14:00 ~ 14:30	간식	– 화장실에 다녀온다(손 씻기). – 간식은 남기지 않고 모두 먹는다. – '두손 짝' 노래를 함께 부르고 다 같이 먹는다. – 모둠별로 같이 앉아서 먹는다.	

<table>
<tr><th>시간</th><th>유아다례
다도활동내용</th><th colspan="2">유아다례 세부교육활동</th><th>자료</th></tr>
<tr><td rowspan="4">14:30
~
16:00</td><td rowspan="4">찻잔 받침
만들기

딱지 꾸미기</td><td>목표</td><td>– 딱지를 꾸밀 수 있다.
– 딱지치기를 할 수 있다.</td><td rowspan="4"></td></tr>
<tr><td>자료</td><td>딱지, 색연필, 크레파스, 사인펜, 투명 시트지</td></tr>
<tr><td>활동
영역</td><td>표현 영역</td></tr>
<tr><td>활동
방법</td><td>– 딱지 꾸미기
– 여러 가지 펜을 이용해서 꾸민다.
– 각 칸마다 엄마, 아빠, 친구의 얼굴을 꾸며 본다.
– 자신의 이름을 쓴다.
– 투명 시트지를 위에 붙인다.
– 딱지치기
– 팀별로 게임하기
– 만든 딱지를 찻잔 받침으로 사용할 것이라고 알려준다.</td></tr>
<tr><th>교사의
조언</th><td colspan="4">딱지를 만들고 그림 그리는 수업을 좋아했지만, 종이가 얇아 딱지치기 놀이를 하는 수업으로는 어려움이 있었던 것 같다. 찻잔 받침으로 이용하는 모양을 따로 만드는 것이 좋을 것 같다.</td></tr>
<tr><th>실습 후
느낀 점</th><td colspan="4"></td></tr>
</table>

수업 자기평가서

일시	2012년 11월 13일(화요일)	장소	○○강당
영역	표현	지도교사	○○○
주제	찻잔 받침 만들기-딱지 꾸미기		

자기평가					
수업준비를 충실히 하였다.	1	2	3	④	5
수업목표가 무엇인지 명확히 인식하고 있었다.	1	2	3	4	⑤
계획한 내용대로 수업을 진행하였다.	1	2	③	4	5
모든 유아들이 수업에 참여할 수 있도록 유도하였다.	1	2	3	4	5
유아들에게 적절하게 칭찬과 격려를 하였다.	1	2	3	4	5
수업에 적절한 질문을 하고 유아의 요구에 성실히 반응하였다	1	2	③	4	5
평가를 하고 수업 뒷정리를 하였다.	1	2	3	4	⑤

잘된 점	- 수업 목표에 맞게 수업을 진행함. - 적절하게 칭찬과 격려를 함. - 뒷정리를 잘함.
부족한 점	- 딱지치기에 적합하지 않아 재료 선정이 적절하지 않았음. - 수업 진행에 어려움이 많았음.
특이사항	

유아교육기관 현장참여 실습일지

<table>
<tr><th>날짜</th><th>요일</th><th>날씨</th><th>등원</th><th>하원</th><th>실습생</th><th>지도교사</th><th>원장</th></tr>
<tr><td>11월
14일</td><td>수</td><td>맑음</td><td>12시</td><td>16시</td><td>○○○</td><td>○○○</td><td>○○○</td></tr>
<tr><th>생활주제</th><td colspan="7">가을</td></tr>
<tr><th>주제</th><td colspan="7">가을 풍경 즐기기</td></tr>
<tr><th>목표</th><td colspan="7">- 가을에는 곡식과 열매가 익음을 안다.
- 가을에는 곡식과 열매를 수확함을 알고 추수하는 기쁨과 보람을 느낀다.
- 가을을 건강하고 안전하게 지낼 수 있는 방법을 알고 실천한다.</td></tr>
<tr><th>시간</th><th>교육활동명</th><th colspan="5">세부교육활동</th><th>자료</th></tr>
<tr><td>12:00
~
13:00</td><td>점심식사 및 자유선택활동</td><td colspan="5">- 점심식사 지도
- 양치 지도
- 쌓기 영역 : 가을 숲 구성하기, 블록으로 숲길 만들기
- 역할 영역 : 가을 숲에서 놀이하기
- 언어 영역 : 나뭇잎 이야기책 만들기, 가을 곡식, 과일, 채소 단어 만들기
- 수·조작놀이 영역 : 나뭇잎이 떨어져요, 랄랄라 다람쥐의 가을 소풍, 가을 꽃 잔치
- 과학 영역 : 계절을 알리는 색 이름, 잎맥 관찰하기
- 미술 영역 : 말린 나뭇잎으로 구성하기, 곡식 마라카스 만들기
- 음률 영역 : 10월 풍요의 들녘을 들으며 스카프로 춤추기, 해금, 생활연주 소리 듣기</td><td></td></tr>
<tr><td>13:00
~
13:30</td><td>이야기 나누기</td><td colspan="5">- 가을에 나는 과일, 채소에 대해 이야기한다.
- 선생님이 지시할 때까지는 먼저 발표하지 않는다.
- 친구들의 이야기를 주의 깊게 듣는다.
- 발표할 때는 앞에 나와서 큰소리로 말한다.</td><td></td></tr>
<tr><td>13:30
~
14:00</td><td>동화 듣기</td><td colspan="5">- 코스모스 읽어보기(동시)
〈코스모스〉
들길에 곱게 핀 코스모스들
누가 누가 더 큰가 키재기해요
높은 하늘 바라보며 키재기해요
산들산들 산들바람 불어오면은
키재기하다 말고 춤을 추어요
하늘하늘 즐겁게 춤을 추어요
- 다른 말을 넣어 동시 새롭게 꾸며 보기</td><td></td></tr>
<tr><td>14:00
~
14:30</td><td>간식</td><td colspan="5">- 화장실에 다녀온다(손 씻기).
- 간식은 남기지 않고 모두 먹는다.
- '두손 짝' 노래를 함께 부르고 다 같이 먹는다.
- 모둠별로 같이 앉아서 먹는다.</td><td></td></tr>
</table>

<table>
<tr><th>시간</th><th>유아다례
다도활동내용</th><th colspan="2">유아다례 세부교육활동</th><th>자료</th></tr>
<tr><td rowspan="4">14:30
~
16:00</td><td rowspan="4">차는 이렇게
마셔요</td><td>목표</td><td>– 차 마시는 모습을 모방할 수 있다.
– 차 마실 때 쓰는 의성어를 사용할 수 있다.
– 찻잎의 변화 모습을 알 수 있다.</td><td rowspan="4">활동지</td></tr>
<tr><td>자료</td><td>교사용 다구(방석, 유리 다관, 1인 찻상, 수구, 퇴수기, 녹차, 찻잔), 개인 잔, 딱지 모양 찻잔 받침, 다식, 활동지, 사인펜</td></tr>
<tr><td>활동
영역</td><td>탐구 영역</td></tr>
<tr><td>활동
방법</td><td>– 다구의 쓰임새를 알려준다.
– 차를 따를 때 나는 의성어를 입으로 말하며 마시는 모습을 보여준다.
– 우려지기 전 찻잎의 모양과 우려진 후 모양을 관찰하여 그릴 수 있도록 한다(활동지, 사인펜).
– 우린 차를 모두 마실 수 있도록 나누어주고, 선생님을 따라할 수 있게 한다.
– 차를 마시며, 물을 넣어 변하는 다른 것들에 대해 이야기를 나눈다.</td></tr>
<tr><td>교사의
조언</td><td colspan="4">다양한 소리, 모양들을 다양한 언어로 표현해 보면서 수업을 진행하니 더 좋았던 것 같다. 그러나 다구가 하나였던 것이 다소 집중을 어렵게 하여 안타까웠다.</td></tr>
<tr><td>실습 후
느낀 점</td><td colspan="4"></td></tr>
</table>

유아다례교육활동 관련자료	
 〈차가 우려지기 전〉	 〈차가 우려진 후〉

수업 자기평가서

일시	2012년 11월 14일(수요일)	장소	○○강당
영역	탐구	지도교사	○○○
주제	차는 이렇게 마셔요		

자기평가					
수업준비를 충실히 하였다.	1	2	3	4	⑤
수업목표가 무엇인지 명확히 인식하고 있었다.	1	2	3	4	⑤
계획한 내용대로 수업을 진행하였다.	1	2	3	4	⑤
모든 유아들이 수업에 참여할 수 있도록 유도하였다.	1	2	3	④	5
유아들에게 적절하게 칭찬과 격려를 하였다.	1	2	③	4	5
수업에 적절한 질문을 하고 유아의 요구에 성실히 반응하였다.	1	2	③	4	5
평가를 하고 수업 뒷정리를 하였다.	1	2	3	4	⑤

잘된 점	- 계획한 대로 수업을 진행했다. - 수업 준비를 적절하게 했다.
부족한 점	- 유아들이 집중이 되지 않았는데, 수업 계획대로만 진행했다. - 수업을 진행하며, 아이들의 반응에 적절히 대응하지 못했다.
특이사항	

유아교육기관 현장참여 실습일지

날짜	요일	날씨	등원	하원	실습생	지도교사	원장
11월 15일	목	맑음	12시	16시	○○○	○○○	○○○
생활주제	가을						
주제	가을 풍경 즐기기						
목표	– 가을에는 곡식과 열매가 익음을 안다. – 가을에는 곡식과 열매를 수확함을 알고 추수하는 기쁨과 보람을 느낀다. – 가을을 건강하고 안전하게 지낼 수 있는 방법을 알고 실천한다.						

시간	교육활동명	세부교육활동	자료
12:00 ~ 13:00	점심식사 및 자유선택활동	– 점심식사 지도 – 양치 지도 – 쌓기 영역 : 가을 숲 구성하기, 블록으로 숲길 만들기 – 역할 영역 : 가을 숲에서 놀이하기 – 언어 영역 : 나뭇잎 이야기책 만들기, 가을 곡식, 과일, 채소 단어 만들기 – 수조작놀이 영역 : 나뭇잎이 떨어져요, 랄랄라 다람쥐의 가을 소풍, 가을 꽃 잔치 – 과학 영역 : 계절을 알리는 색 이름, 잎맥 관찰하기 – 미술 영역 : 말린 나뭇잎으로 구성하기, 곡식 마라카스 만들기 – 음률 영역 : 10월 풍요의 들녘을 들으며 스카프로 춤추기, 해금, 생활연주 소리 듣기	
13:00 ~ 13:30	이야기 나누기	– 가을에 나는 곡식, 열매에 대해 이야기한다. – 선생님이 지시할 때까지는 먼저 발표하지 않는다. – 친구들의 이야기를 주의 깊게 듣는다. – 발표할 때는 앞에 나와서 큰소리로 말한다.	
13:30 ~ 14:00	동화 듣기	– '나쁜 비밀이 있어요'(성교육) 동화 듣기 – 지나의 경우처럼 비밀을 만드는 아저씨들이 있을 때는 누구에게 말해야 할까? • 기분이 나쁜 비밀을 만드는 사람들이 주변에 있니? • 있었다면 언제, 어떤 아저씨였는지 선생님에게 말해 주겠니?	
14:00 ~ 14:30	간식	– 화장실에 다녀온다(손 씻기). – 간식은 남기지 않고 모두 먹는다. – '두손 짝' 노래를 함께 부르고 다 같이 먹는다. – 모둠별로 같이 앉아서 먹는다.	

<table>
<tr><th>시간</th><th>유아다례
다도활동내용</th><th colspan="2">유아다례 세부교육활동</th><th>자료</th></tr>
<tr><td rowspan="4">14:30
~
16:00</td><td rowspan="4">명상 차
마시기</td><td>목표</td><td>- 교사의 체조를 모방할 수 있다.
- 차 마시는 모습을 모방할 수 있다.</td><td rowspan="4">활동지</td></tr>
<tr><td>자료</td><td>고깔모자, 교사용 다구, 개인 잔, 딱지 찻잔, 다식, 음악</td></tr>
<tr><td>활동
영역</td><td>건강, 탐구 영역</td></tr>
<tr><td>활동
방법</td><td>- 음악에 맞추어서 교사의 체조를 따라하게 한다(스트레칭 위주, 조용한 음악).
- 고깔모자를 나누어 주고 쓰도록 한다.
- 모둠별로 다식을 나누어 준다.
- 개인 잔에 차를 따라 주고 선생님을 따라 마시도록 한다.
- 차에서 어떤 향이 나는지, 차를 마시고 나서 기분이 어떤지에 대해 이야기를 나눈다.</td></tr>
<tr><th>교사의
조언</th><td colspan="4">요리 수업은 언제나 유아들의 집중을 높여주는 데 탁월한 효과가 있는 것 같다. 체조를 하다가 갑자기 고깔을 쓰고 차를 마시는 진행이 다소 다른 느낌의 수업 같았다. 그러나 한 활동에 여러 가지 소재를 사용한 것은 좋은 점으로 생각한다.</td></tr>
<tr><th>실습 후
느낀 점</th><td colspan="4"></td></tr>
</table>

수업 자기평가서

일시	2012년 11월 15일(목요일)	장소	○○강당
영역	건강, 탐구	지도교사	○○○
주제	명상 차 마시기		

자기평가					
수업준비를 충실히 하였다.	1	2	3	④	5
수업목표가 무엇인지 명확히 인식하고 있었다.	1	2	3	④	5
계획한 내용대로 수업을 진행하였다.	1	2	3	4	⑤
모든 유아들이 수업에 참여할 수 있도록 유도하였다.	1	2	3	④	5
유아들에게 적절하게 칭찬과 격려를 하였다.	1	2	3	④	5
수업에 적절한 질문을 하고 유아의 요구에 성실히 반응하였다.	1	2	3	4	⑤
평가를 하고 수업 뒷정리를 하였다.	1	2	3	4	⑤

잘된 점	– 다양한 활동이 있었던 점 – 계획대로 수업을 진행한 점
부족한 점	– 체조에서 차 따르기 활동으로 넘어갈 때 매끄럽지 못했음. – 재료가 좀 더 다양하지 못했음.
특이사항	

21 실습사례 ㉑

유아교육기관 현장참여 실습일지

<table>
<tr><th>날짜</th><th>요일</th><th>날씨</th><th>등원</th><th>하원</th><th>실습생</th><th>지도교사</th><th>원장</th></tr>
<tr><td>11월
05일</td><td>월</td><td>맑음</td><td>12시 45분</td><td>15시 20분</td><td>○○○</td><td>○○○</td><td>○○○</td></tr>
<tr><th>생활주제</th><td colspan="7">우리나라 전통예절</td></tr>
<tr><th>주제</th><td colspan="7">예절이란 무엇인가?</td></tr>
<tr><th>목표</th><td colspan="7">예절의 개념을 이해하고 실천할 수 있다.</td></tr>
<tr><th>시간</th><th>교육활동명</th><th colspan="4">세부교육활동</th><th colspan="2">자료</th></tr>
<tr><td rowspan="3">13:00
~
13:50</td><td>공수하는 법</td><td colspan="4">- 공수하는 법을 실습한다.
- 기본적으로 배꼽 인사법을 알고 있다.
- 남아는 왼손이 위로 가도록 하여 맞잡게 한다.
- 여아는 오른손이 위로 가도록 하여 맞잡게 한다.</td><td colspan="2" rowspan="3">사진, 방석</td></tr>
<tr><td>공수 자세법</td><td colspan="4">- 서 있을 때의 바른 자세를 안다.
- 두 발을 모으고 두 손은 바르게 위치한다.
- 입을 살포시 다물고 웃음 띤 얼굴을 한다.
- 계속 반복해 몸으로 익히고 이미지 트레이닝을 한다.</td></tr>
<tr><td>절 하는 법</td><td colspan="4">- 다소 산만하더라도 시범을 보이고 연습을 시킨다.
- 2명씩 절을 하게 했는데 곧잘 따라하였다.</td></tr>
<tr><th>시간</th><th>유아다례
다도활동내용</th><th colspan="4">유아다례 세부교육활동</th><th colspan="2">자료</th></tr>
<tr><td rowspan="2">14:00~
14:35</td><td>예절이란
무엇인가?</td><td colspan="4">- 유아들이 쉽게 이해할 수 있도록 설명해 준다.
- 예절이란 여러 사람이 함께 지켜야 하는 도리와 질서이다.
- 예절은 지키기 위한 것이라고 설명한다.</td><td colspan="2" rowspan="2">사진</td></tr>
<tr><td>바르게 앉기</td><td colspan="4">- 바른 자세로 앉는다.
- 남아는 아버지 다리를 하고, 여아는 어머니 다리로 바르게 앉는다.</td></tr>
<tr><th>교사의
조언</th><td colspan="7">유치원 교사가 다소 가르치기 어려운 부분을 다도 선생님이 훌륭하게 교육하는 모습이 인상적이었다.</td></tr>
<tr><th>실습 후
느낀 점</th><td colspan="7">○○어린이집은 ○○사에서 운영하는 유치원이다. 주지스님의 배려로 유아들에게 차를 접할 수 있는 기회를 주셔서 자연스럽게 예절을 같이 배울 수 있게 해 주신 점을 감사하게 생각한다. 원장님 이하 여러 선생님들도 다도 수업에 적극적으로 협조해 주시고 많은 관심을 가져주시니 정말 고마웠다. 인성 교육은 어릴 때부터 자연스럽게 접해야 하는데 다도 수업을 통해 아이들의 달라질 모습을 기대한다.</td></tr>
</table>

유아교육기관 현장참여 실습일지

날짜	요일	날씨	등원	하원	실습생	지도교사	원장
11월 12일	월	맑음	12시 45분	15시 20분	○○○	○○○	○○○
생활주제	한복 입기						
주제	한복 명칭 알기, 명상하기						
목표	한복의 전통성을 알리고 명칭을 익히며 올바르게 입는 방법을 익힌다.						

시간	교육활동명	세부교육활동	자료
13:00 ~ 13:50	한복 바르게 입기	- 한복의 명칭을 안다. • 남자 한복 : 바지, 저고리, 조끼, 마고자, 버선, 점복, 술띠, 복간 등 • 여자 한복 : 치마, 저고리, 버선, 속치마, 댕기, 족두리 - 한복을 바르게 입는 순서를 안다. • 남자 한복 : 바지→저고리→버선→조끼→마고자→점복→술띠→복건 • 여자 한복 : 속바지→속치마→버선→치마→저고리→댕기→족두리 - 한복을 입었을 때 지켜야 할 예절을 안다. - 남자는 외출 시 두루마기를 입어야 한다. - 여자의 저고리 옷고름 고리는 왼쪽으로 향하게 한다. - 술띠는 성인은 파란색, 어린이는 빨간색으로 구분한다.	마네킹

시간	유아다례 다도활동내용	유아다례 세부교육활동	자료
14:00 ~ 14:35	마음가짐	- 한복을 입고 있을 때 몸가짐에 대해 안다. - 뛰어다니지 않는다. - 소매를 마구 걷거나 고름이 풀리지 않게 한다.	
	명상하기	- 명상이란 무엇인지, 생각 가다듬기에 대해 안다. - 명상을 하면 마음의 여유가 생기는지, 명상에 좋은 자세가 무엇인지 안다. - 명상하기에 좋은 자세로 앉는다. - 아버지 다리를 하고 양손은 무릎에 편안히 올린다. - 자세를 바르게 한 후 고르게 숨을 쉰다. - 명상을 할 때 무엇이 가장 힘든지 말한다. - 자리를 정리한다.	CD 음악
교사의 조언	교육은 연령, 장소, 상황에 따라 융통성 있게 변경 가능하다.		
실습 후 느낀 점	공수 자세에서 유아들이 아직 왼쪽과 오른쪽을 구별하지 못함을 보았다. 가정에서의 교육이 절실함을 느꼈다.		

유아교육기관 현장참여 실습일지

<table>
<tr><th>날짜</th><th>요일</th><th>날씨</th><th>등원</th><th>하원</th><th>실습생</th><th>지도교사</th><th>원장</th></tr>
<tr><td>11월
19일</td><td>월</td><td>맑음</td><td>12시 45분</td><td>15시 20분</td><td>○○○</td><td>○○○</td><td>○○○</td></tr>
<tr><th>생활주제</th><td colspan="7">차 생활</td></tr>
<tr><th>주제</th><td colspan="7">차 예절</td></tr>
<tr><th>목표</th><td colspan="7">차 마시는 방법을 자세히 알아본다.</td></tr>
<tr><th>시간</th><th>교육활동명</th><th colspan="5">세부교육활동</th><th>자료</th></tr>
<tr><td rowspan="2">13:00
~
13:50</td><td>차 마시기</td><td colspan="5">- 차를 마실 때 마음가짐은 어떻게 해야 하는지 안다.
- 소란스럽지 않아야 하며, 마음을 고요히 한다.
- 우리 차의 소중함을 안다.
- 유아들이 미리 준비해 둔 찻상 위에 차를 바로 놓을 수 있도록 한다.
- 유아들 스스로 자기 앞에 있는 찻상을 바로 놓을 수 있게 한다.</td><td rowspan="2">CD 음악,
녹차, 다식,
찻상</td></tr>
<tr><td>차 마시는 방법 및 다식</td><td colspan="5">- 차 마시는 방법을 소개하고 다식과 함께 마신다.
- 찻잔을 조심스럽게 두 손으로 잡고 차를 마신다.
- 색, 향, 미를 즐기며 세 번으로 나누어 마신다.
- 다식을 먹을 때는 예절을 지켜서 먹는다.</td></tr>
<tr><th>시간</th><th>유아다례
다도활동내용</th><th colspan="5">유아다례 세부교육활동</th><th>자료</th></tr>
<tr><td>14:00
~
14:35</td><td>녹차의 효능</td><td colspan="5">- 녹차를 마시면 우리 몸 어디에 좋은지 안다.
• 비타민이 들어 있어 얼굴이 예뻐진다.
• 불소가 들어 있어 치아를 튼튼하게 한다.
• 탄닌 성분이 있어 몸매가 날씬해진다.
- 미리 주전자에 준비해 둔 차를 마신다.
- 감사한 마음으로 인사하고 마실 줄 안다.
- 찻잔은 두 손으로 잡고 마신다는 것을 안다.
- 차를 3번에 나눠 마신다.
- 공손히 인사하고 마친다.</td><td></td></tr>
<tr><th>교사의
조언</th><td colspan="7">유아들의 눈높이에 맞게 흥미를 유발하고, 다양한 정보를 가지고 있어야 한다.</td></tr>
<tr><th>실습 후
느낀 점</th><td colspan="7">녹차를 마시는 법과 효능을 설명하였다. 그 중 다이어트에 좋다며 엄마에게 말씀드려야겠다고 하는 유아들이 있었다. 한참을 같이 웃었다. 유아들이 녹차에 관심을 가지기 시작했다.</td></tr>
</table>

유아교육기관 현장참여 실습일지

<table>
<tr><th>날짜</th><th>요일</th><th>날씨</th><th>등원</th><th>하원</th><th>실습생</th><th>지도교사</th><th>원장</th></tr>
<tr><td>11월
26일</td><td>월</td><td>맑음</td><td>12시 45분</td><td>15시 20분</td><td>○○○</td><td>○○○</td><td>○○○</td></tr>
<tr><th>생활주제</th><td colspan="7">예절의 필요성</td></tr>
<tr><th>주제</th><td colspan="7">바른 마음가짐</td></tr>
<tr><th>목표</th><td colspan="7">다구 이름과 쓰임새를 정확히 알고 쓸 수 있다.</td></tr>
<tr><th>시간</th><th>교육활동명</th><th colspan="5">세부교육활동</th><th>자료</th></tr>
<tr><td rowspan="4">13:00
~
13:50</td><td>생각 가다듬기</td><td colspan="5">- 바른 마음가짐이 어떤 것인가에 대해 안다.
- 차에 대해 능동적으로 생각한다.
- 바른 공수 자세에 대해 다시 한번 기억한다.
- 바르게 앉기와 서기에 대해 안다.</td><td rowspan="4"></td></tr>
<tr><td>어른 공경</td><td colspan="5">- 존댓말 쓰기
- 일어서서 인사하기
- 어른 뒤로 돌아서 가기</td></tr>
<tr><td>교우</td><td colspan="5">- 서로 사랑하며 어려운 일이 있을 때 도와준다.
- 양보하고, 협력하고, 배려하는 마음을 가진다.
- 서로 사과할 줄 알고, 용서할 줄 안다.</td></tr>
<tr><td>청결</td><td colspan="5">- 청결에 대해 안다.
- 외출 후, 식전에는 항상 비누로 깨끗이 손을 씻는 습관을 가신다.
- 화장실 사용법에 대해 안다.</td></tr>
<tr><th>시간</th><th>유아다례
다도활동내용</th><th colspan="5">유아다례 세부교육활동</th><th>자료</th></tr>
<tr><td>14:00
~
14:35</td><td>차 우리기</td><td colspan="5">- 무대를 만들어 조별로 차 우리기 발표를 한다.
- 각자의 역할을 맡는다.
- 팽주는 준비해둔 찻상을 순서에 맞게 우린다.
- 차가 우려지면 주인은 차를 따라 다반에 담는다.
- 주인은 손님께 차를 권하는 인사를 한다.
- 선생님께 가져다가 앉아서 인사드리고 차를 건넨다.
- 접시에 담아 놓은 다식을 손님께 낸다.
- 감사한 마음으로 인사 나눈 후 바르게 찻잔을 잡고 마신다.
- 주인은 다구를 반듯하게 정리 정돈하고, 찻상보를 덮는다.</td><td>녹차, 다구,
한복, 차 자리</td></tr>
<tr><th>교사의
조언</th><td colspan="7">유아들이 자신감을 갖도록 칭찬을 아끼지 않는다.</td></tr>
<tr><th>실습 후
느낀 점</th><td colspan="7">유아들이 다례를 접하면서 차에 대한 관심이 늘기 시작하였다. 이런 기회를 준 어린이집 관계자들에게 감사하게 생각한다.</td></tr>
</table>

유아교육기관 현장참여 실습일지

날짜	요일	날씨	등원	하원	실습생	지도교사	원장
12월 03일	월	맑음	12시 45분	15시 20분	○○○	○○○	○○○

생활주제	방석 예절 및 생활예절		
주제	예절이란 무엇인가		
목표	예절의 개념을 이해하고 생활에서 실천할 수 있게 한다.		
시간	**교육활동명**	**세부교육활동**	**자료**
13:00 ~ 13:50	예절이란 무엇인가?	- 바른 자세로 앉거나 혹은 서서 손을 배꼽에 두고 공수하는 것을 반복적으로 배운다. - 방석을 움직일 때나 혹은 건네줄 때에 올바른 방석 예절을 배운다. - 공수란 무엇인지 안다. - 남아는 왼손이 위로 가도록, 여아는 오른손이 위에 가도록 맞잡는 법을 가르쳐 준다. - 배례법 동작을 구령에 맞춰 절할 수 있다. - 우리나라의 차 유례를 쉽게 설명한다. - 차를 마셔 본 경험, 전통차를 마셔 본 경험을 묻는다. - 차 마시는 방법을 소개하고 바르게 마신다. - 준비한 찻상에 두 사람을 마주 앉게 한다. - 사전에 준비한 찻잔과 다식을 세팅한다. - 우려 둔 차를 각자의 찻잔에 붓는다.	CD 음악, 녹차, 찻잔, 찻상보, 다식
시간	**유아다례 다도활동내용**	**유아다례 세부교육활동**	**자료**
14:00 ~ 14:35	차란 무엇인가?	- 차나무에서 어린 잎을 따, 볶거나 찐 후에 우려 마시는 것임을 안다. - 완전 발효시킨 차를 홍차, 반쯤 발효시킨 차를 반 발효차라 한다. - 인삼차, 율무차, 유자차, 다른 식물 등을 뜨거운 물에 우려 마시는 것은 대용차라고 한다. - 차의 성분과 효능에 대해 설명하고, 차를 마신 생각과 느낌을 각자 이야기하고 듣는다.	각종 대용차, 찻상
교사의 조언	아이들이 소란스럽지 않게 한다. 칭찬을 아끼지 않는다.		
실습 후 느낀 점	평소 한복을 자주 입지 않으므로 유아들이 힘들어 하였지만, 끝까지 해내는 모습을 보였다. 칭찬을 아끼지 않으니 아주 기뻐하며 늠름한 모습을 보여 주어 보람을 느꼈다.		

유아교육기관 현장참여 실습일지

<table>
<tr><th>날짜</th><th>요일</th><th>날씨</th><th>등원</th><th>하원</th><th>실습생</th><th>지도교사</th><th>원장</th></tr>
<tr><td>12월
10일</td><td>월</td><td>맑음</td><td>12시 45분</td><td>15시 20분</td><td>○○○</td><td>○○○</td><td>○○○</td></tr>
<tr><th>생활주제</th><td colspan="7">인사 예절</td></tr>
<tr><th>주제</th><td colspan="7">공공장소에서 지켜야 할 예절</td></tr>
<tr><th>목표</th><td colspan="7">공공장소에서 어떤 예절을 지켜야 하는가?</td></tr>
<tr><th>시간</th><th>교육활동명</th><th colspan="5">세부교육활동</th><th>자료</th></tr>
<tr><td>13:00
~
13:50</td><td>인사 나누기
인사하는 방법</td><td colspan="5">- 인사는 무엇이며, 왜 하는 것인지 이야기 나눈다.
- 인사는 공손한 마음과 공손한 자세로 한다.
- 미소 띤 얼굴로 인사한다.
- 뛰거나 걸어가다가도 바른 자세로 멈춰 서서 인사를 한다.
- 밖에서 어른을 만났을 때의 인사법을 안다.
• 목례 : 하루에 계속 만나는 어른께 말없이 고개를 조금 숙여 인사하는 방법
• 경례 : 가장 많이 하는 인사 방법이다. 어른을 만났을 때, 헤어질 때, 부모님께 인사할 때
• 큰경례 : 상을 받았을 때, 발표할 때, 신랑 신부가 결혼식장에서 인사할 때</td><td></td></tr>
<tr><th>시간</th><th>유아다례
다도활동내용</th><th colspan="5">유아다례 세부교육활동</th><th>자료</th></tr>
<tr><td rowspan="2">14:00
~
14:35</td><td>인사 후
명상하기</td><td colspan="5">- 2인 1조가 되어 서로 마주보고 평절로 인사를 나눈다.
- 바른 방석 사용법으로 자리에 앉는다.
- 명상 자세를 하고 유아들에게 예절 바른 멋진 모습을 보여준다.</td><td rowspan="2">CD 음악,
녹차, 찻상,
찻잔, 다관,
차호, 다건,
찻상보</td></tr>
<tr><td>다구
명칭 알기
및
찻상 차리기</td><td colspan="5">- 다구는 전문용어 대신 쉬운 우리말로 설명한다.
- 그림을 보면서 다구의 위치를 안다.
- 다구마다 각자의 위치가 있고, 조금씩 변할 수 있음을 알린다.
- 다구는 무엇으로 되어 있는지 이야기한다.
- 인사 후 정리 정돈한다.</td></tr>
<tr><th>교사의
조언</th><td colspan="7">분위기가 산만하면 수업을 진행할 수 없다. 예절의 필요성과 중요성을 깨닫게 한다.</td></tr>
<tr><th>실습 후
느낀 점</th><td colspan="7">유아들이 존댓말 쓰기가 서툰 듯하다. 부모님이 집에서 존댓말 교육을 따로 가르쳐야 할 것 같다.</td></tr>
</table>

유아교육기관 현장참여 실습일지

<table>
<tr><th>날짜</th><th>요일</th><th>날씨</th><th>등원</th><th>하원</th><th>실습생</th><th>지도교사</th><th>원장</th></tr>
<tr><td>12월
17일</td><td>월</td><td>맑음</td><td>12시 45분</td><td>15시 20분</td><td>○○○</td><td>○○○</td><td>○○○</td></tr>
<tr><th>생활주제</th><td colspan="7">우리나라의 명절</td></tr>
<tr><th>주제</th><td colspan="7">설날과 추석은 우리의 고유 명절</td></tr>
<tr><th>목표</th><td colspan="7">우리나라 고유 명절인 설날에 대하여 안다.</td></tr>
<tr><th>시간</th><th>교육활동명</th><th colspan="5">세부교육활동</th><th>자료</th></tr>
<tr><td rowspan="3">13:00
~
13:50</td><td>설날의 의미</td><td colspan="5">- 설날은 어떤 날이며 어떻게 준비해야 하는지 안다.
- 설날이 지나면 한 살이 더 많아진다는 것을 이야기한다.
- 왜 설날이라고 이름 지었는지 안다.
- 지난해를 버리고 새로 맞이하는 한 해의 첫날이라는 뜻임을 안다.</td><td rowspan="3">명절 그림</td></tr>
<tr><td>명절 예절</td><td colspan="5">- 차를 타고 친척집을 오갈 때, 차 안에서 조용히 해야 한다는 것을 안다.
- 오랜만에 만난 어른께는 반갑고 바르게 인사할 줄 안다.</td></tr>
<tr><td>몸가짐</td><td colspan="5">- 한복은 예로부터 입어오던 우리의 전통 옷임을 알린다.
- 한복을 바르게 입는 방법을 다시 한 번 알려준다.</td></tr>
<tr><th>시간</th><th>유아다례
다도활동내용</th><th colspan="5">유아다례 세부교육활동</th><th>자료</th></tr>
<tr><td rowspan="3">14:00
~
14:35</td><td>차례 지내기</td><td colspan="5">- 차례는 왜 지내는지 안다.
돌아가신 조상님들께 감사함으로 보답하기 위함임을 알려준다.
- 차례는 2번 큰절, 세배는 1번 평절로 한다.</td><td>차례 지내는 그림</td></tr>
<tr><td>명절 음식</td><td colspan="5">- 설날에 집집마다 똑같이 먹는 음식이 무엇인지 안다.
설날 떡국은 둥근 달처럼 일 년 동안 좋은 일만 생기길 바라는 마음이 담겨 있다.
- 추석에는 어떤 음식을 먹는지 안다.</td><td></td></tr>
<tr><td>차 우려
접대하기</td><td colspan="5">- 차를 대접하는 순서에 대해 안다.
- 찻잔을 드릴 때 손님 중 어른께 먼저 드림을 안다.
- 손님께는 꼭 찻잔 받침을 받쳐서 드린다는 것을 안다.
- 손님과 주인이 인사를 나누고 먹는다는 것을 안다.
- 손님과 주인이 되어 역할을 분담하여 차를 마신다.
- 차를 우려 서로 대접해 보고 차의 색, 향, 미를 음미한다.</td><td></td></tr>
<tr><th>교사의
조언</th><td colspan="7">각자 역할의 중요성을 알게 한다.</td></tr>
<tr><th>실습 후
느낀 점</th><td colspan="7">다양한 성격의 유아 심리를 잘 파악하여 지도해야 되겠다는 생각이 들었다.</td></tr>
</table>

유아교육기관 현장참여 실습일지

<table>
<tr><th>날짜</th><th>요일</th><th>날씨</th><th>등원</th><th>하원</th><th>실습생</th><th>지도교사</th><th>원장</th></tr>
<tr><td>12월
24일</td><td>월</td><td>맑음</td><td>12시 45분</td><td>15시 20분</td><td>○○○</td><td>○○○</td><td>○○○</td></tr>
<tr><th>생활주제</th><td colspan="7">고유 민속놀이</td></tr>
<tr><th>주제</th><td colspan="7">윷놀이 한마당</td></tr>
<tr><th>목표</th><td colspan="7">우리의 전통놀이를 알고, 규칙과 질서를 지키며 친구들과 협동한다.</td></tr>
<tr><th>시간</th><th>교육활동명</th><th colspan="5">세부교육활동</th><th>자료</th></tr>
<tr><td>13:00
~
13:50</td><td>윷놀이</td><td colspan="5">- 전통놀이에 대한 이야기를 한다.
- 윷놀이 방법에 대해 그림을 보여주면서 설명한다.
- 윷, 말판, 말, 깔개를 보여주며 설명한다.
- 윷놀이의 규칙을 설명한다.
- 두 팀으로 나누어 앉는다.
- 팀 이름을 정한 후 윷놀이를 시작한다.
- 정해진 말을 먼저 돌아오게 하는 팀이 이긴다.
- 유아들이 규칙을 잘 지키고, 활동적으로 참여하며 윷놀이를 실시한다.</td><td>명절 그림, CD 음악, 윷, 말판, 말, 깔개</td></tr>
<tr><th>시간</th><th>유아다례
다도활동내용</th><th colspan="5">유아다례 세부교육활동</th><th>자료</th></tr>
<tr><td>14:00
~
14:35</td><td>다식
차려먹기</td><td colspan="5">- 찻잔 잡는 방법을 일러둔다.
- 녹차는 색, 향, 맛을 즐기며 세 번에 나누어 마심을 이야기한다.
- 다식 먹는 방법을 말한다.
- 한 손으로 입을 가리고 다식을 입 안에 넣는다.
- 다식을 먹을 때는 입 안 음식물이 튀어나오지 않게 한다.
- 욕심을 내지 않고 먹을 만큼만 먹는다.
- 다 먹은 후에는 손을 깨끗이 씻는다.
- 바르게 앉아 양손은 배꼽에 두고, 공손히 인사한다.
- 자기 자리를 정리 정돈하며 마무리한다.</td><td>다식</td></tr>
<tr><th>교사의
조언</th><td colspan="7">유아들이 자유분방하고 서툴러서 통솔하는 데 신경을 써야 한다. 눈빛을 자주 교환하고 칭찬을 아끼지 않아야 한다.</td></tr>
<tr><th>실습 후
느낀 점</th><td colspan="7">○○어린이집에는 다도를 할 수 있는 다구 및 시설이 있었고, 다례에 대한 원장 선생님과 다른 선생님들의 열의가 대단했다. 유아들이 처음에는 공수의 의미도 잘 모르고, 손 모양도 틀리게 잡았지만, 결국 대부분 공수 인사를 할 수 있게 되었다.</td></tr>
</table>

유아다례교육활동 관련자료

수업 자기평가서

일시	2012년 11월 5일~ 12월 24일	장소	○○어린이집
영역		지도교사	○○○
주제	올바른 다법		

자기평가					
수업준비를 충실히 하였다.	1	2	3	4	⑤
수업목표가 무엇인지 명확히 인식하고 있었다.	1	2	3	④	5
계획한 내용대로 수업을 진행하였다.	1	2	3	④	5
모든 유아들이 수업에 참여할 수 있도록 유도하였다.	1	2	3	4	⑤
유아들에게 적절하게 칭찬과 격려를 하였다.	1	2	3	4	⑤
수업에 적절한 질문을 하고 유아의 요구에 성실히 반응하였다.	1	2	3	④	5
평가를 하고 수업 뒷정리를 하였다.	1	2	3	4	⑤

잘된 점	유아들이 다도를 통해 내적으로 성장할 수 있는 좋은 계기가 된 것 같다.
부족한 점	유아들과 함께 하는 시간이 짧았고, 실습 시간도 다소 부족했다.
특이사항	차는 향과 맛을 음미하며 마신다는 것을 알고 있었고, 자연스럽게 잘 마시는 모습을 볼 수 있었다.

22 실습사례 ㉒

유아교육기관 현장참여 실습일지

날짜	요일	날씨	등원	하원	실습생	지도교사	원장
11월 26일	월	맑음	09시	17시	○○○	○○○	○○○
생활주제	생활예절						
주제	차 생활에 필요한 법도						
목표	유아기 때부터 예절과 규범을 몸에 익혀 신체적, 정서적으로 바른 자세를 기른다.						

시간	유아다례 다도활동내용	유아다례 세부교육활동	자료
10:30 ~ 11:00	대·소집단 활동	1. 공수 : 공손한 손 모양 • 몸을 바르게 하고 서서 손은 배꼽 위치에 가지런히 둔다. • 남아는 왼손이 위로, 여아는 오른손이 위로 오게 하여 포개 잡는다. 2. 인사하기 공수한 자세로 고개 숙여 바르게 인사한다. 3. 자리에 바르게 앉기 • 무릎을 꿇고 허리와 어깨를 바르게 펴고 앉는다. • 공수한 손은 남아는 다리 가운데 두고, 여아는 오른쪽 무릎 안쪽에 둔다. 4. 앉은 자세로 인사하기 바르게 앉은 자세로 인사한다.	
교사의 조언	요즘 바른 자세로 앉아 있는 유아들이 흔치 않은데, 다도 수업에서 바른 자세를 가르쳐 주는 것이 좋았다. 처음으로 하는 다도 수업에 유아들이 많은 관심을 보였다.		
실습 후 느낀 점	손을 가지런히 모아 바르게 서는 바른 자세, 공손하게 인사하며 상대를 존경하는 바른 마음을 갖게 해야겠다.		

유아교육기관 현장참여 실습일지

<table>
<tr><th>날짜</th><th>요일</th><th>날씨</th><th>등원</th><th>하원</th><th>실습생</th><th>지도교사</th><th>원장</th></tr>
<tr><td>11월
27일</td><td>화</td><td>맑음</td><td>09시</td><td>17시</td><td>○○○</td><td>○○○</td><td>○○○</td></tr>
<tr><th>생활주제</th><td colspan="7">차 우리기</td></tr>
<tr><th>주제</th><td colspan="7">차 생활에 필요한 법도</td></tr>
<tr><th>목표</th><td colspan="7">다례수업을 하면서 부모님, 선생님, 친구들에 대한 고마움과 감사함을 알게 한다.</td></tr>
<tr><th>시간</th><th>유아다례
다도활동내용</th><th colspan="5">유아다례 세부교육활동</th><th>자료</th></tr>
<tr><td>10:30
~
11:00</td><td>대·소집단
활동</td><td colspan="5">1. 찻상보 접기
• 공수한 손을 풀어 보자기 가운데로 가서 양쪽 끝으로 나가 접는다.
• 접은 보자기를 무릎 위에 올려놓고 가운데에서 양끝으로 나아가서 당기며 접는다.
• 다시 반으로 접어 양손을 모아 잡고 위로 여미어 옆으로 놓는다.

2. 다구 예열하기
• 주전자를 들어 숙우에 물을 따른다.
• 숙우의 물을 다관에 따른다.
• 다관의 물을 잔에 따른다.

3. 차 우리기
• 차 우릴 물을 숙우에 따른 다음, 다관에 차를 넣고 차 우릴 물을 부어 놓는다.
• 잔을 예열한 뒤, 우려진 차를 잔에 따른다.
• 찻잔을 찻잔 받침 위에 올려 다반에 놓고, 일어나서 원장님과 선생님께 먼저 차를 드린다.
• 원장님과 선생님 앞에 차를 올리고 두 손을 가지런히 모아 “차 드십시오.” 인사하고 물러나 자리에 앉는다.
• 앞 친구와 서로 인사를 나누고 찻잔을 들며 먼저 차의 색을 감상한다.
• 차의 향기를 맡고 차를 마신다.</td><td></td></tr>
<tr><th>교사의
조언</th><td colspan="7">다도를 처음 접하는 유아들에게 다구의 정확한 명칭과 어떻게 사용하는지를 설명하면 더 좋을 것 같다.</td></tr>
<tr><th>실습 후
느낀 점</th><td colspan="7">유아들 앞에 잔을 하나씩 놓아주고 뿌듯해 하는 모습이 보기 좋았다. 작은 손으로 조심스럽게 다구를 다루어 정성을 다해 차를 우려 원장님과 선생님께 차를 드리고, 자리에 돌아와 마주앉은 유아와 인사하고 차를 마시며 차 맛을 익히고 감상해보며 다례를 습득하는 기회를 갖게 한다.</td></tr>
</table>

유아교육기관 현장참여 실습일지

<table>
<tr><th>날짜</th><th>요일</th><th>날씨</th><th>등원</th><th>하원</th><th>실습생</th><th>지도교사</th><th>원장</th></tr>
<tr><td>11월 28일</td><td>수</td><td>맑음</td><td>09시</td><td>17시</td><td>○○○</td><td>○○○</td><td>○○○</td></tr>
<tr><th>생활주제</th><td colspan="7">차 우리기</td></tr>
<tr><th>주제</th><td colspan="7">친구들과 나누어 마시기</td></tr>
<tr><th>목표</th><td colspan="7">차를 통하여 부모님, 선생님, 친구들에 대한 고마움과 감사함을 알게 한다.</td></tr>
<tr><th>시간</th><th>유아다례
다도활동내용</th><th colspan="5">유아다례 세부교육활동</th><th>자료</th></tr>
<tr><td>10:30
~
11:00</td><td>대·소집단
활동</td><td colspan="5">〈친구들에게 우린 차 나누어 주기〉
1. 다관에 물을 부어 다시 차를 우린다.
2. 우려낸 차를 숙우에 부어 친구들의 잔에 따른다.
3. 친구들과 인사를 나눈다.
4. 찻잔을 들어 왼쪽 손바닥에 놓고 오른손으로 감싼 뒤, 색을 감상하고 향을 맡으며 맛을 본다.
(어? 파란색이에요, 노란색이 되었어요!)
5. 더 마시고 싶어 하는 친구들이 많아 다시 차를 우려 마셔본다.</td><td></td></tr>
<tr><th>교사의
조언</th><td colspan="7">요즘 탄산음료 및 주스에 익숙한 유아들이 차를 스스로 우려 마심으로써 입에 익숙하지 않은 차를 좀 더 가깝게 느낄 수 있었던 것 같다. 맛있게 차를 마시는 모습이 보기 좋았다. 유아들이 차를 마시기 전에 교사에게 먼저 드림으로써 선생님을 생각하는 마음을 길러 주는 것 같아 좋았다.</td></tr>
<tr><th>실습 후
느낀 점</th><td colspan="7">유아 스스로 차를 우려 나누어 주는 다례수업은 유아의 자아 성취감 및 자신감 향상에 큰 영향을 주는 것 같다.</td></tr>
</table>

유아교육기관 현장참여 실습일지

날짜	요일	날씨	등원	하원	실습생	지도교사	원장
11월 29일	목	맑음	09시	17시	○○○	○○○	○○○
생활주제	다식 먹기						
주제	차 생활에 필요한 법도						
목표	다례수업을 하면서 부모님, 선생님, 친구들에 대한 고마움과 감사함을 알게 한다.						

시간	유아다례 다도활동내용	유아다례 세부교육활동	자료
10:30 ~ 11:00	대 · 소집단 활동	〈다식 맛보기-딸기 시럽에 조린 연근 다식〉 1. 유아 한 명 한 명에게 다식 접시에 다식을 담아준다. 2. 인사하고 다식을 먹는다. 3. 다식 맛을 느끼게 한다. 4. 맛있다며 "더 주세요." 하는 친구에게 더 맛볼 수 있는 기회를 준다. 5. 차와 다식을 준 친구에게, 그리고 차와 다식을 맛있게 먹은 친구에게 서로 "감사합니다, 고맙습니다."는 인사를 나누고 일어선다. 6. 자리를 정리 정돈하고 마무리한다.	
교사의 조언	색깔이 예쁜 다식에 유아들이 더욱 관심을 가졌고 다식에 대해 다시 한 번 알아보고 어떻게 만드는지를 설명하는 것이 좋았다. 과자보다 몸에 더 좋고 자연 간식이라는 설명을 좀 더 해주면 유아들이 과자보다 더 좋아할 것 같다.		
실습 후 느낀 점	평소 반찬으로 먹은 경험이 있는 재료에 딸기색이 더해져 호기심과 친근함을 준 듯하다. 유아들은 가벼운 마음으로 조심스럽게 먹더니 생각보다 괜찮은 맛이었는지 안심하였고, 하나 더 먹고 싶어 하는 모습이 예뻤다.		

유아교육기관 현장참여 실습일지

<table>
<tr><th>날짜</th><th>요일</th><th>날씨</th><th>등원</th><th>하원</th><th>실습생</th><th>지도교사</th><th>원장</th></tr>
<tr><td>11월
30일</td><td>금</td><td>맑음</td><td>09시</td><td>17시</td><td>○○○</td><td>○○○</td><td>○○○</td></tr>
<tr><th>생활주제</th><td colspan="7">자리 정리하기</td></tr>
<tr><th>주제</th><td colspan="7">차 생활에 필요한 법도</td></tr>
<tr><th>목표</th><td colspan="7">소근육과 대근육 운동 및 협동심과 자아 능력,
그리고 성취감을 향상시키며 자신감을 갖게 한다.</td></tr>
<tr><th>시간</th><th colspan="2">유아다례
다도활동내용</th><th colspan="4">유아다례 세부교육활동</th><th>자료</th></tr>
<tr><td>10:30
~
11:00</td><td colspan="2">대·소집단
활동</td><td colspan="4">〈자리 정리하기〉
1. 찻잔 거두어 모아두기
2. 찻잔 받침 거두어 모아두기
(사각을 잘 정리하여 모아와 여성의 깔끔함과 섬세한 면을 보여주었다.)
3. 포크 모아두기
4. 다식 접시 모아두기
5. 자리 접기
6. 싸개에 싸서 바구니에 넣기</td><td></td></tr>
<tr><th>교사의
조언</th><td colspan="7">찻잔 같은 유리 제품은 조심히 다루어야 한다는 것을 미리 충분히 설명하여 주었고, 스스로 정리해 봄으로써 유아들에게 정리 습관을 길러 주었다.</td></tr>
<tr><th>실습 후
느낀 점</th><td colspan="7">참여 유아 모두 각자 한 가지 활동에 참여하고자 하였다. 자리 접기를 하는 데 혼자가 아닌 네 명이 모여 협동하는 모습을 보니, 어리지만 할 수 있음을 보여주고자 하는 모습을 볼 수 있어 흐뭇했다. 협동하는 모습에서, 참여하고자 적극성에서 미래의 밝은 모습이 보였다.</td></tr>
</table>

일화 기록지

날짜	관찰유아 (성별, 나이)	관찰시간 및 장면	행동관찰	분석
11월 26일	5세	10시 ~ 11시 사회생활 영역	한복을 입은 모습에 관심을 갖고 예쁘다는 반응을 보였으며, 옆에 와서 치맛자락을 만졌다. 공수한 손을 가슴 높이 올리며 귀여운 미소를 지었다. 손을 배꼽 위에 둔다고 하자 자기의 배꼽을 쳐다보며 손의 위치를 고쳐 놓았다. 손을 가지런히 모아 머리 인사하고, 양손을 옆으로 내려 얌전하게 앉아 선생님의 말에 집중하였다.	다도 강사의 옷차림과 예쁜 차 바구니에 관심을 갖는 모습에서 관찰력과 새로운 것에 흥미를 갖는 것을 느낄 수 있었다. 창의적이고 다양한 활동이 흥미를 유발할 수 있음을 보았다.
11월 27일	6세	10시 ~ 11시 인지능력 영역	옆에서 다도 준비를 하는 모습을 지켜보고 있던 유아가 "선생님 우리는 뭐해요?"라고 물었다. 조금 있다가 남녀 대표 유아들이 나눠주는 차를 마셔 볼 거라고 하자, 자신도 차를 우려보고 싶다며 언제 해볼 수 있느냐고 질문하였다.	차 우려 보기에 관심을 갖고 참여하고자 하는 동기를 부여하였다.
11월 28일	7세	10시 ~ 11시 인지능력 영역	차를 나누어 주고 차 맛이 어떠냐고 질문하였다. 바나나 맛, 딸기 맛, 녹차 맛, 나무뿌리 맛이 난다는 유아도 있었고, 맛이 없다는 유아도 있었다. 맛이 없거나 마시기 힘든 유아는 억지로 마시지 않아도 된다고 하자, 한 명은 맛있다며 더 마시고 싶다고 하였다.	차를 우려내 나누면서 배려하기를, 순서를 기다리면서 질서를, 바르게 앉아 마시면서 바른 자세를 익히는 시간이 되었다.
11월 29일	7세	10시 ~ 11시 전통문화 영역	차를 마시고 난 뒤, 연근과 딸기 시럽으로 만든 연근 다식을 유아들에게 나누어 주어 맛보게 했다. "예뻐요.", "꽃 같아요."라고 하며 조심스럽게 깨물어 조금씩 먹는 유아도 있었다. 차와 함께 먹는 이것을 다식이라 한다고 설명하며, 지금 먹는 연근 다식은 연근에 딸기 시럽을 졸여 만든 것임을 알렸다.	새로운 음식을 맛보는 경험을 제공하였다.
11월 30일	7세	10시 ~ 11시 사회생활 영역	두 명의 유아가 찻잔 받침을 반듯하게 모아 앞에 놓았다. "아이고, 예쁘게 모아왔네, 수고했어요."라고 하자, 다른 유아들도 칭찬을 받기 위해 노력하는 모습을 보였다. 다구들이 모두 모아지자 빙 둘러앉아 다구를 싸는 것을 보고, 무엇이든 함께 참여하고자 하는 모습이 대견하였다.	잘 정리하고 난 뒤 칭찬함으로써 유아들의 자신감 향상과 심리적 안정에 도움을 주었다.

수업 자기평가서

일시	2012년 11월 26일(월요일)	장소	○○유치원
영역	사회생활 영역	지도교사	○○○
주제			

자기평가					
수업준비를 충실히 하였다.	1	2	3	4	⑤
수업목표가 무엇인지 명확히 인식하고 있었다.	1	2	3	④	5
계획한 내용대로 수업을 진행하였다.	1	2	3	4	⑤
모든 유아들이 수업에 참여할 수 있도록 유도하였다.	1	2	3	4	⑤
유아들에게 적절하게 칭찬과 격려를 하였다.	1	2	3	4	⑤
수업에 적절한 질문을 하고 유아의 요구에 성실히 반응하였다.	1	2	3	4	⑤
평가를 하고 수업 뒷정리를 하였다.	1	2	3	4	⑤

잘된 점	오방색 다포를 가지고 색깔 놀이를 하면서 각자의 옷이나 양말, 목도리 등에 있는 색과 맞추기를 하며 매우 흥미롭고 즐거운 시간이 되었다. 차를 우리고 나서 차의 색깔이 변함을 익혔으며, 웃어른에게 먼저 차를 대접한 후에 본인이 마시는 차법을 익혀 집에서도 부모님이나 윗사람이 먼저라는 것을 알게 하였다.
부족한 점	다구 이름 익히기와 다구를 다루는 것에 약간의 어려움이 있었다.
특이사항	친구들 앞에 찻잔 받침 놓아주기, 친구들 앞에 찻잔 놓아주기, 차 우려 선생님과 친구들에게 나누어 주기 활동을 했다. 특히 차 우려 보기에 관심이 높아 "다음에는 제가 해 볼래요.", "저도 해 보고 싶어요."라는 유아도 있었으며, "차에서 바나나 맛, 딸기 맛, 옥수수 맛이 나요."와 같이 차 맛을 다양하게 표현하는 것을 볼 수 있었다.

유아교육기관 현장참여 실습일지

<table>
<tr><th>날짜</th><th>요일</th><th>날씨</th><th>등원</th><th>하원</th><th>실습생</th><th>지도교사</th><th>원장</th></tr>
<tr><td>12월
17일</td><td>월</td><td>맑음</td><td>09시</td><td>17시</td><td>○○○</td><td>○○○</td><td>○○○</td></tr>
<tr><th>생활주제</th><td colspan="7">우리나라 전통 민속놀이</td></tr>
<tr><th>주제</th><td colspan="7">전통놀이</td></tr>
<tr><th>목표</th><td colspan="7">옛날 우리의 선조들은 어떤 놀이를 하며 놀았는지를 알아보고 직접 놀아본다.</td></tr>
<tr><th>시간</th><th>유아다례
다도활동내용</th><th colspan="5">유아다례 세부교육활동</th><th>자료</th></tr>
<tr><td>10:30
~
11:00</td><td>대·소집단
활동</td><td colspan="5">1. 딱지치기
• 책표지나 신문지를 접어서 사각 모양으로 딱지를 만든다.
• 만든 딱지 중 한 장은 바닥에, 다른 한 장을 손에 들고 바닥에 있는 것을 쳐서 넘겨지게 한다.
• 팔로 힘껏 쳐 소근육, 대근육 운동이 되며, 넘기고자 하는 승부욕도 갖게 하고, 수를 세 보게 하여 수에 대한 개념도 갖게 한다.

2. 제기차기
• 다리에 올리고 하는 것이 잘 되지 않으므로, 막대기에 줄을 달아 막대를 들어 발에 대고 하나, 둘, 셋 구령을 붙여서 발을 높이 들고 열심히 찬다.
• 전신 운동에 도움이 되며 활동적인 성격을 갖게 한다.

3. 투호 던지기
• 투호를 통에 집어 넣으려 해 보지만 마음만큼 잘 되지 않는다.
• "다시 해보자.", "이전보다는 좀 더 잘 들어가네."라는 격려에 승부욕을 보이며 한 번 더 해보는 모습을 보인다.</td><td></td></tr>
<tr><th>교사의
조언</th><td colspan="7">하루 중 약간의 시간이라도 놀이 시간을 갖게 하여 유아들이 건강해질 수 있도록 하였으면 한다.</td></tr>
<tr><th>실습 후
느낀 점</th><td colspan="7">얼굴이 벌개지도록 열심히 딱지를 치고, 발을 높이 들어 제기도 차 보고, 투호 놀이를 할 때는 통 밖에 떨어진 화살을 다시 주워 모아 던지는 등 열심히 노는 유아들의 모습을 보면서 건강해진다는 것을 느낄 수 있었다.</td></tr>
</table>

유아교육기관 현장참여 실습일지

<table>
<tr><th>날짜</th><th>요일</th><th>날씨</th><th>등원</th><th>하원</th><th>실습생</th><th>지도교사</th><th>원장</th></tr>
<tr><td>12월
18일</td><td>화</td><td>맑음</td><td>09시</td><td>17시</td><td>○○○</td><td>○○○</td><td>○○○</td></tr>
<tr><th>생활주제</th><td colspan="7">우리나라 전통 의상</td></tr>
<tr><th>주제</th><td colspan="7">한복 입어 보기</td></tr>
<tr><th>목표</th><td colspan="7">우리나라의 전통의상이 어떤 것인가를 알려주고, 입어 보게 하며,
언제 입는지에 대해서도 알게 한다.</td></tr>
<tr><th>시간</th><th>유아다례
다도활동내용</th><th colspan="5">유아다례 세부교육활동</th><th>자료</th></tr>
<tr><td>10:30
~
11:00</td><td>대·소집단
활동</td><td colspan="5">1. 한복의 명칭을 알려준다.
(치마, 저고리 버선 등)

2. 입는 순서를 알려주고 한번 입어 보게 한다.
(한복을 입어 봄으로써 명절에 입었던 것을 상기시킨다.)

3. 자리에 바르게 앉기
• 무릎을 꿇고 허리와 어깨를 바르게 펴고 앉는다.
• 공수한 손은 남자는 다리 가운데, 여자는 오른쪽 무릎 안쪽에 두며 바르게 앉는다.
• 예쁜 마음가짐을 갖는다.

4. 앉은 자세로 인사하기
• 바르게 앉은 자세로 인사한다.
• 차도 한잔 마셔 본다.</td><td></td></tr>
<tr><th>교사의
조언</th><td colspan="7">요즘 바른 자세로 앉아 있는 친구들이 흔치 않은데 우리의 전통 한복을 입고 차를 마시며 바른 자세를 해보는 것이 좋았다. 새로운 것에 친구들이 흥미로워하였다.</td></tr>
<tr><th>실습 후
느낀 점</th><td colspan="7">손을 가지런히 모아 바르게 서는 바른 자세, 공손하게 인사하고 상대를 존경하는 바른 마음을 갖게 하였다. 옛날 어른들은 한복을 입고 생활하였음을 알려주었다.</td></tr>
</table>

유아교육기관 현장참여 실습일지

<table>
<tr><th>날짜</th><th>요일</th><th>날씨</th><th>등원</th><th>하원</th><th>실습생</th><th>지도교사</th><th>원장</th></tr>
<tr><td>12월
19일</td><td>수</td><td>맑음</td><td>09시</td><td>17시</td><td>○○○</td><td>○○○</td><td>○○○</td></tr>
<tr><th>생활주제</th><td colspan="7">전통 다과</td></tr>
<tr><th>주제</th><td colspan="7">전통 다과 만들기</td></tr>
<tr><th>목표</th><td colspan="7">옛날 선조들이 즐겨 먹었던 다과가 어떤 것인지를 안다.</td></tr>
<tr><th>시간</th><th>유아다례
다도활동내용</th><th colspan="5">유아다례 세부교육활동</th><th>자료</th></tr>
<tr><td>10:30
~
11:00</td><td>대 · 소집단
활동

역할 분담</td><td colspan="5">1. 밀가루 혹은 쌀가루로 반죽을 한다.
2. 분홍색, 파란색 물을 입혀 반죽한다.
3. 색을 입힌 반죽들을 조금씩 뗀다.
4. 조금씩 뗀 반죽들을 둥글게 만든다.
5. 둥글게 만든 반죽을 다시 틀에 넣는다.
6. 다양한 모양의 다과를 만들어 본다.
7. 만든 다과를 보고 다양한 모양을 함께 관찰한다.
8. 다과를 만들어 본 느낌과 생각에 대해 이야기를 나눈다.</td><td></td></tr>
<tr><th>교사의
조언</th><td colspan="7">유아 스스로가 만든 것이 생각보다 예쁜 모습으로 나오지 않을 때에는, 의욕을 잃지 않도록 만들어진 모양에 의미를 부여해 줌으로써 용기와 자신감을 갖게 한다.</td></tr>
<tr><th>실습 후
느낀 점</th><td colspan="7">빨강, 노랑, 파랑 물이 들어 몰랑하게 반죽이 된 것들을 여러 모양의 틀에 넣어 눌러 보았다. 유아들이 직접 여러 가지의 예쁜 모양으로 만들어 보게 하여 보람과 뿌듯함을 느끼도록 하였는데 효과가 좋은 것 같았다.</td></tr>
</table>

유아교육기관 현장참여 실습일지

<table>
<tr><th>날짜</th><th>요일</th><th>날씨</th><th>등원</th><th>하원</th><th>실습생</th><th>지도교사</th><th>원장</th></tr>
<tr><td>12월
20일</td><td>목</td><td>맑음</td><td>09시</td><td>17시</td><td>○○○</td><td>○○○</td><td>○○○</td></tr>
<tr><th>생활주제</th><td colspan="7">우리나라 전통 차 문화</td></tr>
<tr><th>주제</th><td colspan="7">우리나라 전통 차 문화에 대해 배운다.</td></tr>
<tr><th>목표</th><td colspan="7">차 생활에 필요한 법도를 안다.</td></tr>
<tr><th>시간</th><th>유아다례
다도활동내용</th><th colspan="5">유아다례 세부교육활동</th><th>자료</th></tr>
<tr><td>10:30
~
11:00</td><td>대·소집단
활동

차 우리기</td><td colspan="5">1. 공수-공손한 자세
몸을 바르게 세우고 손은 배꼽 위치에 가지런히 둔다.

2. 인사하기
공수한 자세로 고개를 숙여 바르게 인사한다.

3. 자리에 바르게 앉기
• 무릎을 꿇고 허리와 어깨를 바르게 펴고 앉는다.
• 공수한 손은 남아는 다리 가운데 두고, 여아는 오른쪽 무릎 안쪽에 둔다.

4. 앉은 자세로 인사하기
바르게 앉은 자세로 인사한다.

5. 상보를 걷고 다관을 예열하여 차를 넣어 우린다.
• 우린 차를 선생님께 먼저 가져다 드린다.
• 친구와 인사를 나누고 차를 마신다.
• 다시 차를 우려 친구들에게도 차를 권한다.</td><td></td></tr>
<tr><th>교사의
조언</th><td colspan="7">웃어른을 먼저 섬기는 예법을 알려주어 공손하게 행동하는 몸가짐을 익히고 마음을 평안하게 가질 수 있도록 한 점이 좋았고, 이런 활동을 자주 할 수 있는 기회가 주어졌으면 한다.</td></tr>
<tr><th>실습 후
느낀 점</th><td colspan="7">손을 가지런히 모아 바르게 서는 자세와 공손하게 인사하고 상대를 존경하는 바른 마음을 갖게 한다.</td></tr>
</table>

유아교육기관 현장참여 실습일지

<table>
<tr><th>날짜</th><th>요일</th><th>날씨</th><th>등원</th><th>하원</th><th>실습생</th><th>지도교사</th><th>원장</th></tr>
<tr><td>12월
21일</td><td>금</td><td>맑음</td><td>09시</td><td>17시</td><td>○○○</td><td>○○○</td><td>○○○</td></tr>
<tr><td>생활주제</td><td colspan="7">우리 몸</td></tr>
<tr><td>주제</td><td colspan="7">우리 몸에 유익한 차</td></tr>
<tr><td>목표</td><td colspan="7">차를 마시면 우리 몸과 마음이 건강해짐을 안다.</td></tr>
<tr><td>시간</td><td>유아다례
다도활동내용</td><td colspan="5">유아다례 세부교육활동</td><td>자료</td></tr>
<tr><td>10:30
~
11:00</td><td>대·소집단
활동

차 우려 마시기</td><td colspan="5">1. 맑은 물이 녹색으로 변하는 것을 보고 색깔을 구분할 줄 알게 한다.
2. 향을 맡아 보고 차에는 향기가 있음을 느낀다.
3. 차에는 다양한 맛이 있음을 알게 한다.
4. 잔을 들 때도, 마실 때도 공손한 자세를 취하므로 바른 자세를 익히도록 알려준다.</td><td></td></tr>
<tr><td>교사의
조언</td><td colspan="7">요즘 바른 자세로 앉아 있는 친구들이 흔치 않은데 다도 수업에서 바른 자세를 가르쳐 주는 것이 좋았다.</td></tr>
<tr><td>실습 후
느낀 점</td><td colspan="7">손을 가지런히 모아 바르게 서는 자세와 공손하게 인사하고 상대를 손경하는 바른 나음을 갖게 한다.</td></tr>
</table>

유아다례교육활동 관련자료

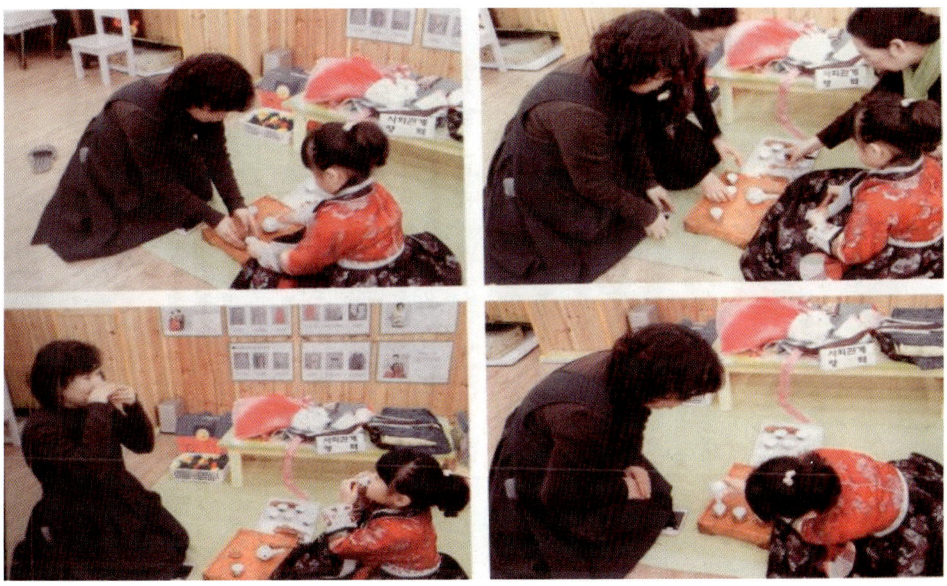

일화 기록지

날짜	관찰유아 (성별, 나이)	관찰시간 및 장면	행동관찰	분석
12월 17일	6세	10:00 ~ 11:00 자유선택 활동 수 개념 익히기	〈제기차기〉 제기 하나로는 잘 차지지 않자 막대에 매달아 놓은 제기로 열심히 찼다. 몸을 돌려가며 반복하여 계속 신나게 놀았다. 〈딱지치기〉 한 유아가 살짝 쳤다가 딱지가 넘어가지 않자 두 번째는 좀 더 세게 쳤다. 그래도 넘어가지 않자 일어서서 다시 힘껏 쳤다. 마침내 넘어갔을 때 기쁜 마음에 폴짝폴짝 뛰었다. 〈투호 던지기〉 아이들이 여러 번 시도해도 화살이 통에 잘 들어가지 않았고, 화살을 다시 주워모아 던지기를 반복하였다. 들어가고 들어가지 않고를 반복해 가면서 점차 횟수가 많아지니 더 열심히 하는 모습을 보였다.	소근육, 대근육을 발달시키며, 유아들과의 친화력을 향상시키고, 또한 활동적인 성격을 형성한다.
12월 18일	7세	10:00 ~ 11:00 대·소집단 활동 우리 전통 의상 한복 입어 보기	한 유아가 한복 속치마를 먼저 입고 치마를 입었는데, 잘 여미지 못해 선생님을 쳐다보며 도움을 청하는 눈길을 보냈다. 치마와 저고리를 입고 명절을 생각하며 즐거운 마음을 갖고 얌전히 앉을 수 있도록 하였다. 한복 입은 모습과 자세가 예쁘다고 하자 수줍은 듯 미소를 지어 보이며 고개를 끄덕인다.	명절에 한복을 입고 어른들께 세배하는 것을 알려주었다.
12월 19일	7세	10:00 ~ 11:00 대·소집단 활동 전통 음식 만들기	여러 가지 색의 반죽을 여러 모양으로 만들어 보는 시간이었다. 유아들이 직접 예쁜 모양으로 만들었다는 것에 신기해 하고 뿌듯해 하는 모습을 볼 수 있었다.	유아들이 직접 만들었음에 성취감과 자신감을 갖게 하였다.
12월 20일	7세	10:00~ 11:00 인지 능력	한 유아가 한복을 곱게 입고 차 자리에 앉았다. 선생님과 인사를 나누고 다구를 예열하고, 차 우릴 물을 숙우에 따르고, 다관에 차를 넣는 등 조금 서툴기는 했지만 조심스럽고 정성을 다하는 모습이 귀여웠다. 숙우에서 다관으로 물을 비울 때 물이 뜨겁다며 손을 오므리는 모습도 볼 수 있었다.	차 우려 보기에 관심을 갖고 참여하고자 하는 동기를 부여하였다.
12월 21일	7세		차를 우려 선생님께 먼저 따라 드리고, 친구의 잔에도 차를 부어준 다음 자신도 왼쪽 손바닥에 올려놓고 차를 마셨다. 차 맛이 어떠냐는 질문에 "풀뿌리, 나무뿌리 냄새가 나요."라며 씩 웃었다. 집에서도 먹어 본 맛이라고 했다.	손윗사람을 존경하는 마음가짐과 자세를 가지게 하였다.

수업 자기평가서

일시	2012년 12월 17일(월요일)	장소	○○어린이집
영역	사회생활 영역	지도교사	○○○
주제	우리나라의 전통생활		

자기평가					
수업준비를 충실히 하였다.	1	2	3	4	⑤
수업목표가 무엇인지 명확히 인식하고 있었다.	1	2	3	④	5
계획한 내용대로 수업을 진행하였다.	1	2	3	4	⑤
모든 유아들이 수업에 참여할 수 있도록 유도하였다.	1	2	3	4	⑤
유아들에게 적절하게 칭찬과 격려를 하였다.	1	2	3	4	⑤
수업에 적절한 질문을 하고 유아의 요구에 성실히 반응하였다.	1	2	3	4	⑤
평가를 하고 수업 뒷정리를 하였다.	1	2	3	4	⑤

잘된 점	차와 관련된 다양한 놀잇감이 준비되어 있어 유아 각자가 원하는 놀이를 흥미롭게 할 수 있어 좋았다. 차를 우리고 나서 차색이 변함을 유아들이 익혔으며, 웃어른에게 먼저 차를 대접한 후에 본인이 차를 마시는 차 예법을 익혀 집에서도 부모님이나 윗사람이 먼저라는 것을 알게 하였다.
부족한 점	다구 이름 익히기와 다구를 다루는 것에 약간의 어려움이 있었다.
특이사항	제기차기를 할 때 다른 도구 없이 제기만 가지고 제기차기를 하는 것은 잘 되지 않아 막대에 끈으로 묶어 놓은 것으로만 차게 하였다.

제 2 장

그 외 실습자료

1) ○○어린이집
2) ○○몬테소리 스쿨
3) ○○어린이집
4) ○○어린이집
5) ○○어린이집
6) ○○어린이 법회
7) ○○어린이 포교원
8) ○○성당
9) ○○어린이 어학원
10) ○○유치원
11) ○○어린이집
12) ○○유치원
13) ○○어린이집
14) ○○어린이집
15) ○○병설유치원
16) ○○유치원

01 ○○어린이집

유아다례교육활동 관련자료	
일시 : 2012.09.03~2012.09.28	실습생 : ○○○
 음악을 틀면 눈을 감고 차 명상하기	 모양 맞추기 활동 및 차 우려서 접대하기
 주문 카드 읽고 적기, 그림 색감 맞추기	 신농 할아버지 이야기

투호 놀이와 딱지치기

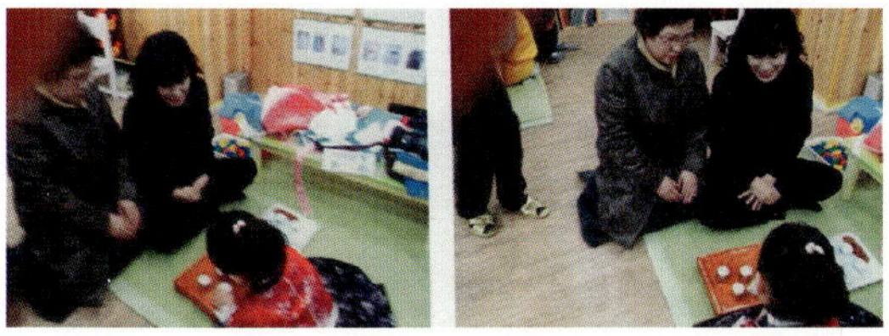

차 우리기

다례 활동

다례 활동 관련 도구

유아다례교육활동 관련자료	
일시 : 2012.10.25~2012.10.31	실습생 : ○○○

〈우리나라 전통 다식〉

• 목표

우리나라 전통 다식의 종류와 활용법에 대해 알아본다.

• 내용

- 밀가루 점토를 다양한 색깔로 반죽하여 다식을 만든다.
- 평소 유아들이 만들어 보고 싶어 하던 모양으로도 만든다.
- 자유롭게 반죽하며 촉감을 느끼고, 즐겁게 활동한다.

〈한복 바르게 입기〉

• 목표

한복 바르게 입기

• 내용

- 한복 입는 방법, 절하는 방법을 배운다.
- 한복을 입고 바르게 방석에 앉는다.

〈다구 명칭 노래 부르기〉

• 목표

노래를 부르며 다구 명칭 알기

• 내용

- 다구 세트의 명칭이 익숙하지 않으므로, 아는 노래에 접목하여 부른다.
- 음률 영역에 다구 명칭 가사를 비치해 두고 자유롭게 활동해 볼 수 있도록 한다.

유아다례교육활동 관련자료

일 시 : 2012.11.20~2012.11.23	실습생 : ○○○

한복 바르게 입기

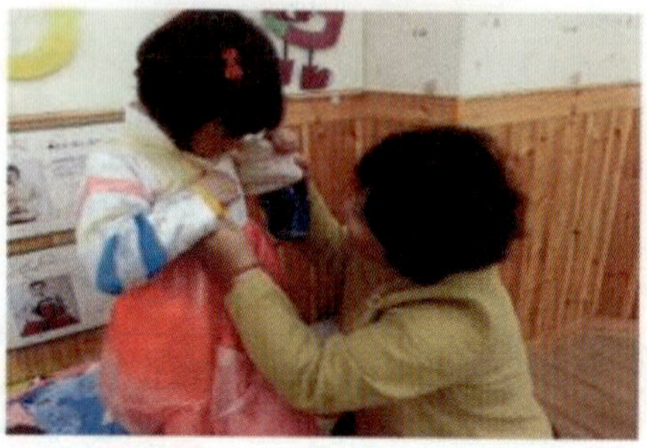

〈우리의 옷 한복 입기〉

• 목표

우리나라 고유의 전통 한복에 대해 알아보고, 전통 예절의 소중함을 알게 한다.

• 내용

- 우리나라의 전통 의상인 한복의 각 부분 이름 알기
- 한복을 입는 방법과 입는 순서에 대해 이야기 나누고, 순서에 맞게 입기
- 한복을 입고 바르게 방석에 앉기
- 한복을 입고 바르게 인사하기
- 한복을 입고 자유롭게 역할놀이 하기

〈차(茶)란 무엇일까?〉

• 목표

두 손을 모아서 차를 마심은 나를 존귀하게 생각하는 것이다. 나는 귀중하다. 그러므로 우리 몸을 건강하게 잘 지킨다.

• 내용

- 차가 생긴 유래에 대해서 안다(신농 설화).
- 그림판을 보며 다구 세트, 다구 명칭을 알아본다.
- 좋은 음식과 나쁜 음식에 대해 이야기한다.
- 다구 명칭 노래 부르기

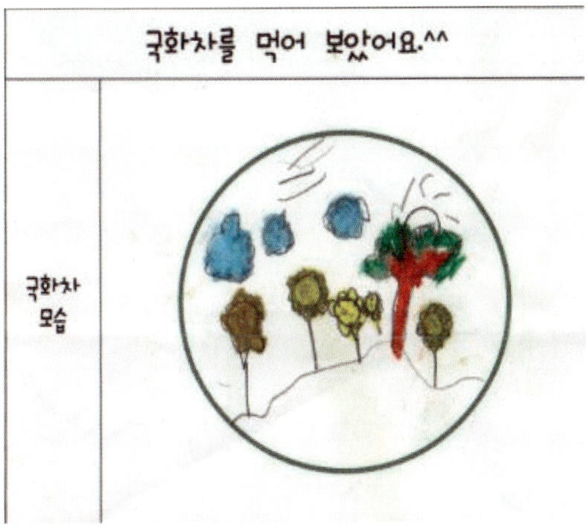

- 국화차 우려 마시기
- 국화차 마시기, 다양한 역할 영역 활동하기

〈내가 만든 전통 다식〉

• 목표

자연 재료로 직접 만들어 보는 전통 다식에 대한 관심과 내가 만든 작품에 대한 자기 효능감을 가지게 한다.

• 내용

- 밀가루 점토를 이용하여 다양한 모양의 다식을 만든다.
- 전통 다식의 종류와 다식판의 문양에 대한 의미를 알아본다.
- 유아들이 직접 다식을 만들어 볼 수 있도록 한다.
- 밀가루 반죽으로 다양한 활동을 해 볼 수 있도록 한다.
- 다양한 모양 틀을 사용한다.
- 자신이 만든 다식을 선물한다.

<table>
<tr><th colspan="2">유아다례교육활동 관련자료</th></tr>
<tr><td>일시 : 2012.11.23~2012.12.18</td><td>실습생 : ○○○</td></tr>
<tr><td>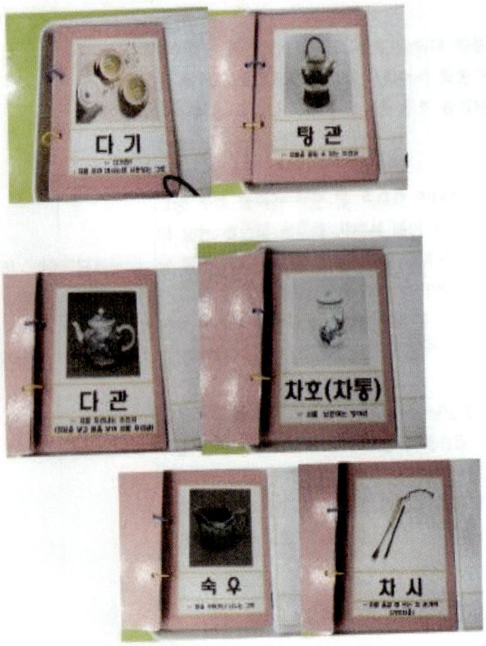
</td><td>〈다구 명칭 알아보기〉
• 목표
차를 우릴 때 필요한 다구 명칭을 알아본다.
• 내용
- 다구 명칭 노래를 불러본다.
- 산토끼 노래에 맞춰 다구 명칭을 노래로 개사해 불러본다.
- 익숙해지기 시작할 때 다구들을 함께 만지면서 놀이를 통해 익힐 수 있도록 활동한다.</td></tr>
<tr><td>전통 놀이중 제기차기와 투호놀이

</td><td>〈전통놀이를 잘할 수 있다.〉
• 목표
우리나라의 전통놀이를 잘할 수 있도록 함께 한다.
• 내용
- 몸을 움직여서 활동하는 전통놀이를 실시한다.
- 투호 놀이와 제기차기 놀이를 한다.
- 화살을 한 명 한 명 바르게 잡고 던진다.
- 제기가 바닥에 쉽게 떨어지는 것을 방지하기 위해 막대에 실로 묶어서 차게 한다.
- 순서에 맞게 놀이 방법을 이해시키고 즐겁게 참여한다.</td></tr>
</table>

점토로 다식 만들어 보고 검은깨 옷입히기

〈점토 놀이〉

• 목표

점토 놀이를 잘할 수 있게 한다.

• 내용

- 밀가루 점토를 이용해서 다양한 모양의 다식을 만든다.
- 한 가지 모양을 반복하기보다 여러 가지 모양을 만들게 분단을 나누어 활동한다.
- 동그란 모양에 깨를 묻혀 보기도 한다.
- 다식은 차를 마실 때 먹는 과자임을 설명한다.
- 다양한 틀에 찍어 보고, 함께 만들어 본다.
- 자유롭고, 창의롭게 만들 수 있도록 한다.

퍼즐 맞추기

〈여러 가지 퍼즐 맞추기〉

• 목표

퍼즐 맞추기를 하면서 차에 관한 도구들을 쉽게 알게 한다.

• 내용

- 다포 퍼즐 맞추기
- 차를 마셔 본 경험에 대해 이야기를 나누며, 차 마실 때 필요한 도구들을 이야기 한다.
- 다포 퍼즐을 준비해, 어떤 곳에 쓰는지 용도를 알아본다.
- 다포 퍼즐(뒷면에 숫자를 적어 둠)을 끝까지 할 수 있도록 한다.

한복 입기	한복 입고 차 우리기

〈우리나라 옷 한복〉

• 목표

우리나라의 전통 한복을 입어보고 소중함을 안다.

• 내용

- 한복의 명칭을 바르게 알고 입는다.
- 한복 입는 순서를 안다.
- 고름을 바르게 묶는 방법을 배운다.
- 한복 입고 공수하여 바르게 서는 방법을 안다.
- 한복을 입고 차를 따르는 방법을 안다.
- 한복을 입고 역할놀이(다구를 이용)를 한다.

유아다례교육활동 관련자료

일시 : 2012.12.18~2012.12.21	실습생 : ○○○

〈우리나라의 차 생활 알기〉

• 목표

우리나라 전통 문화 속에서 이어지고 있는 차 문화에 대해 안다.

• 내용

- 다구 세트를 보고 만지며 명칭에 대해 이야기 나누기
- 다구 세트의 쓰임에 대해 알아보고, 놀이하기

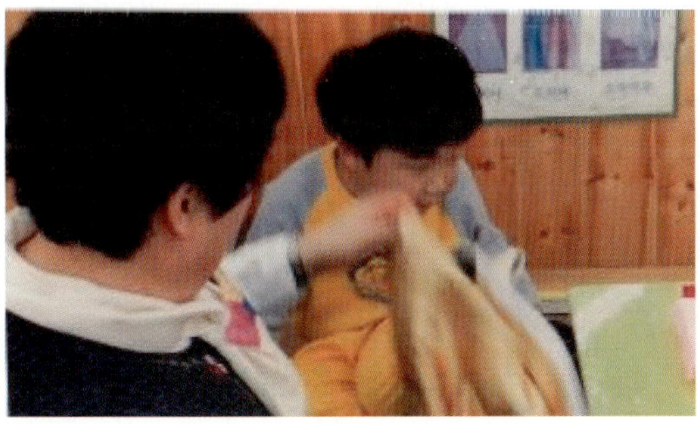

〈한복 바르게 입기〉

• 목표

혼자서 한복 입기

• 내용

- 혼자서 한복 바르게 입기
- 한복 입고 역할놀이 하기
- 한복에 대해 부모님과 이야기 나누기
- 순서에 맞게 한복을 입고, 방석에 바르게 앉기

〈우리나라의 차 생활 알기〉

• 목표

살고 있는 오늘날의 차 문화에 대해 안다.

• 내용

- 아이들이 잘 알고 있는 산토끼 동요에 맞춰 다구 명칭을 개사한 노래를 부르게 한다.
- 개사한 다구 명칭 노래에 맞춰 불러 보며 익숙해지게 한다.

〈전통 문화유산 속의 차 문화〉

• 목표

차 문화가 현실 속에서 이어지는 형태에 대해 안다.

• 내용

- 녹차에 대한 이야기를 먼저 들려준다.
- 차를 돌려가며, 녹차의 향을 느끼게 한다.
- 다구 노래를 다 같이 부르는 동안 녹차를 우려내고, 색, 향을 느껴보게 한다.
- 차에 대해 이야기를 해 보며 마신다.
- 아이들이 직접 차를 우려 보도록 하고 맛을 비교한다.
- 직접 우린 차의 색을 비교하고, 녹차의 양 조절에 대해 이야기한다.

02 ○○몬테소리스쿨

유아다례교육활동 관련자료	
일시 : 2012.11.15~2012.11.21	실습생 : ○○○, ○○○, ○○○, ○○○

〈실습내용〉

- 11월 15일 : 다도 체험 – 차를 우려 마시는 법
- 11월 19일 : 율동 – 손가락 체조
- 11월 20일 : 다도 체험 – 차의 효능
- 11월 21일 : 다도 체험 및 율동 – 몸에 좋은 차, 율동

03 ○○어린이집

유아다례교육활동 관련자료	
일시 : 2012.11.13~2012.12.24	실습생 : ○○○

〈실습 내용〉

- 예절 교육 : 절하는 법, 차 자리 예절
- 차 우리는 법 : 차 우려서 마시기
- 차 마시는 법
- 생각하는 시간 갖기
- 놀이

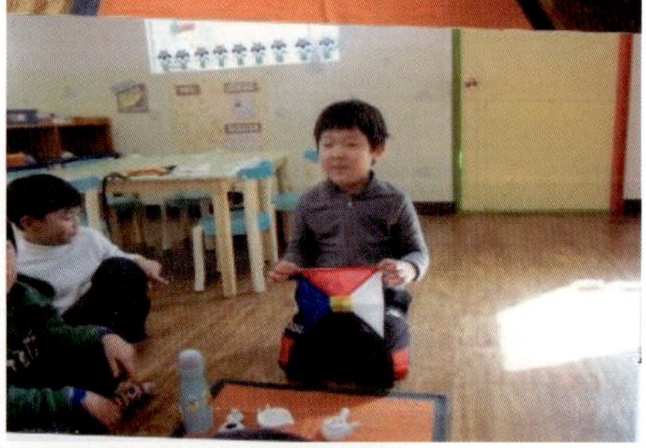

04 ○○어린이집

유아다례교육활동 관련자료	
일시 : 2012.10.18~2013.01.10	실습생 : ○○○, ○○○

05 ○○어린이집

유아다례교육활동 관련자료	
일시 : 2012.12.10~2012.12.24	실습생 : ○○○, ○○○

〈실습 내용〉

- 12월 10일 – 찻잎 보기, 차 마시기 : 인근에 있는 차나무 가지를 따서 보여주고, 만지게 하며 생찻잎을 맛보게 한다.
- 12월 11일 – 찻잔 보여주기, 차 마시기 : 다관과 숙우, 찻잔 등을 만지게 하고 용도를 설명한다.
- 12월 13일 – 차 우리기, 마시기 : 유아들이 직접 차를 우려 보게 한다.
- 12월 14일 – 차 효능 말하기 : 녹차에 약효가 있음을 안다.
- 12월 24일 – 가루차 마시기 : 가루차를 직접 만들어 마신다.

12/24. 차선과 차시 사용하여 가루차 마시기.
지성이가 완성한 가루차입니다.
햇살반 친구 → 모두 신기하고 신이 납니다.
각자 만든 "가루차"를 마시면서 이야기 해요.
제일 신난 지성이

06 ○○어린이법회

유아다례교육활동 관련자료	
일시 : 2012.09.16~2012.12.23	실습생 : ○○○

〈실습 내용〉

〈1회차 : 차의 정의, 차의 유래, 차나무의 모양과 종류〉

- 차를 주제로 한 마인드맵으로 차에 대한 동기 부여를 갖는다.
- 차를 경험하거나 접해 본 기억을 떠올리고 이야기 나누기를 한다.
- 차나무의 품종, 자연 조건, 분포 지역, 형상 등을 간단하게 이해한다.
- 퀴즈를 통해 차의 정의와 유래 등을 전반적으로 이해하고 있는지 확인한다.

〈2회차 : 다도 체험〉

- 다도와 관련된 도구를 이용하여 만져보고 관찰한다.
- 다구의 명칭과 사용법을 배운다.
- 차를 마시며 순서대로 다법을 배운다.
- 직접 차를 우려서 마셔보고 친구와 선생님께 차를 대접한다.

〈3회차 : 다도 문화 속 에티켓, 다도 예절 실습〉

- 차 마시기 전의 예절 : 기본적인 태도와 자세를 배운다(바른 자세와 마음가짐).
- 차 마실 때의 예절 : 조금씩 3번 나누어 조용히 마신다.
- 차 마신 후의 예절 : 도구 정리 및 마무리, 차의 맛 느끼기, 반성하기
- 두 사람씩 짝을 지어 차를 우려 배운 내용을 실습해 보며, 친구가 잘한 점과 잘못한 점에 대해 이야기 한다.

〈4회차 : 다도를 통한 명상과 놀이〉

- 1단계 : 명상의 정의
- 2단계 : 명상하는 법
- 3단계 : 명창 체험

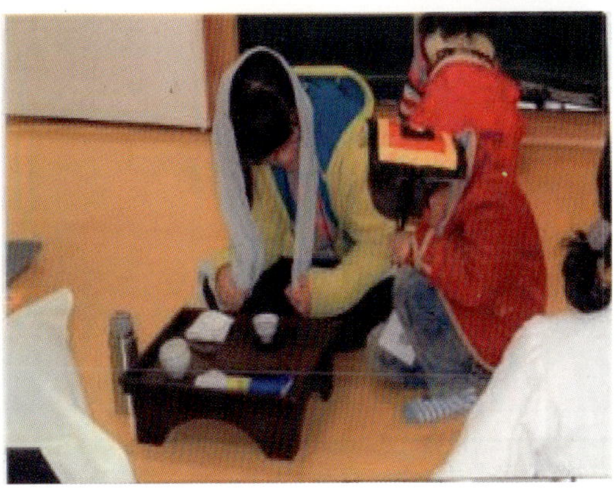

07 ○○어린이포교원

유아다례교육활동 관련자료	
일시 : 2012.08.26~2012.11.18	실습생 : ○○○

〈실습 내용〉

〈1일차 : 다도에 필요한 도구 접하기〉

- 다도에 필요한 다구의 이름을 알고 만져 보는 시간을 갖는다.

〈2일차 : 예절 교육〉

- 바르게 인사하기, 바른 자세로 앉기(공수로 개별 인사 나누며 친해지기)
- 차나무에 대해 알아보기

〈3~4일차 : 명상하기〉

- 직접 차를 우려서 마셔보고 친구들에게 나눠주기
- 오방 다포를 이용한 명상 다법 체험하기, 편안한 자세로 명상하기

08 ○○성당

유아다례교육활동 관련자료	
일시 : 2012.11.24~2012.12.15	실습생 : ○○○

〈실습내용〉

- 녹차를 맛보고 구경시키면서 녹차에 대해 설명한다.
- 말차를 격불하여 보는 기회를 가진다.
- 차 맛을 보고 어떤 맛인지 말해보는 시간을 가진다.
- 다식의 흥미로운 점과 신기한 점에 대해 질문하고 이야기한다.
- 다화에 대해서 안다.

09 ○○어린이어학원

유아다례교육활동 관련자료	
일시 : 2012.12.15	실습생 : ○○○

〈실습내용〉

- 차나무가 자라는 밭 사진을 보여주면서 차나무를 설명하고, 차 밭 주위 환경을 설명한다.
- 미리 만들어진 차를 보여주고, 만져보게 한다.
- 차를 우려내어 유아들 앞에 찻잔과 다식을 차려준다.
- 유아들이 차를 마시고 나서 느낌을 자유롭게 표현할 수 있게 한다.
  (예 : 차 맛이 써요, 차가 뜨거워요, 차가 맛이 없어요, 맛있어요, 재미있어요 등)

10 ○○유치원

유아다례교육활동 관련자료	
일시 : ○○○○. ○○. ○○.	실습생 : ○○○

〈실습 내용〉

- 다도 예절에 대해 이야기한다(첫째는 조용, 둘째는 질서, 셋째는 건강).
- 책상에 동그랗게 모여 앉아 다기를 준비한다.
- 다도에 대해 이야기한다.
- 차를 우려내는 과정을 설명하고 시범을 보인다.
- 다식의 의미와 만드는 법에 대해 이야기한다.
- 콩가루와 물엿을 섞어 다식을 만들고, 틀에 찍어 본다.
- 만든 다식을 맛본다.
- 다기를 정리하고 느낀 점을 이야기한다.

11 ○○어린이집

유아다례교육활동 관련자료	
일시 : 2012.09.04~2012.09.25	실습생 : ○○○

〈실습내용〉

- 차 마시는 법에 대해 배운다.
- 어떤 것을 차라고 할까?
- 그릇의 쓰임새에 대해 안다.
- 왜 물이 뜨거워야 할까? 온도의 개념을 배운다.
- 차를 우리거나 마실 때 함부로 해서는 안 되는 이유는?
- 맛에 대한 느낌을 이야기한다.
- 차가 몸에 좋은 이유를 안다.
- 차는 향이 있을까? 맛은? 색은 어떠한가?
- 우리의 차와, 찻잎의 모습을 만져보고 먹어본다.

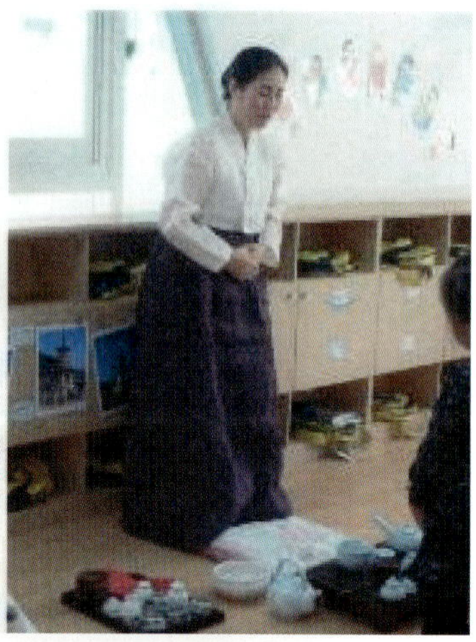

12 ○○유치원

유아다례교육활동 관련자료	
일시 : 2012.10.24~2012.11.23	실습생 : ○○○

〈실습 내용〉

〈1회차〉

- 선조들의 차 이야기
- 차 만드는 과정에 대한 설명
- 녹차와 대용차
- 녹차의 약리 작용과 효과

〈2회차〉

- 다기의 명칭
- 다포 접는 법
- 다식의 종류

〈3회차〉

- 명상하기
- 손님맞이
- 차 우리기
- 차 맛보기
- 차 내기

〈4회차〉

- 부모님 다도 참관 수업 연습
- 정리 정돈
- 인사

유아다례교육활동 관련자료	
일시 : 2012.10.31~2012.11.19	실습생 : ○○○, ○○○

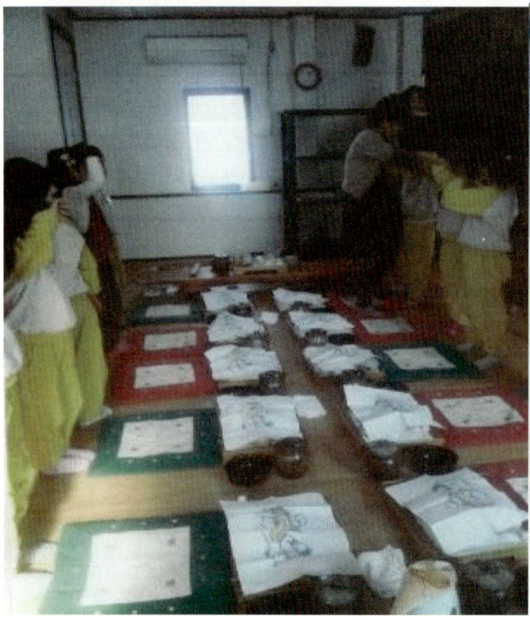

13 ○○어린이집

유아다례교육활동 관련자료	
일시 : 2012.11.30	실습생 : ○○○

〈방석 예절, 찻잔 잡는 법〉

- 주제 : 예절과 유아 명상 다례
- 목표 : 방석에 앉을 때 유의할 점과 찻잔을 처음 잡아보는 느낌에 대해 안다.
- 실습내용
  - 방석을 밟거나 함부로 다루지 않는다.
  - 찻잔은 두 손을 모르고 엄지손가락이 찻잔에 들어가지 않게 잡는다.
  - 찻잔을 잡아보는 느낌을 그림으로 표현한다.

초코렛
모자
다식
녹 차
다식
다식 접시
장미

14 ○○어린이집

유아다례교육활동 관련자료	
일시 : 2012.09.17~2012.10.18	실습생 : ○○○

15 ○○병설유치원

유아다례교육활동 관련자료	
일시 : 2012.10.08~2012.12.28	실습생 : ○○○

〈실습내용〉

1. 오방 다포 놀이하기
   - 색종이를 나누어 주고 색종이 위에 희망을 적게 한다.
   - 희망을 적은 색종이로 공 만들기를 한다.
   - 오방색 보자기를 펼쳐 놓은 다음 만든 희망 공을 던진다.
   - 오방 다포에 대한 설명
     봄, 여름, 가을, 겨울, 동서남북, 따뜻하고 차가움, 밝고 어두움에 대해 설명한다.
   - 오방 다포에 공 던지기 놀이를 하며 집중력을 키운다.

2. 차 우리기 활동
   - 물을 다관에 아주 천천히 붓는다.
   - 차를 우려낼 때에는 항상 예열을 해야 맛이 좋다는 것을 설명한다.
   - 차의 모양, 우려낸 다음의 색깔, 우려진 찻잎을 살펴본다.
   - 차의 향, 맛, 색을 설명한다.
   - 차의 따뜻함에 대해서 설명한다.

16 ○○유치원

유아다례교육활동 관련자료	
일시 : 2012.12.04~2012.12.13	실습생 : ○○○, ○○○, ○○○, ○○○, ○○○, ○○○

〈실습 내용〉

1. 오방 다포
   - 오방 다포에 대해 설명한다.
     검정(북쪽, 밤), 파랑(동쪽, 아침), 빨강(남쪽, 점심), 흰색(서쪽, 저녁), 노랑(중앙)
   - 오방 다포를 이용하여 하루 동안 있었던 일에 대한 자기 반성과 자기 칭찬을 한다.
   - 편하게 앉아 오방 다포를 오른쪽으로 돌리면서 칭찬 릴레이를 한다.
   - 반성 릴레이가 끝나면 반성의 시간을 갖는 의미로 잠시 동안 꿇어 앉은 후, 칭찬 릴레이를 실시한다.

2. 투호 놀이
   - 젓가락은 끝을 예쁜 헝겊으로 씌우고, 휴지통은 안과 밖에 색종이를 붙여 꾸민다.
   - 투호 놀이에 대해 설명한다.
   - 차례대로 나와서 투호 던지기를 한다.
   - 처음에는 가까운 거리에서 시작하다가 점차 거리를 늘여 나간다.
   - 유아들과 함께 투호놀이를 하여 가장 잘한 두 명을 뽑아 월계관을 씌워준다.

3. 차와 다식
   - 차를 마시는 예절, 차를 마시는 방법, 다식 먹는 방법에 대해 배운다.
   - 준비된 찻상에 다구들과 함께 차를 우리는 활동을 전개한다.
   - 선생님이 우려주신 차를 다식과 함께 먹는다.
   - 유아들이 직접 차를 우려 본다.
   - 차 우리기 활동을 통해 접해 보지 못했던 부분들을 설명한다.
   - 차에 대한 서로의 느낌을 공유한다.

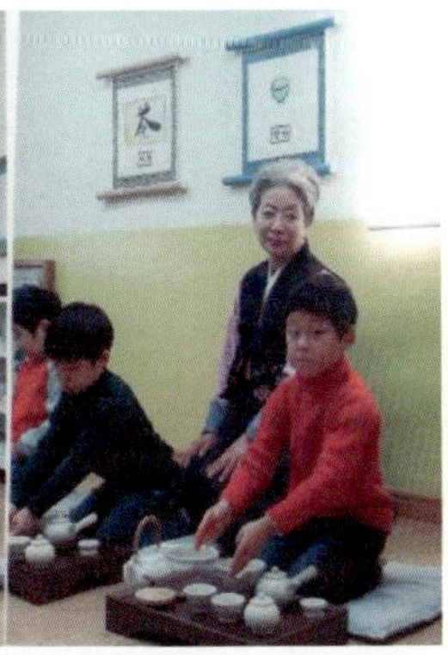

제 3 장

유아다례교육 응용과 다양한 차 자리

유아다례교육활동 관련자료

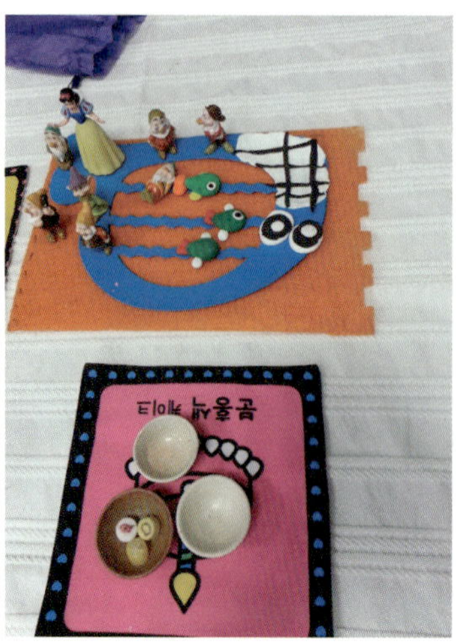

멍멍 강아지
야옹야옹 고양이
삐악삐악 병아리

꽥꽥 오리
삐악삐악 병아리

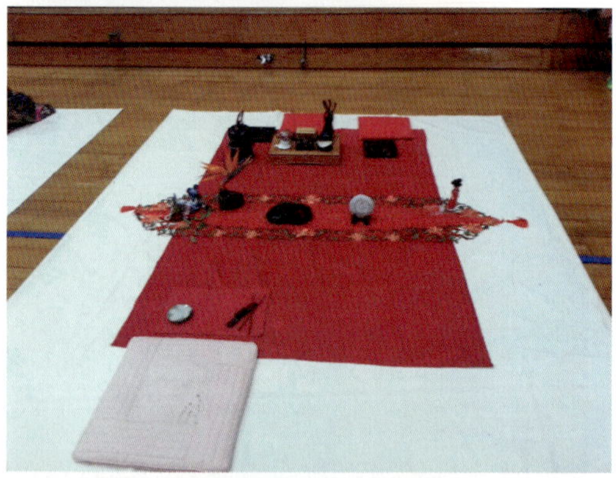

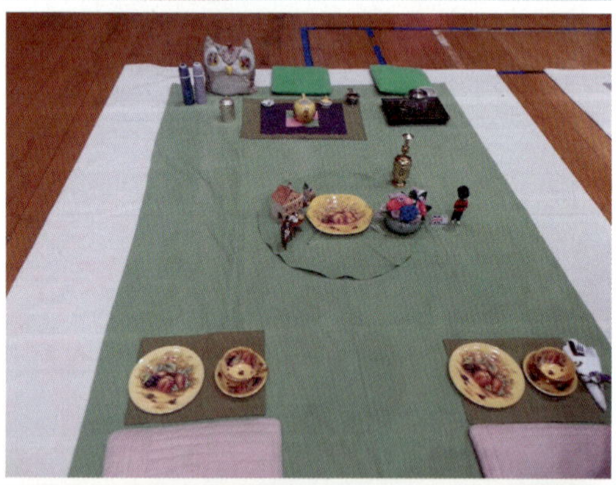

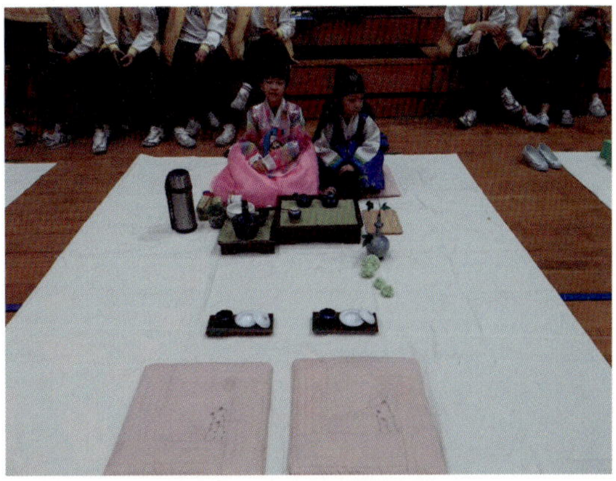

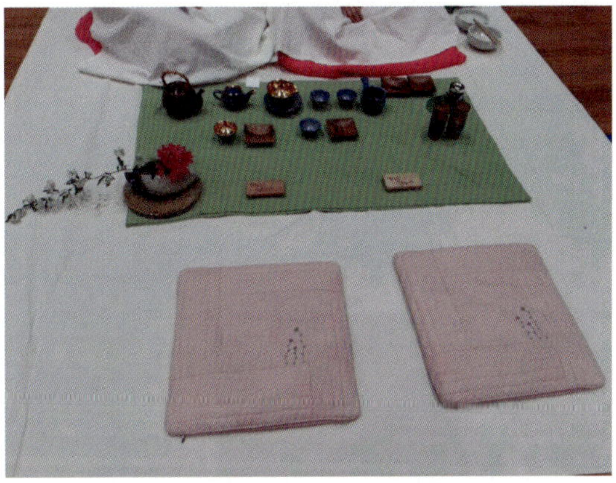

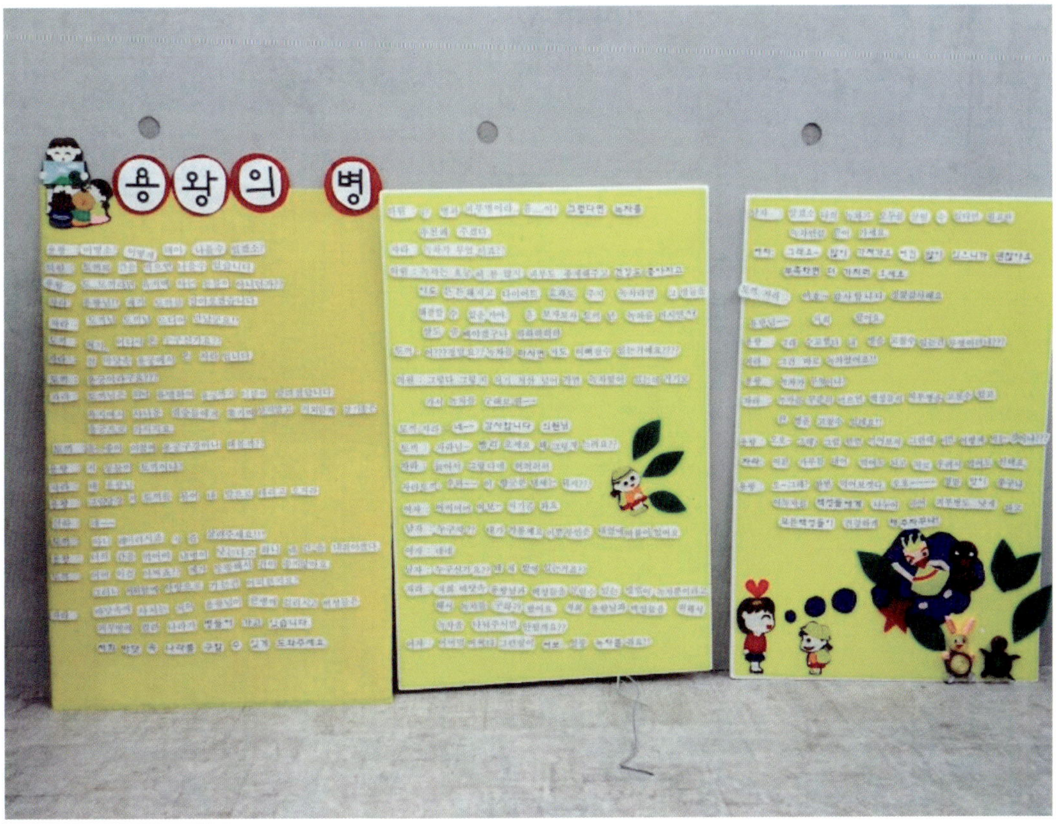
용왕의 병

백설공주와
녹차
옛날, 어느 나라에 아름다웠지만 마음씨 나쁜 새 왕비와
아름답고 착한 공주가 살았어요.
새 왕비는 무엇이든 대답해주는 마법의 거울에게
물었어요. "거울아, 거울아, 이 세상에서 누가
제일 예쁘니?" 거울이 대답했어요.
"왕비님도 예쁘지만 백설 공주 님보다는 못할걸요."
질투심으로 얼굴이 빨갛게 달아오른 왕비는 곧
사냥꾼을 불러 명령했어요. "아무도 모르게 백설 공주를
숲으로 데려가 죽여라!" 사냥꾼은 백설 공주를 숲속으로
데려갔지만 공주님을 차마 죽일 수가 없었지요.
"공주님, 어서 도망가세요. 그리고 다시는 성으로 돌아오지
마세요." 사냥꾼은 공주를 놓아주었어요. 백설공주는
정신없이 깊은 숲 안쪽으로 달아났고, 그 곳엔 오두막집이
있었어요. 그 오두막은 일곱 난쟁이의 집이었지요.
정신없이 달아나 피곤한 백설 공주는 그만 침대에 가로누워
잠이 들었어요. 얼마 후 시끌시끌 한 소리에 백설 공주는
잠을 깼어요. 일곱 명의 난쟁이가 백설 공주를 에워싼
채 내려다보고 있었어요. "아름다운 아가씨는 어디서
온 누구세요?" 난쟁이의 말에 백설공주는 지난 일들을

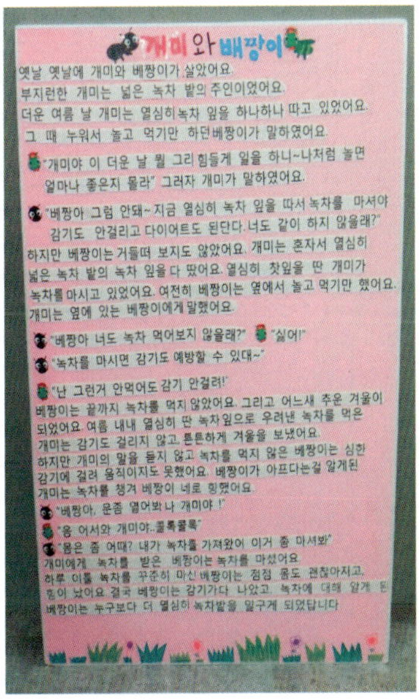
개미와 배짱이
옛날 옛날에 개미와 베짱이가 살았어요.
부지런한 개미는 넓은 녹차 밭의 주인이었어요.

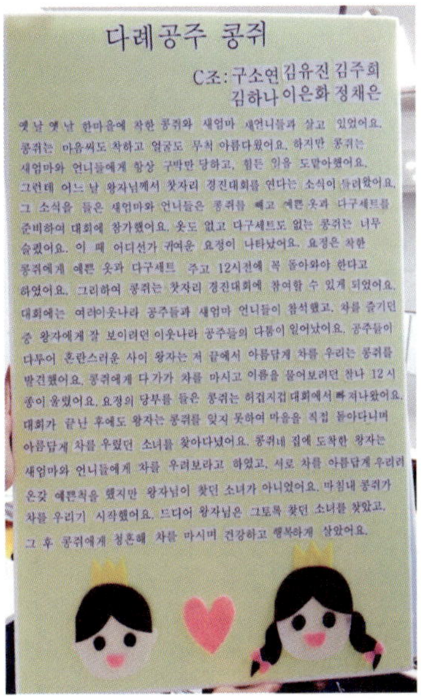
다례공주 콩쥐
C조: 구소연 김유진 김주희
김하나 이은화 정채은

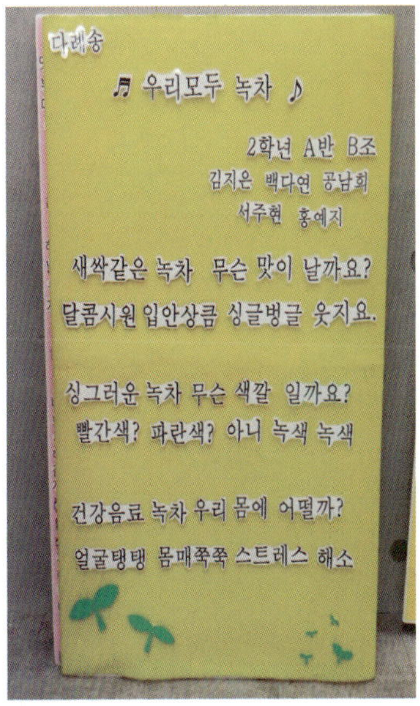
다례송
♬ 우리모두 녹차 ♪
2학년 A반 B조
김지은 백다연 공남희
서주현 홍예지
새싹같은 녹차 무슨 맛이 날까요?
달콤시원 입안상큼 싱글벙글 웃지요.
싱그러운 녹차 무슨 색깔 일까요?
빨간색? 파란색? 아니 녹색 녹색
건강음료 녹차 우리 몸에 어떨까?
얼굴탱탱 몸매쭉쭉 스트레스 해소

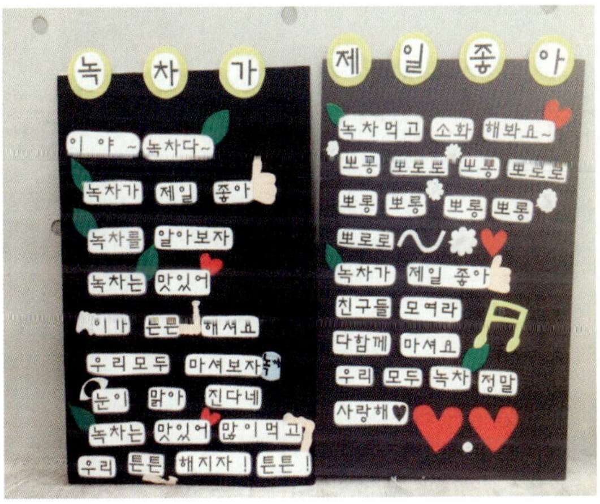
녹 차 가 제 일 좋 아
이야~ 녹차다~
녹차가 제일 좋아
녹차를 알아보자
녹차는 맛있어
이가 튼튼 해져요
우리 모두 마셔보자
눈이 맑아 진다네
녹차는 맛있어 많이 먹고
우리 튼튼 해지자! 튼튼!
녹차먹고 소화 해봐요~
뽀롱 뽀로로 뽀롱 뽀로로
뽀롱 뽀롱 뽀롱 뽀롱
뽀로로~
녹차가 제일 좋아
친구들 모여라
다함께 마셔요
우리 모두 녹차 정말
사랑해

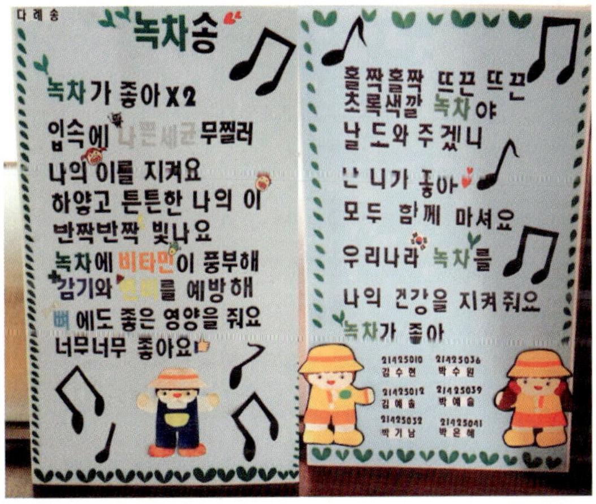
다례송
녹차송
녹차가 좋아X2
입속에 나쁜세균 무찔러
나의 이를 지켜요
하얗고 튼튼한 나의 이
반짝반짝 빛나요
녹차에 비타민이 풍부해
뼈에도 좋은 영양을 줘요
너무너무 좋아요
홀짝홀짝 뜨끈뜨끈
초록색깔 녹차야
날 도와 주겠니
난 니가 좋아
모두 함께 마셔요
우리나라 녹차를
나의 건강을 지켜줘요
녹차가 좋아

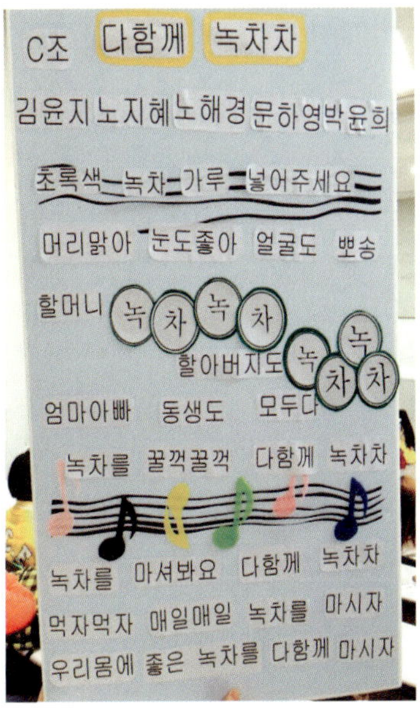
C조 다함께 녹차차
김윤지 노지혜 노해경 문하영 박윤희
초록색 녹차 가루 넣어주세요
머리맑아 눈도좋아 얼굴도 뽀송
할머니 녹차 녹차
할아버지도 녹차차
엄마아빠 동생도 모두다
녹차를 꿀꺽꿀꺽 다함께 녹차차
녹차를 마셔봐요 다함께 녹차차
먹자먹자 매일매일 녹차를 마시자
우리몸에 좋은 녹차를 다함께 마시자

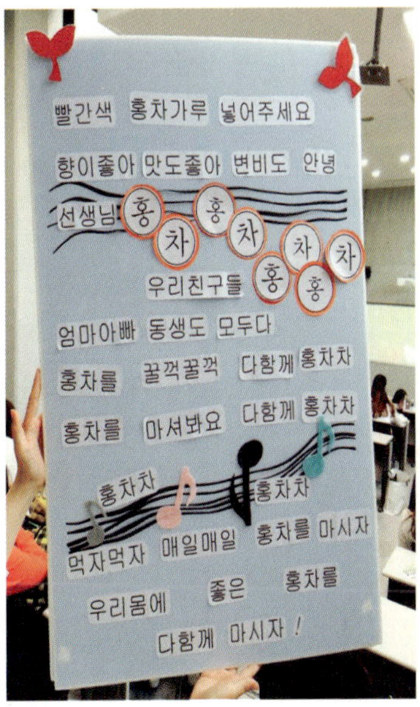
빨간색 홍차가루 넣어주세요
향이좋아 맛도좋아 변비도 안녕
선생님
우리친구들
엄마아빠 동생도 모두다
홍차를 꿀꺽꿀꺽 다함께 홍차차
홍차를 마셔봐요 다함께 홍차차
홍차차 홍차차
먹자먹자 매일매일 홍차를 마시자
우리몸에 좋은 홍차를
다함께 마시자!

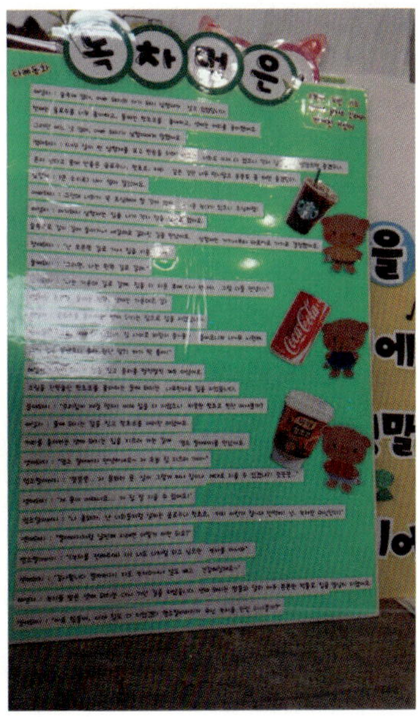

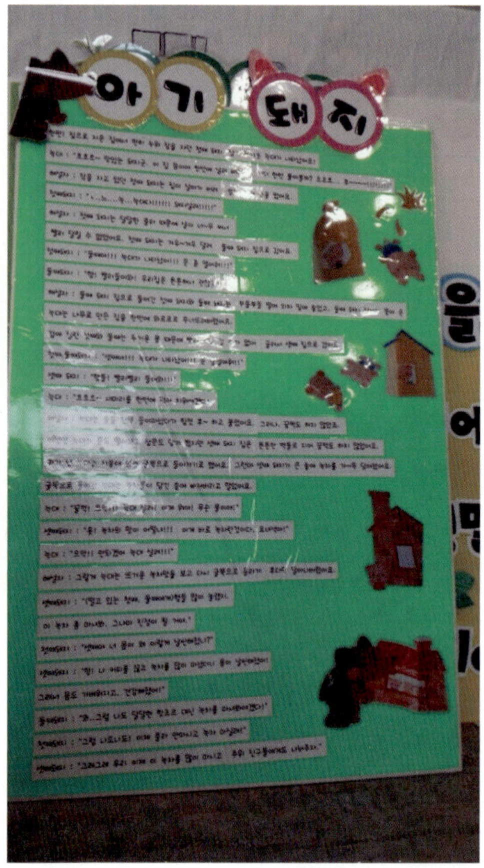
아기 돼지

녹차가 필요해

녹차가 필요해

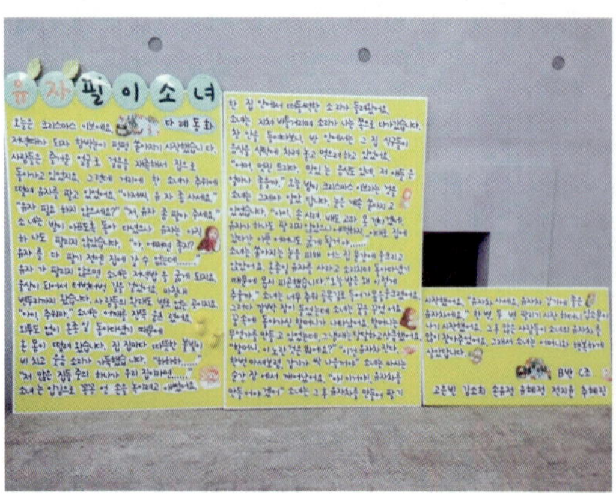

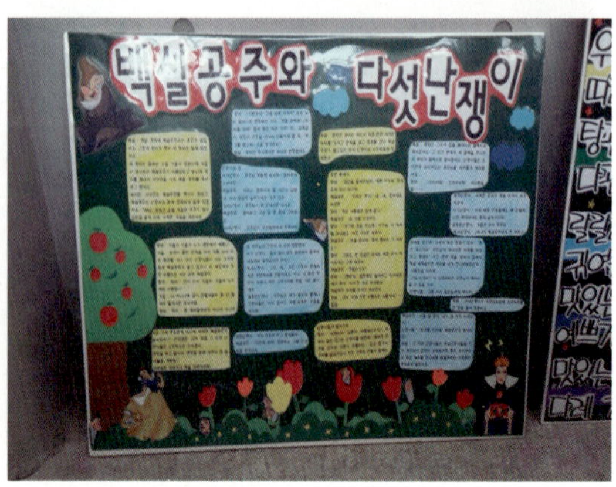
백설공주와 다섯난쟁이

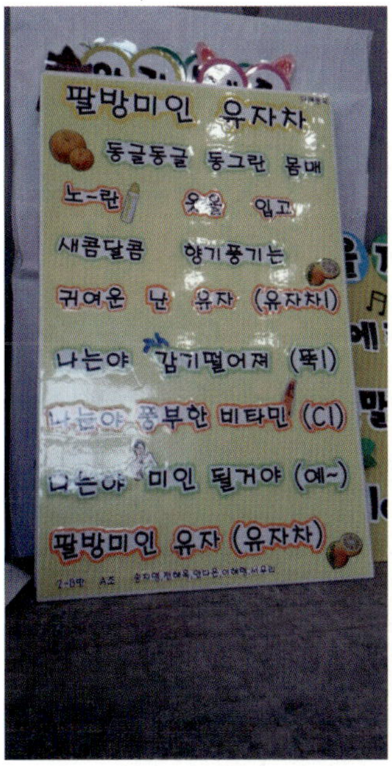
팔방미인 유자차
동글동글 둥그런 몸매
노-란 옷을 입고
새콤달콤 향기풍기는
귀여운 난 유자 (유자차)
나는야 감기떨어져 (뚝)
나는야 풍부한 비타민 (C)
나는야 미인 될거야 (예~)
팔방미인 유자 (유자차)

어디에 좋을까?
얘들아 녹차는 어디에 좋을까?
탱글탱글 피부에 정말로 좋지
얘들아생강차는어디에좋을까?
콜록콜록 감기에 정말로 좋지
선생님 홍차는 어디에 좋아요?
야 야 야 충치가 예방이된대요
4조 김희숙, 임효진, 이화진, 김유진, 박서진, 윤현진

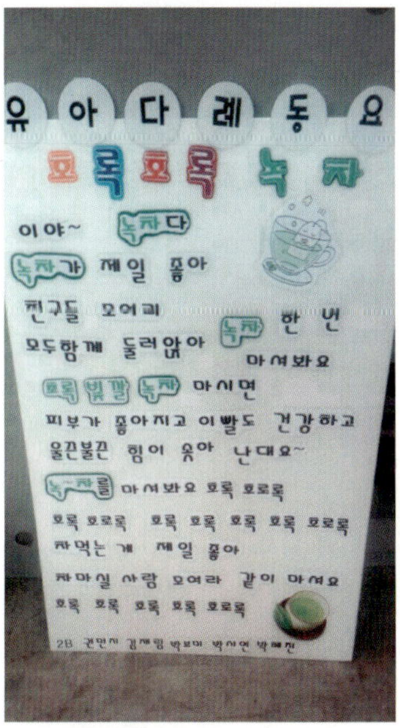
유아다례동요
초록초록 녹차
이야~ 녹차다
녹차가 제일 좋아
친구들 모여라 녹차 한 번
모두함께 둘러앉아 마셔봐요
초록빛깔 녹차 마시면
피부가 좋아지고 이빨도 건강하고
울끈불끈 힘이 솟아 난대요~
녹~차를 마셔봐요 초록 초록

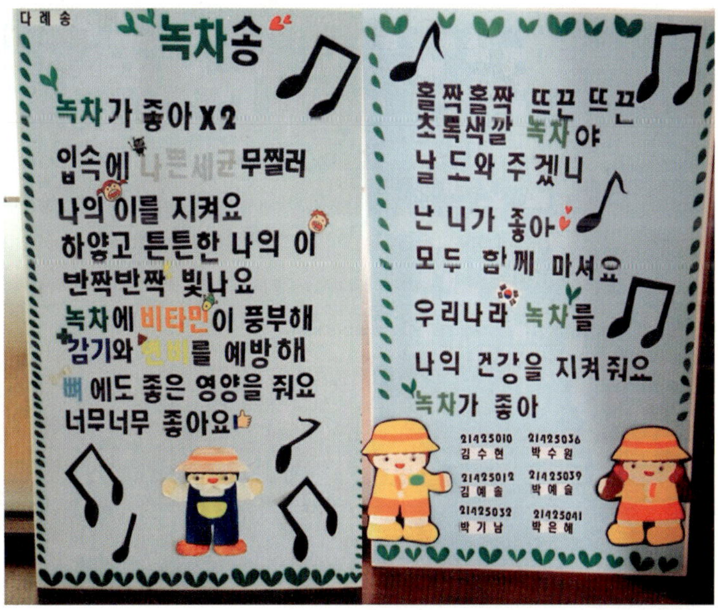
다례송
녹차송
녹차가 좋아 X2
입속에 나쁜세균 무찔러
나의 이를 지켜요
하얗고 튼튼한 나의 이
반짝반짝 빛나요
녹차에 비타민이 풍부해
감기와 변비를 예방해
뼈에도 좋은 영향을 줘요
너무너무 좋아요
홀짝홀짝 뜨끈 뜨끈
초록색깔 녹차야
날 도와 주겠니
난 니가 좋아
모두 함께 마셔요
우리나라 녹차를
나의 건강을 지켜줘요
녹차가 좋아

백설공주와 다섯난쟁이

용왕의 병

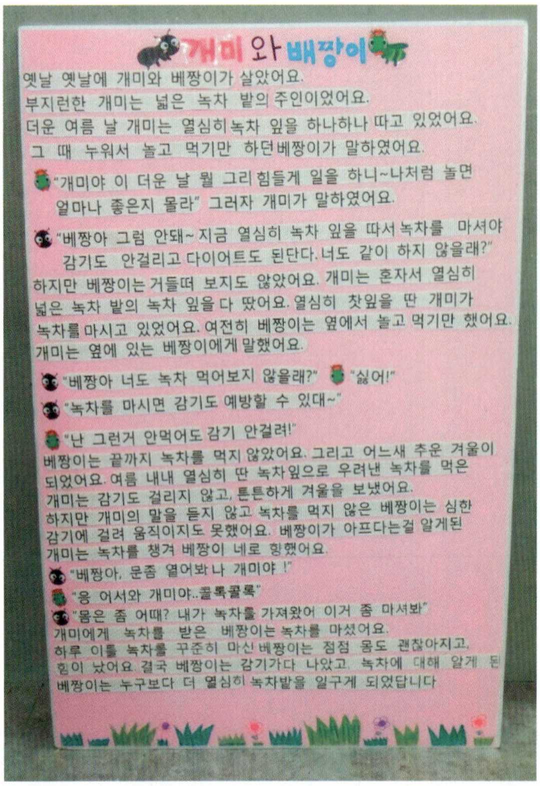
개미와 배짱이
옛날 옛날에 개미와 베짱이가 살았어요.
부지런한 개미는 넓은 녹차 밭의 주인이었어요.
더운 여름 날 개미는 열심히녹차 잎을 하나하나 따고 있었어요.
그 때 누워서 놀고 먹기만 하던베짱이가 말하였어요.
"개미야 이 더운 날 뭘 그리 힘들게 일을 하니~나처럼 놀면
얼마나 좋은지 몰라" 그러자 개미가 말하였어요.
"베짱아 그럼 안돼~ 지금 열심히 녹차 잎을 따서 녹차를 마셔야
감기도 안걸리고 다이어트도 된단다. 너도 같이 하지 않을래?"
하지만 베짱이는 거들떠 보지도 않았어요. 개미는 혼자서 열심히
넓은 녹차 밭의 녹차 잎을 다 땄어요. 열심히 찻잎을 딴 개미가
녹차를 마시고 있었어요. 여전히 베짱이는 옆에서 놀고 먹기만 했어요.
개미는 옆에 있는 베짱이에게 말했어요.
"베짱아 너도 녹차 먹어보지 않을래?" "싫어!"
"녹차를 마시면 감기도 예방할 수 있대~"
"난 그런거 안먹어도 감기 안걸려!"
베짱이는 끝까지 녹차를 먹지 않았어요. 그리고 어느새 추운 겨울이
되었어요. 여름 내내 열심히 딴 녹차잎으로 우려낸 녹차를 먹은
개미는 감기도 걸리지 않고, 튼튼하게 겨울을 보냈어요.
하지만 개미의 말을 듣지 않고 녹차를 먹지 않은 베짱이는 심한
감기에 걸려 움직이지도 못했어요. 베짱이가 아프다는걸 알게된
개미는 녹차를 챙겨 베짱이 네로 향했어요.
"베짱아, 문좀 열어봐 나 개미야 !"
"응 어서와 개미야..콜록콜록"
"몸은 좀 어때? 내가 녹차를 가져왔어 이거 좀 마셔봐"
개미에게 녹차를 받은 베짱이는 녹차를 마셨어요.
하루 이틀 녹차를 꾸준히 마신 베짱이는 점점 몸도 괜찮아지고,
힘이 났어요 결국 베짱이는 감기가다 나았고. 녹차에 대해 알게 된
베짱이는 누구보다 더 열심히 녹차밭을 일구게 되었답니다

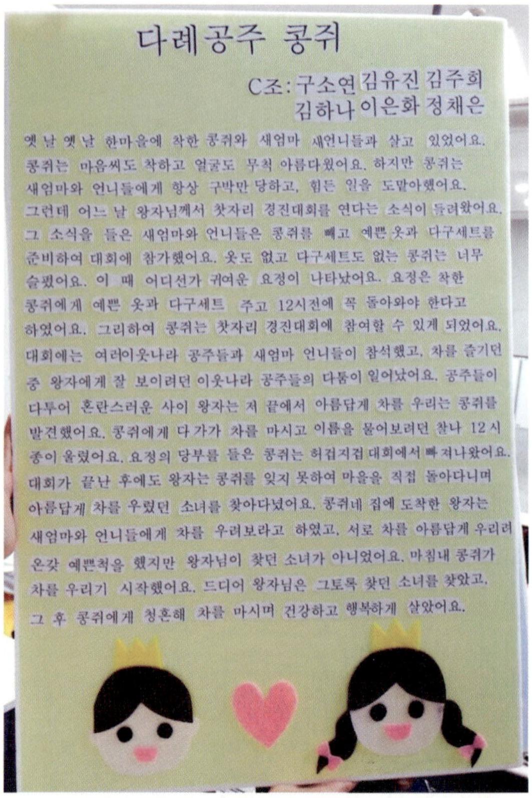
다례공주 콩쥐
C조: 구소연 김유진 김주희
김하나 이은화 정채은
옛 날 옛 날 한마을에 착한 콩쥐와 새엄마 새언니들과 살고 있었어요.
콩쥐는 마음씨도 착하고 얼굴도 무척 아름다웠어요. 하지만 콩쥐는
새엄마와 언니들에게 항상 구박만 당하고, 힘든 일을 도맡아했어요.
그런데 어느 날 왕자님께서 찻자리 경진대회를 연다는 소식이 들려왔어요.
그 소식을 들은 새엄마와 언니들은 콩쥐를 빼고 예쁜 옷과 다구세트를
준비하여 대회에 참가했어요. 옷도 없고 다구세트도 없는 콩쥐는 너무
슬펐어요. 이 때 어디선가 귀여운 요정이 나타났어요. 요정은 착한
콩쥐에게 예쁜 옷과 다구세트 주고 12시전에 꼭 돌아와야 한다고
하였어요. 그리하여 콩쥐는 찻자리 경진대회에 참여할 수 있게 되었어요.
대회에는 여러이웃나라 공주들과 새엄마 언니들이 참석했고, 차를 즐기던
중 왕자에게 잘 보이려던 이웃나라 공주들의 다툼이 일어났어요. 공주들이
다투어 혼란스러운 사이 왕자는 저 끝에서 아름답게 차를 우리는 콩쥐를
발견했어요. 콩쥐에게 다가가 차를 마시고 이름을 물어보려던 찰나 12시
종이 울렸어요. 요정의 당부를 들은 콩쥐는 허겁지겁 대회에서 빠져나왔어요.
대회가 끝난 후에도 왕자는 콩쥐를 잊지 못하여 마을을 직접 돌아다니며
아름답게 차를 우렸던 소녀를 찾아다녔어요. 콩쥐네 집에 도착한 왕자는
새엄마와 언니들에게 차를 우려보라고 하였고, 서로 차를 아름답게 우리려
온갖 예쁜척을 했지만 왕자님이 찾던 소녀가 아니었어요. 마침내 콩쥐가
차를 우리기 시작했어요. 드디어 왕자님은 그토록 찾던 소녀를 찾았고,
그 후 콩쥐에게 청혼해 차를 마시며 건강하고 행복하게 살았어요.

차차차 차마시는 법을
다례 라고 합니다
차차차 녹차향을 맡으면
마음이 안정 되지요
우리 모두 전통예절 모두 함께
따라해요 다례를 배워 보아요
탕관은 물끓일때 사용 하지요
다관은 차우릴때 쓰는 거에요
랄랄라라 랄랄라라~
귀여운 친구들과 찻잔 들고서
맛있는 다과도 먹어 보아요
예쁘게 두손을 모아서 우와
맛있는 녹차~♡
다례 기다려져요 좋아!

저자소개

■ 이도경

원광대학교 대학원 유아교육학과를 졸업하고 「사회적 지지가 발달장애 유아 어머니의 심리적 안녕감과 양육 스트레스에 미치는 영향」으로 박사학위를 취득하였다.

현, 부산과학기술대학교 유아교육과 교수로 재직 중
한국유아다례교육협회 회장

현장실습 유아다례교육 프로그램

초판 1쇄 인쇄 / 2016년 11월 21일
초판 1쇄 발행 / 2016년 11월 28일

•

저 자 / 이 도 경
발행인 / 이 중 수
발행처 / **동 문 사**

•

서울특별시 서대문구 홍제원 1길 12
(홍제동 137-8)
Tel : 02)736-3718(대), 736-3710, 3720
Fax : 02)736-3719
등록번호 : 제9-17호
가격 : 23,000원

•

ISBN : 978-89-8251-892-8(93370)
E-mail : dong736@naver.com
www.dongmunsa.com